Jedes Experiment ist mit einem karierten Grund unterlegt.

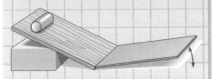

Experiment: Einen Deich testen

Material: Getränkedose mit Sand gefüllt als Welle, flache Holzplatte als Deich, Holzbrett als Anlauffläche.

Durchführung: Ein Schüler lässt die „Dosenwelle" die Anlauffläche herunterrollen, während ein anderer die Holzplatte flach geneigt in den Weg hält.

Beim nächsten Versuch wird der Deich viel steiler gegen die Rampe gehalten.

Auswertung: Vergleicht die Beobachtungen der Versuche mit unterschiedlichem Neigungswinkel. Überlegt wie der Bau eines idealen Deiches aussehen müsste.

Was diese Piktogramme bedeuten:

Bastelarbeiten

Hier findest du Anleitungen zum Basteln.

Teste dich selbst

Dieses Piktogramm findest du auf den Trainingsseiten. Ausgewählte Lösungen zu den hier genannten Aufgaben stehen im Anhang.

Kaum zu glauben

Hier stehen außergewöhnliche Angaben zum jeweiligen Thema.

Fächerübergreifendes Arbeiten auf der jeweiligen Seite. → *Ek/Ma*

Mehr rund um TERRA im Internet unter:
www.klett-verlag.de/geographie/ terra-extra

Und nun viel Spaß und gute Lernerfolge bei der Arbeit mit diesem Buch!

→ Impressum

Erdkunde Band 1

Autoren

Dr. Joachim Bierwirth, Neu-Anspach

Pedro Braun, Dortmund

Dr. Egbert Brodengeier, Dresden

Roland Bullinger, Gaildorf

Prof. Dr. Jürgen Bünstorf, Altenberge

Thomas Ehrensperger, Weinsberg

Dr. Friedhelm Frank, Pasing

Prof. Dr. Folkwin Geiger, Merzhausen

Dr. Michael Geiger, Landau

Hardi Gruner, Dortmund

Irina Gühl, Weinbach

Robert Jansen, Aachen

Rainer Kalla, Spenge

Thomas Kastner, Düsseldorf

Peter Kraus, Wäschenbeuren

Bodo Lehnig, Großdubrau

Jürgen Leicht, Mutlangen

Helmut Obermann, Ettlingen

Hermann Josef Ohagen, Köln

Paul Palmen, Alsdorf

Christian Pfefferer, Hagen

Georg Pinter, Königswinter

Eberhard Pyritz,
Schloß Holte-Stukenbrock

Meike Rahner, Bochum

Prof. Dr. Lothar Rother,
Schwäbisch Gmünd

Günter Sagan, Petersberg

Dr. Andrea Schmidt, Dossenheim

Anne Schminke, Olpe

Dr. Wilma Ubbens, Lorch

Dr. Volker Wilhelmi, Mainz

Antje Zang, Mainz

1. Auflage

1 5 4 3 2 1 | 2008 2007 2006 2005 2004

Alle Drucke dieser Auflage können im Unterricht nebeneinander benutzt werden, sie sind untereinander unverändert. Die letzte Zahl bezeichnet das Jahr dieses Druckes.

www.klett-verlag.de/klett-perthes

ISBN 3-623-25610-2

Redaktion und Produktion

Klett-Perthes Verlag GmbH

Einband-Design und Layoutkonzept

pandesign, Büro für visuelle Kommunikation, Karlsruhe

Karten

Klett-Perthes Verlag GmbH, Dr. Henry Waldenburger

Zeichnungen

Steffen Butz, Karlsruhe

Feske & Frank GbR, Rottenburg

Ulf S. Graupner, Berlin

Rudolf Hungreder, Leinfelden-Echterdingen

Wolfgang Schaar, Stuttgart

Ursula Wedde, Waiblingen

Satz und Reproduktion

MedienService Gunkel & Creutzburg GmbH, Friedrichroda

Druck

Aprinta, Wemding

9 783623 256108

Erdkunde

Hessen Band 1

TERRA

Klett-Perthes Verlag

Gotha und Stuttgart

→ Inhalt

Erdkunde Band 1

Inhalt

→ Inhalt

Erdkunde Band 1

→ Die mit einem Pfeil gekennzeichneten Kapitel bieten die Möglichkeit für fächerübergreifendes Arbeiten (Fächerkombination siehe entsprechende Seiten).

Erdkunde –
dein neues Fach

Unsere Erde hat viele Gesichter. Auch die Menschen, die auf ihr leben, sind verschieden. Geh mit uns auf Entdeckungsreise!

1

Der Name deines Schulbuches TERRA kommt aus dem Lateinischen und bedeutet „Erde".

Was ist Erdkunde?

Schon vor über 2 000 Jahren haben sich die Griechen für die Erde interessiert. Sie nannten dies „geographica", was „Erdbeschreibung" bedeutet. Noch heute heißt diese Wissenschaft Geographie und das Schulfach Erdkunde.

Im Erdkundeunterricht erfährst du, wie Menschen bei uns und in anderen Teilen der Erde leben, wie sie arbeiten, wohnen und ihre Freizeit verbringen.

Du wirst Länder kennen lernen, wo das ganze Jahr eisige Kälte oder glühende Hitze herrscht, wo es fast täglich regnet oder wo oft jahrelang kein Regen fällt.

Du erfährst, wie die Menschen ihr Land nutzen und verändern, wo sie Bodenschätze abbauen und wie sie sich gegen Naturkatastrophen schützen.

Wozu Erdkunde?

Erdkunde will dir helfen, die Vielfalt der Menschen und Landschaften unserer Erde zu verstehen. Deshalb werden im Fach Erdkunde folgende Fragen häufig gestellt: Wo ist es? Warum ist es dort? Wie geschah es?

Am besten lernst du natürlich die Erde durch eigene Anschauung kennen. Du kannst aber nicht alle Gebiete der Erde selbst besuchen. Berichte, Bilder und Karten helfen hier weiter.

❷ Ich lebe im Regenwald am Amazonas. In der Schule lerne ich Tembe, unsere Indianersprache. Aber ich muss auch Portugiesisch lernen, weil das die Amtssprache meines Landes ist. Da es bei uns immer sehr heiß ist, brauche ich kein T-Shirt zu tragen.

❸ Ich wohne im größten Land der Erde. Im Norden befindet sich das größte Waldgebiet der Erde, das wir Taiga nennen. Unser Weihnachtsmann heißt Väterchen Frost und wir erwarten ihn und seine Geschenke ganz aufgeregt am 7. Januar.

Mein Land ist das einzige der Erde, das einen ganzen Kontinent umfasst. Meine Familie gehört zu den Aborigines. So nennt man die Ureinwohner, also die ersten Bewohner des Landes. Das Känguru, das im Beutel seiner Mutter aufwächst, kommt nur in unserem Land vor.

④

Meine Eltern nenne ich „Dad" und „Mom". Sie arbeiten beim Film in Hollywood. Bei uns gibt es Gebäude, so hoch, dass sie an den Wolken kratzen. Kein Land hat so viele Nationalparks mit so vielen einzigartigen Naturwundern.

⑥

Wir schreiben in der Schule nicht mit Buchstaben, sondern mit Zeichen. So schreibe ich den Namen meines Landes: 中国
Das erste Zeichen bedeutet „Mitte", das zweite „Land".
Übrigens hat kein Land der Erde mehr Einwohner als wir.

⑤

Ich gehöre zum Volk der Massai. Bei uns ist es Tradition, dass Mädchen ihre Köpfe kahl rasieren. Unsere bunten Halsreifen bestehen aus vielen kleinen Kugeln. In meinem Land entspringt der längste Fluss der Erde und unser Kilimandscharo ist der höchste Berg des Kontinents.

⑦

1 Die Kinder auf diesen Seiten berichten über Besonderheiten, die auch zu den Inhalten des Erdkundeunterrichts gehören. In welchen Ländern und Kontinenten leben sie jeweils?
2 Schreibe einen kleinen Text, in dem du über dein Land berichtest. Wenn in deiner Klasse Kinder sind, die aus verschiedenen Ländern kommen, könnt ihr so schon viele interessante Dinge erfahren.

Unser
Planet Erde

Astronauten blicken auf den Planeten Erde mit dem Mond im Hintergrund: Ein beeindruckender Anblick unseres Himmelskörpers im lebensfeindlichen, kalten Weltraum. Der Planet Erde ist der einzige Himmelskörper in unserem Sonnensystem, auf dem es Wasser an der Oberfläche und eine Lufthülle gibt. Sie machen ihn zum „blauen Planeten"– erfüllt von Leben.

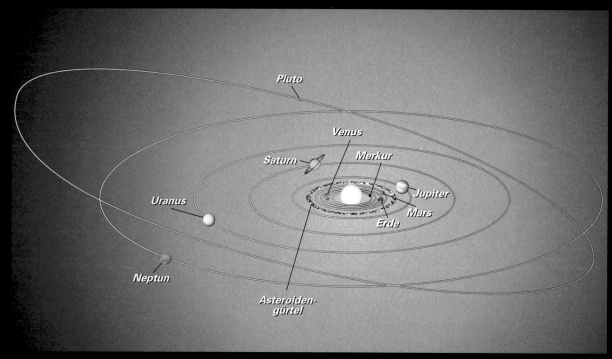

2

① **Das Sonnensystem:** *Mit den anderen Planeten unseres Sonnensystems kreist die Erde auf einer Umlaufbahn um die Sonne.*

Planet Erde

Im unvorstellbar großen Weltall gibt es viele verschiedene Sternensysteme: **Galaxien.** Eine dieser Galaxien mit Milliarden von selbst leuchtenden Sternen ist die Milchstraße. Unsere **Sonne** gehört dazu. Die Sterne sind so weit voneinander entfernt, dass sie uns wie ein milchiger Schleier aus schwachen Lichtpunkten erscheinen.

Alles dreht sich um die Sonne

Am Rand der Milchstraße liegt unser **Sonnensystem.** Neun **Planeten** umkreisen die Sonne. Mit ihrer ungeheuren Anziehungskraft bindet die Sonne alle Körper an sich. Sie selbst ist nicht fest, sondern ein glühender Gasball. Die Sonne liefert nicht nur Licht, sondern auch Wärme, ohne die Leben nicht möglich wäre.

Einer der neun Planeten ist unsere **Erde.** Für einen Umlauf um die Sonne (**Revolution**) benötigt sie 365 Tage und fast sechs Stunden. Diese Zeitspanne nennen wir ein **Jahr.** Je nach Abstand von der Sonne dauert der Umlauf bei den anderen Planeten länger oder kürzer als bei der Erde. So hat jeder Planet sein eigenes Jahr.

②

Um die Erde dreht sich der Mond

Unser **Mond** benötigt für eine Erdumkreisung etwa 28 Tage. Wie die Erde selbst wird auch der Mond von der Sonne beleuchtet.

Allerdings sehen wir je nach Stellung des Mondes zu Erde und Sonne nur einen Teil der beleuchteten Oberfläche, der Rest bleibt dunkel. Bei Neumond ist der Mond nur als schwarze Scheibe zu sehen. Die Zeitspanne von Vollmond zu Vollmond bezeichnen wir als **Monat**. Auch andere Planeten haben eigene Monde. Bisher wurden in unserem Sonnensystem 66 Monde entdeckt.

Die Erde dreht sich um ihre Achse

Innerhalb von 24 Stunden dreht sich die Erde einmal um ihre eigene Achse. Diese Drehbewegung heißt **Rotation**. Die gedachte Linie, um die sich die Erde dreht, ist die **Erdachse**. Sie verläuft vom **Nordpol** zum **Südpol**.

Die Erde dreht sich von Westen nach Osten. Diese Drehbewegung bemerken wir aber nicht, weil sich unsere Umgebung mitdreht. Dafür erleben wir die Folgen dieser Drehbewegung jeden Tag, wenn die Sonne im Osten aufgeht und abends im Westen untergeht. Die Rotation der Erde bewirkt den Wechsel von **Tag** und **Nacht**. Denn während der Drehung wird immer nur die der Sonne zugewandte Hälfte der Erde beleuchtet. Hier ist es Tag. Die andere Hälfte liegt dann im Dunkeln. Dort ist es Nacht.

1 Ordne die Planeten den Anfangsbuchstaben der Eselsbrücke zu.

2 In Zeichnung 1 sind die Entfernungen der Planeten von der Sonne vergleichsweise richtig gezeichnet, in Zeichnung 2 stimmen dagegen nur die Größen der Sonne und der Planeten zueinander. Welche Probleme gäbe es, wenn man beides in einer Zeichnung darstellen wollte?

3 Stimmt es, wenn wir davon reden, dass die Sonne aufgeht und untergeht? Finde eine Erklärung.

4 *Spielraum Klassenzimmer:*

a) *Wählt aus der Klasse drei Schüler: eine „Sonne", eine „Erde" und einen „Mond". Die drei Schüler sollen die Bewegungen der drei Himmelskörper während eines Jahres vorführen.*

b) *Erklärt dabei, wie aus den Bewegungen dieser Himmelskörper die Zeitbegriffe „Tag", „Monat" und „Jahr" zustande kommen.*

❸ **Beobachte den Mond**

- ● Vollmond
- ☾ abnehmender Mond
- ○ Neumond
- ☽ zunehmender Mond
- ● Vollmond

Eine gute Eselsbrücke:
*„**M**ein **V**ater **e**rklärt **m**ir **je**den **S**onntag **u**nsere **n**eun **P**laneten"*

Es gibt viele Quellen für Informationen: Zeitungen, Lexika als Buch oder CD-ROM, Internet.
Gerade das Internet ist spannend und hat viel zu bieten. Wer aber nicht gezielt sucht, wird sich in den vielen Informationen verlieren.

❶

Weltall: Informationen aus dem Internet

Du weißt bereits einiges über die Erde im Weltall. Vielleicht möchtest du aber noch Genaueres über unser Sonnensystem, über die Planeten und ihre Monde erfahren. Also, den Computer einschalten und ab ins Internet!

1. Schritt: Überlege dir Schlüsselwörter, die bei der Suche helfen können: z. B. „Weltall", „Sonnensystem", „Planeten".

2. Schritt: Gib in das Suchfeld diese Schlüsselwörter ein. Bei vielen Suchmaschinen musst du vor jedes Wort ein Pluszeichen setzen, wenn du mehrere Wörter gleichzeitig eingibst: z. B. „+Weltall +Sonnensystem +Planeten".
Klicke mit der Maus auf den Suchbutton (Go, Suchen, Finden): Du erhältst innerhalb kürzester Zeit eine Liste mit Internet-Adressen angezeigt, in denen deine Schlüsselwörter vorkommen.

3. Schritt: Wenn diese Liste zu lang ist, kannst du sie mit einem weiteren Schlüsselwort verkürzen. Sobald du eine

viel versprechende Adresse hast, klickst du mit der Maus darauf. Dann wirst du automatisch zu dieser Internetseite geleitet.

4. Schritt: Auf der Eingangsseite (Homepage) der Adresse findest du alle Angebote. Hervorgehobene Begriffe oder Bilder sind mit Informationsseiten verknüpft (Links). Das erkennst du daran, dass sich der Mauszeiger verändert. Wenn du mit der Maus auf die Links klickst, z. B. auf Planeten, wird die gewünschte Seite aufgeschlagen und du erhältst die entsprechenden Informationen.

5. Schritt: Wenn du auf den Seiten der gewählten Adresse nicht die gewünschten Informationen erhältst, kannst du mit dem Zurück-Button wieder zum Startpunkt gelangen.
Manche Fundstellen bieten Links zu anderen Anbietern an. Ein Klick und schon bist du auf ihrer Homepage. Vielleicht findest du dort etwas.

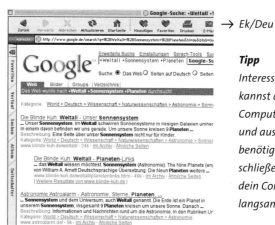

→ Ek/Deu

Tipp

Interessante Informationen kannst du auf deinem Computer speichern und ausdrucken. Nicht benötigte Seiten wieder schließen, sonst wird dein Computer immer langsamer.

Methode

2 **2. Schritt**

4 **3. Schritt**

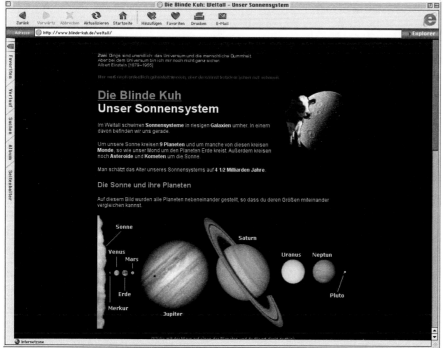

3 **4. Schritt**

1 Suche im Internet folgende Angaben zu allen Planeten unseres Sonnensystems und stelle sie in einer Tabelle zusammen: Durchmesser am Äquator, Anzahl der Monde, Dauer der Umlaufbahn, mittlere Entfernung von der Sonne, mittlere Temperaturen, Dauer einer Drehung um die eigene Achse (Planetentag).

❶ Kuppeln auf dem Außengelände der Sternwarte Calden bei Kassel

Mit den Schülerinnen und Schülern deiner Klasse einen anderen Lernort zu besuchen ist immer ein besonderes Erlebnis. Um ein solches Unternehmen möglichst erfolgreich durchzuführen, muss der Besuch organisatorisch und inhaltlich gut geplant und vorbereitet werden.

Besuch einer Sternwarte

Alexander ist Schüler einer 5. Klasse an einer Gesamtschule in Kassel. Seine Klasse beschäftigt sich im Fach Erdkunde mit dem Thema „Die Erde – ein Himmelskörper". Die Schülerinnen und Schüler haben schon viele Informationen und Abbildungen aus Büchern sowie aus dem Internet zu unserem Sonnensystem zusammengetragen und sind mit großem Interesse bei der Sache. Da hat Alexander eine tolle Idee. Sein Vater ist Hobby-Astronom und besitzt ein Fernrohr. Dadurch hat auch Alexander schon viele Male in den Weltraum geblickt. Er schlägt vor, mit der Klasse eine **Sternwarte** zu besuchen. So könnte jeder einmal mit einem großen Spiegelteleskop das faszinierende Weltall beobachten. Alle stimmen begeistert zu und die Planung für den Besuch der Sternwarte wird in Angriff genommen.

1. Schritt: Vorbereitung

Gemeinsam wird überlegt, was wir alles zur Vorbereitung des Besuchs der Sternwarte wissen müssen. Die Fragen werden gesammelt und dann sortiert.

Fragen zur Organisation:

– *Wo liegen die nächstgelegenen Sternwarten?*

– *Welche wählen wir für unseren Besuch aus?*

– *Wann fahren wir dorthin? Welchen Ausweichtermin wählen wir, wenn der Himmel bedeckt ist?*

– *Wie fahren wir dahin: Gibt es eine Bahnverbindung oder fahren wir mit dem Bus?*

– *Wie lange dauert die Fahrt?*

– *Wie teuer ist die Fahrt?*

Fragen zur Sternwarte:

– *Welche Möglichkeiten bietet die Sternwarte? Gibt es dort bestimmte Besuchsprogramme? Was können wir dort alles erfahren und beobachten?*

– *Wie lange wollen wir in der Sternwarte bleiben?*

– *Kostet die Sternwarte Eintritt?*

② **Schüler am Fernrohr (Spiegelteleskop)**

2. Schritt: Informationen beschaffen
Woher bekommen wir die Informationen? Internet und Telefon sind die schnellsten Möglichkeiten, um sich zu informieren, zum Beispiel:
Informationen über Sternwarten:
– Sternwarten in einer bestimmten Region kann man mit den entsprechenden Suchbegriffen (z.B. Sternwarten + Hessen) mithilfe von Suchmaschinen im Internet finden.
– Über die Homepage von Sternwarten oder per Telefon kann man nähere Einzelheiten erfahren und die Besuchsmöglichkeiten erkunden.
Informationen zur Anreise:
– Bahnverbindungen kann man ebenfalls sehr schnell im Internet finden. Zu den Gruppenpreisen ruft man am besten die Auskunft der Deutschen Bahn an.
– Telefonnummern von nahe gelegenen Busunternehmen findet man in Telefonbüchern und kann per Telefon Termin- und Preisabsprachen treffen sowie Fahrverbindungen erfragen.

3. Schritt: Durchführung
Wie läuft unser Sternwartenbesuch ab? Wenn alle notwendigen Informationen zusammengetragen worden sind, kann der Besuch der Sternwarte konkret geplant werden:
– Der Besuchstag, ein eventueller Ausweichtermin, das Verkehrsmittel und ein Zeitplan werden festgelegt.
– Die Fahrtkosten werden ermittelt.
– Das Besuchsprogramm in der Sternwarte wird abgesprochen und im Unterricht vorbereitet.

1 Erkundet mithilfe des Internets, welche Sternwarten es in eurer Nähe gibt.
2 Welche Möglichkeiten bieten die Sternwarten? Was kann man dort alles erkunden?
3 Plant den Besuch einer Sternwarte für eure Klasse. Stellt dazu einen Organisationsplan auf, der alle wichtigen Einzelheiten enthält. Ihr könnt so beginnen:
– Besuch der Sternwarte ...
– Datum: ...
– Abfahrtszeit: ...

→ Ek/Arbeitslehre

Surftipp
zu Sternwarten in Hessen:
www.astrohandel.de

Sternwarte Calden:
www.astronomie-kassel.de

① Die Erde als Scheibe

Der Globus – ein Modell der Erde

Lange bevor Menschen die Erde aus dem Weltall betrachten konnten, glaubte man, die Erde sei eine Scheibe. Ein Ozean umschloss wie ein Ring die drei damals bekannten Kontinente Europa, Asien und Afrika. Über Land und Meer spannte sich der Himmel, an dem sich Sonne, Planeten und Sterne um die Erde bewegten. So stellten sich die Menschen die Welt vor, denn so sahen sie sie.

Vor 500 Jahren setzte sich dann eine andere Vorstellung durch: Die Erde ist eine Kugel und dreht sich um die Sonne. Als einer der ersten stellte Martin Behaim die Erde als Kugel dar. Im Jahr 1492 baute er seinen **Globus.** Diese Vorstellung ermutigte die europäischen Seefahrer zu ihren Entdeckungsreisen. Den Beweis für die kugelförmige Gestalt lieferte die erste Umrundung der Erde mit Segelschiffen.

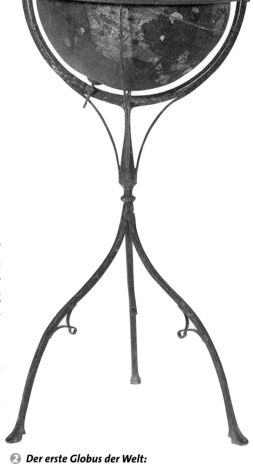

② Der erste Globus der Welt:
Der „Erdapfel" von Martin Behaim aus dem Jahr 1492 hat einen Durchmesser von 51 cm.

Heute staunt keiner mehr: Die Erde ist eine Kugel. Ihr verkleinertes Modell, der Globus, ist in jedem Kaufhaus zu sehen: als großer beleuchtbarer Tischglobus oder auch nur als kleiner Bleistiftspitzer.

Äquator: teilt die Erde in eine Nordhalbkugel und eine Südhalbkugel

Erdachse: gedachte Linie zwischen Nordpol und Südpol, um die sich die Erde dreht

④ Die Erde aus dem Weltraum fotografiert

❸ Der Globus: verkleinertes Modell der Erde

Was du zum Basteln benötigst:

1 Ihr könnt einen Globus auch selber basteln: Eine Styroporkugel (etwa 10 cm Durchmesser) ist die Erde, ein Holzspieß die Erdachse. Die Kontinente müssten etwa die Größe haben wie auf Karte 2, Seite 24. Mit Transparentpapier könnt ihr sie durchzeichnen. Den Äquator auf der Kugel einzeichnen: Dann lassen sich die Kontinente richtig anordnen und mit Stecknadeln befestigen.

2 Beschreibe die Zeichnung 1.

3 Könnt ihr euch vorstellen, warum es so lange gedauert hat, bis die Menschen wussten, dass die Erde eine Kugel ist?

4 Welcher Kontinent ist auf dem Behaim-Globus zu erkennen? Vergleiche mit den Fotos 3 und 4.

→ *Ek/Ge*

❶ *Kolumbus erreicht Amerika*

Mit Seefahrern um die Erde

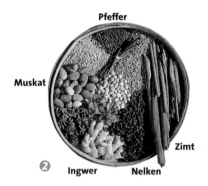

Pfeffer

Muskat

Zimt

❷ Ingwer   Nelken

Pfeffer und andere Gewürze sind heute überall preiswert zu kaufen. Dies war nicht immer so. Noch vor 500 Jahren waren Gewürze ein teures Handelsgut und wurden in Silber aufgewogen. Die meisten Gewürze stammen aus Indien und Südostasien. Wer einen Seeweg dorthin findet, der würde unermesslich reich – so glaubte man. Die mächtigen Königreiche Spanien und Portugal wollten den Handel mit Gewürzen beherrschen. Sie unterstützten deshalb wagemutige Seefahrer, einen Weg über das Meer zu den Gewürzländern zu finden.

❸

Christoph Kolumbus glaubte daran, dass die Erde eine Kugel ist. Daher suchte er von Spanien aus einen Seeweg nach Indien in Richtung Westen. Am 3. August 1492 verließen drei Schiffe mit insgesamt 90 Seeleuten den spanischen Hafen. Unerträglich lange dauerte die Fahrt über den Atlantik. Die Mannschaft ängstigte sich von Tag zu Tag mehr und drohte mit Meuterei. Endlich, nach 71 Tagen auf See, erblickten sie Land. Kolumbus dachte, er wäre in Indien, dabei war er in Amerika.

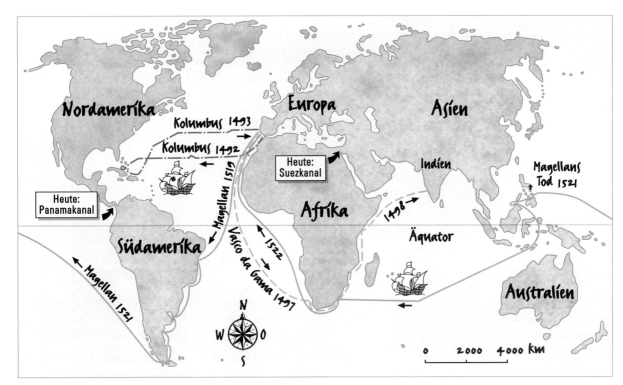

Auf der Karte abgebildete Beschriftungen:

Nordamerika · Europa · Asien

Kolumbus 1493 · Kolumbus 1492 · Heute: Suezkanal · Indien · Magellans Tod 1521

Heute: Panamakanal · Magellan 1519 · Afrika · 1498

Südamerika · Äquator · Australien

Vasco da Gama · 1522 · 1497

Magellan 1521 · N W O S · 0 2000 4000 km

④ Die Entdeckungsreisen von Kolumbus, Vasco da Gama und Magellan

⑤ Die Reise von Ferdinand Magellan war eine der bedeutendsten. Im September 1519 überquerten fünf Schiffe mit 260 Mann zunächst den Atlantik. Am äußersten Ende Südamerikas fanden sie eine Durchfahrt in den Pazifik. Als erste Europäer überquerten sie diesen und erreichten Asien von Osten kommend. Im Kampf fand Magellan 1521 auf den Philippinen den Tod. Dem Rest seiner Mannschaft, 18 Mann auf dem letzten Schiff, gelang mit der Rückkehr nach Spanien im September 1522 die erste Umrundung der Erde.

1 Betrachtet die Darstellung 1 ganz genau. Was könnte Kolumbus in diesem Augenblick gedacht, gefühlt, gesehen oder gehört haben? Besprecht in der Klasse eure Vorstellungen.

2 Welchen Kontinent hatte Kolumbus 1492 in Wirklichkeit erreicht?

3 Die einheimische Bevölkerung wurde von den spanischen Seefahrern Indianer genannt. Erkläre, wie dieser eigentlich falsche Name entstand.

4 Magellan entdeckte den einzigen natürlichen Schifffahrtsweg durch den südamerikanischen Kontinent.

  a) Suche diese Stelle im Atlas und notiere das Land, in dem dieser Schifffahrtsweg liegt.

  b) Wie heißt diese Durchfahrt?

5 Der portugiesische Seefahrer Vasco da Gama erreichte als erster Europäer Indien auf dem Seeweg. Beschreibe mithilfe von Karte 4 seinen Weg.

❶ **Kap Canaveral, Florida:** *Start der Raumfähre Discovery*

Mit Astronauten um die Erde

... 4 – 3 – 2 – 1 – 0. Der Countdown läuft ab, die Triebwerke zünden, ohrenbetäubendes Brüllen, langsam zunächst, dann immer schneller hebt die Rakete vom Boden ab. Mit einem doppelten Flammenschweif steigt sie in den Himmel. Sie schießt in acht Minuten die Raumfähre Discovery 210 Kilometer hoch. Hat die Raumfähre die Umlaufbahn erreicht, kehrt Ruhe ein. Für die Astronauten herrscht Schwerelosigkeit an Bord. Nun rast der Shuttle mit der unglaublichen Geschwindigkeit von 28 000 Kilometern pro Stunde durch den Weltraum. Für eine Runde um die Erde benötigt er nur 90 Minuten. Die Astronauten glauben aber zu schweben.

Fasziniert beobachten sie ihren Heimatplaneten, verkneifen sich sogar vorgeschriebene Schlafenszeiten und machen Fotos mithilfe einer Landkarte. Denn ohne Karte wissen auch die Astronauten nicht genau, was sie fotografieren.

Aber nicht nur von bemannten Raumschiffen aus entstehen Weltraumbilder der Erde.

❷ *Ein Astronaut fotografiert die Erde*

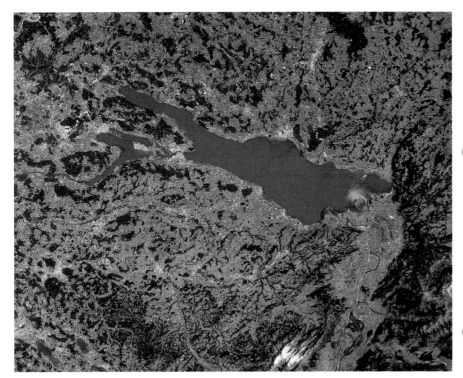

⑤ Landsat

⑥ Meteosat

③ Der Bodensee aus dem Weltraum (Aufnahme aus 700 km Höhe)

Von Satelliten wie Landsat wurde die Erderkundung aus dem All schon viel früher unternommen. Diese umkreisen die Erde in geringer Höhe und liefern gestochen scharfe Bilder der Erdoberfläche. Meteosat hingegen „steht" 36 000 Kilometer hoch über der Erde. Er macht Aufnahmen für den Wetterbericht. Vom Satelliten Endeavour wird die Erde sogar genauer und schneller vermessen, als es auf der Erde selber möglich ist.

1 Unser Planet Erde im Weltraum: Beschreibe das Foto auf den Seiten 10/11 und das Foto 2.
2 Unterscheide zwei Arten von Satelliten, die zur Erkundung der Erde verwendet werden.
3 a) Beschreibe das Satellitenbild 3.
  b) Ergänze deine Beschreibung mithilfe des Atlas.

④ Daten zur Geschichte der Weltraumfahrt
1957: Eine russische Rakete bringt Sputnik als ersten Satelliten in den Weltraum.
1961: Der russische Kosmonaut Juri Gagarin umkreist als erster Mensch in einer Raumkapsel die Erde.
1969: Die US-amerikanischen Astronauten Neil Armstrong und Edwin Aldrin landen als erste Menschen auf dem Mond.
1972: Landsat 1 ist der erste Satellit zur Erkundung der Erde.
1973: Skylab, die erste Raumstation, umkreist die Erde bis 1979.
1977: Die europäische Raumfahrtbehörde ESA setzt den Satelliten Meteosat zur Wetterbeobachtung aus.
1981: Die erste Raumfähre ist die US-amerikanische Columbia.
1998: Baubeginn der dauerhaft bewohnten Raumstation ISS.
2000: Die Endeavour vermisst vom Weltraum aus die Erde.

Kontinente...

① *Halbkugel der größten Landmasse*

Die großen zusammenhängenden Landmassen der Erde bezeichnet man als Erdteile oder **Kontinente** – vom lateinischen „continens" = zusammenhängend. Sieben Kontinente von unterschiedlicher Größe gibt es auf der Erde. Die Verteilung von Land und Meer ist ungleich. Von der Erdoberfläche ist viel mehr mit Wasser bedeckt als mit Land. Ungleich ist auch die Verteilung des Landes auf der Erde. Die Landfläche nördlich des Äquators ist doppelt so groß wie die südlich des Äquators.

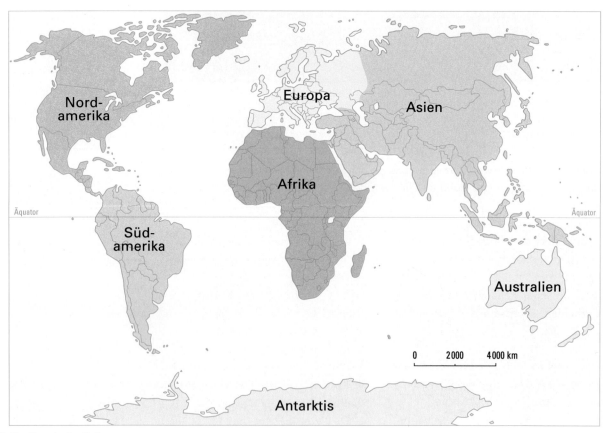

② *Kontinente der Erde*

1 Die Satellitenbilder 3–5 zeigen die Erde in unterschiedlicher Stellung. Benenne die Kontinente und Ozeane, die jeweils zu erkennen sind, nach den Buchstaben.

2 a) Vergleiche mithilfe des Diagramms 6 die Flächengrößen der Kontinente und Ozeane. Schreibe vier Größenvergleiche auf. Zum Beispiel: „Der Pazifik ist größer als …"

   b) Addiere die Flächengrößen der Kontinente und der Ozeane. Vergleiche die Summen.

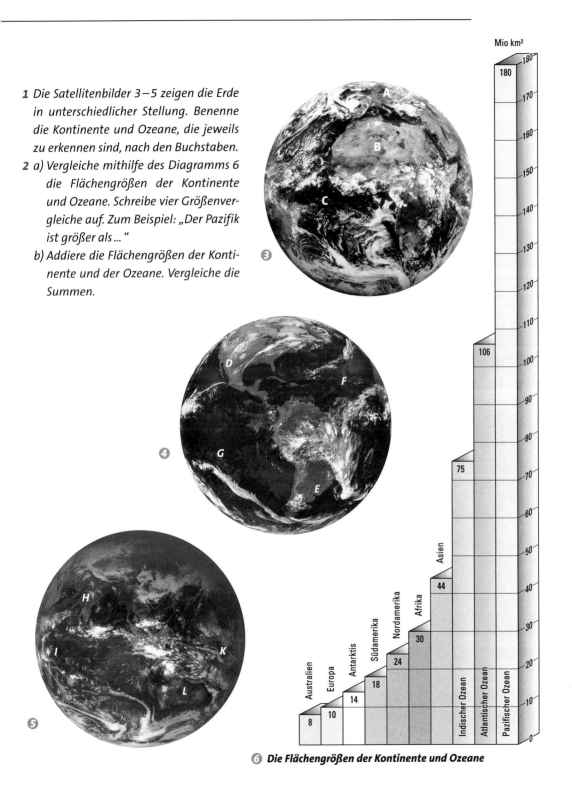

❻ **Die Flächengrößen der Kontinente und Ozeane**

❶ Halbkugel der größten Wassermasse

❷ Tauchboot Trieste unter Wasser: *Die Forscher befinden sich in der Tauchkugel, die unter dem Schwimmkörper hängt.*

... und Ozeane

Der größte Teil der Erdoberfläche ist von Wasser bedeckt. Es ist ein uralter Traum der Menschen in die Tiefen der Meere zu tauchen, dort Entdeckungen zu machen oder nach Schätzen zu suchen. Aber selbst geübte Taucher kommen höchstens 35 m tief unter Wasser. Fehlende Luft und schnell zunehmender Wasserdruck setzen Grenzen. Doch mit technischen Hilfsmitteln wie Tauchanzug und Atemgerät gelangen Menschen in größere Meerestiefen.

Um allerdings auf den Grund der Meere vorzustoßen, benötigt man spezielle Tauchfahrzeuge, in denen sich die Taucher bei gewohntem Luftdruck aufhalten können. Der schweizerische Meeresforscher Auguste Piccard entwickelte das Tiefentauchboot Trieste. Zusammen mit seinem Sohn Jacques erreichte er 1953 in 3 150 m Tiefe den Grund des Mittelmeeres.

Den Weltrekord im Tieftauchen stellten 1960 Jacques Piccard und der Amerikaner Don Walsh auf: Sie tauchten mit der Trieste 10 916 m tief in den Marianengraben im westlichen Pazifik hinab.

Die Erforschung der Meere erfolgte aber auch auf andere Weise. So haben Forschungsschiffe den Meeresgrund genau vermessen und Bodenproben entnommen. Durch solche Messungen kann man sich den Meeresboden sehr genau vorstellen.

1 *Manche sagen, die Erde müsste eigentlich „Wasser" heißen. Was ist gemeint?*

2 *Benenne die Ozeane aus Karte 3 mithilfe des Atlas.*

3 *Es ist nicht einfach, die Ozeane voneinander abzugrenzen. Begründe dies mithilfe von Zeichnung 1.*

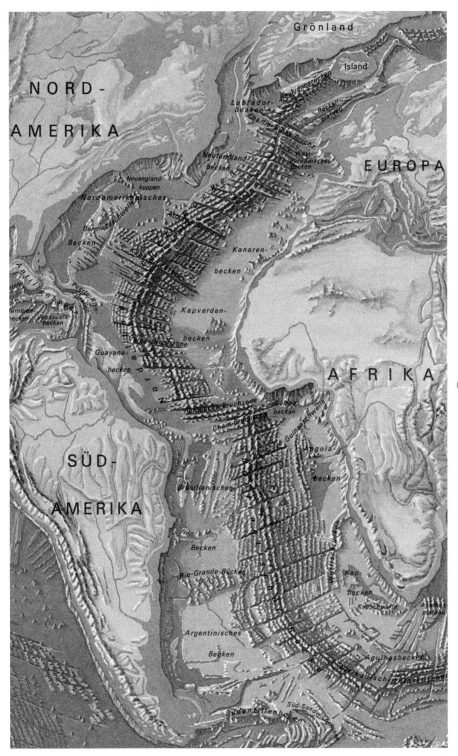

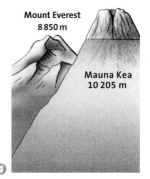

Kaum zu glauben

Als höchster Berg der Erde gilt der Mount Everest, aber der Vulkan Mauna Kea auf der Insel Hawaii erhebt sich vom 6 000 m tiefen Meeresboden bis auf 4 205 m über den Meeresspiegel.

Mount Everest
8 850 m

Mauna Kea
10 205 m

❹

❸ ***Der Atlantische Ozean ohne Wasser:*** *Jetzt wird die gebirgige Gestalt des Meeresbodens deutlich.*

Das Gradnetz

①

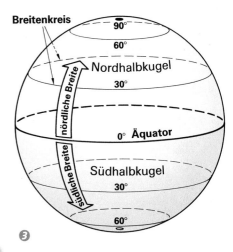

③

② „In der Nacht vom 14. zum 15. April 1912 kollidiert das Passagierschiff Titanic auf dem Atlantik mit einem Eisberg. In den aufgeschlitzten Schiffsrumpf dringt sofort Wasser ein. Das Schiff mit 2 206 Menschen an Bord beginnt zu sinken. Um Mitternacht sendet der Funker das Notsignal CQD (= Come Qick, Danger!) und meldet seine Position, um in der Nähe fahrende Schiffe zu Hilfe zu rufen. In die 20 Rettungsboote des Luxusschiffes kann sich nur ein Teil der Passagiere retten. So reißt das Schiff 1 503 Menschen mit in die Tiefe des Ozeans. Kurz nach 4 Uhr erreicht die herbeieilende Carpathia die Unglücksstelle und nimmt die Überlebenden auf. Wie konnte die Carpathia, fern von jeder Küste, die Unglücksstelle finden?"

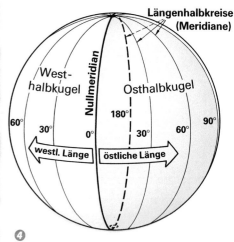

④

Um die genaue Lage oder Position auf der Erde angeben zu können, benutzt man das **Gradnetz** der Erde. Es ist ein Netz gedachter Linien, die die Erde umspannen. Mit seiner Hilfe ist es möglich, die Lage eines jeden Ortes auf der Erde genau zu bestimmen.

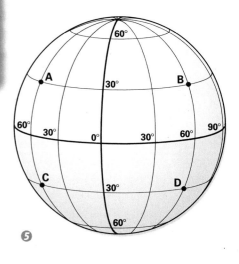

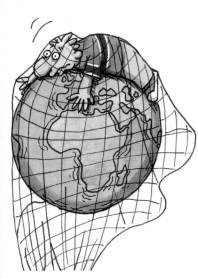

⑤

In west-östlicher Richtung umspannen die **Breitenkreise** die Erde. Der längste von ihnen heißt **Äquator** (= Gleicher). Er teilt die Erde in die Nord- und die Südhalbkugel. Die Breitenkreise werden vom Äquator zu den Polen jeweils von 0 bis 90 nummeriert.

In nord-südlicher Richtung verlaufen die **Meridiane** oder **Längenhalbkreise**. International hat man sich darauf geeinigt, einen Längenhalbkreis als **Nullmeridian** festzulegen. Er verläuft durch die Sternwarte von Greenwich bei London. Von ihm aus nummeriert man die Meridiane nach Westen und Osten jeweils von 0 bis 180. Der Nullmeridian und der 180. Meridian teilen die Erde in eine West- und eine Osthalbkugel.

Und so gibt man die Lage eines Ortes im Gradnetz der Erde an: A liegt bei 30 Grad nördlicher Breite und 60 Grad westlicher Länge. Oder kürzer: A liegt 30° Nord und 60° West. Oder noch kürzer: A: 30° N / 60° W.

1 *Nenne weitere Beispiele, bei denen es wichtig ist, die Position auf der Erde genau angeben zu können.*
2 *Wie viele Breitenkreise und Meridiane umfasst das Gradnetz? Weshalb ist deren Anzahl verschieden?*
3 *Bestimme in Abbildung 5 die Lage der Punkte B, C und D im Gradnetz.*
4 *Der Äquator ist mit 40 080 Kilometern der längste Breitenkreis. Wie heißen die kürzesten und wie lang sind diese?*

Wir spannen ein Netz um die Erde
Material: Lineal, Styroporkugel mit 12 cm Durchmesser, roter Filzstift, Kartonstreifen (22 cm lang und 1–2 cm breit), Kartonstreifen ca. 42 cm lang, Stricknadel, Zwirn, 12 Stecknadeln.
1. Schritt: Durchsteche mit einer Stricknadel (= Erdachse) die Kugel (= Erde) möglichst senkrecht. Du kannst den Nord- und Südpol durch zwei Nadeln markieren.
2. Schritt: Zeichne mit einem roten Filzstift die Breitenkreise. Verwende dazu einen gelochten Kartonstreifen, wie ihn die Abbildung 6 zeigt, mit Löchern bei 60° N, 30° N, 0°, 30° S und 60° S.
3. Schritt: Stecke am Äquator jeweils Stecknadeln entlang des Kartonstreifens in die Kugel Abbildung 6.
4. Schritt: Stelle nun die Meridiane durch Bindfäden dar. Nimm einen langen Faden und knote das Ende am Nordpol fest. Führe diesen Faden um die erste Stecknadel am Äquator und von dort zum Südpol. Vom Südpol führst du den Faden über die nächste Stecknadel am Äquator zum Nordpol. Wiederhole das für die anderen Meridiane und knote das andere Ende des Fadens am Südpol fest.

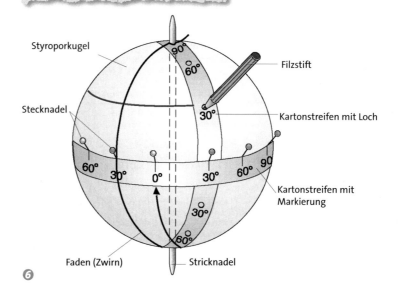

6

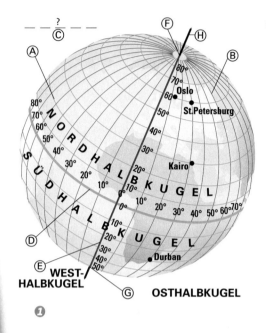

1

Wichtige Begriffe

Äquator
Breitenkreis
Erdachse
Erde
Galaxie
Globus
Gradnetz
Jahr
Kontinent
Längenhalbkreis
Meridian
Monat
Mond
Nacht
Nordpol
Nullmeridian
Ozean
Planet
Revolution
Rotation
Sonne
Sonnensystem
Sternwarte
Südpol
Tag

1 Das Gradnetz im Griff

Finde die richtigen Grundbegriffe.

A Von Westen nach Osten verlaufende Netzlinien heißen ...

B Von Norden nach Süden verlaufende Netzlinien heißen ... oder ...

C Beide Linienarten zusammen ergeben das ...

D Der längste Breitenkreis heißt ...

E Der durch Greenwich bei London verlaufende Längenhalbkreis heißt ...

F Der nördlichste Punkt der Erde heißt ...

G und der ihm gegenüberliegende Punkt ...

H Die gedachte Drehachse durch den Erdmittelpunkt heißt ...

2 Rätsel „Rekorde der Erde"

Wie heißt das Lösungswort des Rätsels „Rekorde der Erde"? Beim Lösen des Rätsels helfen die Rekorde 2 in alphabetischer Reihenfolge, die Karte 3 und der Atlas.

2 Die Rekorde der Erde:

Amazonas, Anden, Antarktis, Arabische Halbinsel, Asien, Australien, Baikalsee, China, Grönland, Himalaya, Kaspisches Meer, Mount Everest, Nil, Pazifik, Russland, Sahara, Titicacasee, Witjastiefe.

a) Größter Kontinent der Erde

_ _ _ ■ _

b) Kältester Kontinent der Erde

_ _ _ _ ■ _ _ _ _

c) Längstes Gebirge der Erde

_ _ ■ _ _

d) Größter Ozean (Kurzform)

_ _ _ _ _ _ ■

e) Kleinster Kontinent der Erde

_ ■ _ _ _ _ _ _ _ _

f) Längster Fluss der Erde

■ _ _

g) Größte Insel der Erde (ö = oe)

_ _ _ _ _ _ _ _ ■

h) Höchster Berg der Erde (Mount ...)

■ _ _ _ _ _ _

i) Größtes und höchstes Gebirge der Erde

_ _ ■ _ _ _ _ _

j) Tiefster Binnensee der Erde

_ ■ _ _ _ _ _ _ _

k) Bevölkerungsreichster Staat der Erde

■ _ _ _ _

l) Größte Wüste der Erde

_ _ ■ _ _ _

m) Höchstgelegener schiffbarer See der Erde (in den Anden)

_ _ ■ _ _ _ _ _ _ _ _

n) Flächengrößter Staat der Erde

_ _ ■ _ _ _ _

o) Größter Binnensee der Erde

_ _ _ ■ _ _ _ _ _ _ _ _ _ _

p) Größte Halbinsel der Erde (... Halbinsel)

_ _ ■ _ _ _ _ _

q) Wasserreichster Fluss der Erde

_ _ _ _ _ _ _ ■

r) Tiefste Stelle auf dem Meeresboden

_ _ _ _ _ ■ _ _ _ _

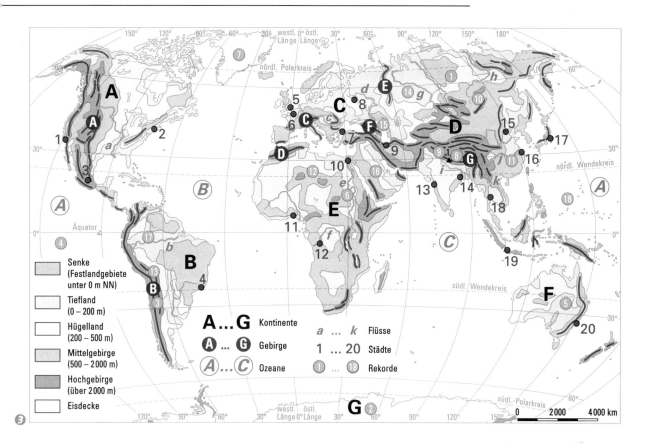

3 Arbeite mit dem Atlas:

a) Nenne die Ozeane A bis C und die Kontinente A bis G.

b) Wie heißen die braun eingezeichneten Gebirge A bis G?

c) Suche die Namen der Flüsse a bis k.

d) Bestimme die Namen der 20 Städte. Notiere wie folgt:

Stadt	Staat	Kontinent
z. B. Berlin	Deutschland	Europa

4 Wer findet die beste Begriffserklärung für die „Rotation der Erde" heraus?

a) Die Erde dreht sich um sich selbst und zwar von Westen nach Osten.

b) Die Erde dreht sich um ihre eigene Achse und zwar gegen den Uhrzeigersinn.

c) Die Erde dreht sich um eine gedachte Achse zwischen den Polen von Westen nach Osten.

5 Kennst du dich aus?

Afrika grenzt im Westen an den Atlantik, im Osten an den Indik und im Norden an das Mittelmeer. Schreibe ebenso:

a) Nordamerika grenzt im Westen ...

b) Australien ...

c) Europa ...

Teste dich selbst

mit den Aufgaben 1 und 6

6 Bilderrätsel

Löse das Bilderrätsel und erkläre den gesuchten Begriff.

Z=L

S=B

U=i

Ẅ2 +N

Z=S

7 Zum Knobeln

Wir stoßen fast aufeinander. Wer sind wir?
EURAUSEUAKIRFADRONENEISAPORUERO

Training

Orientieren

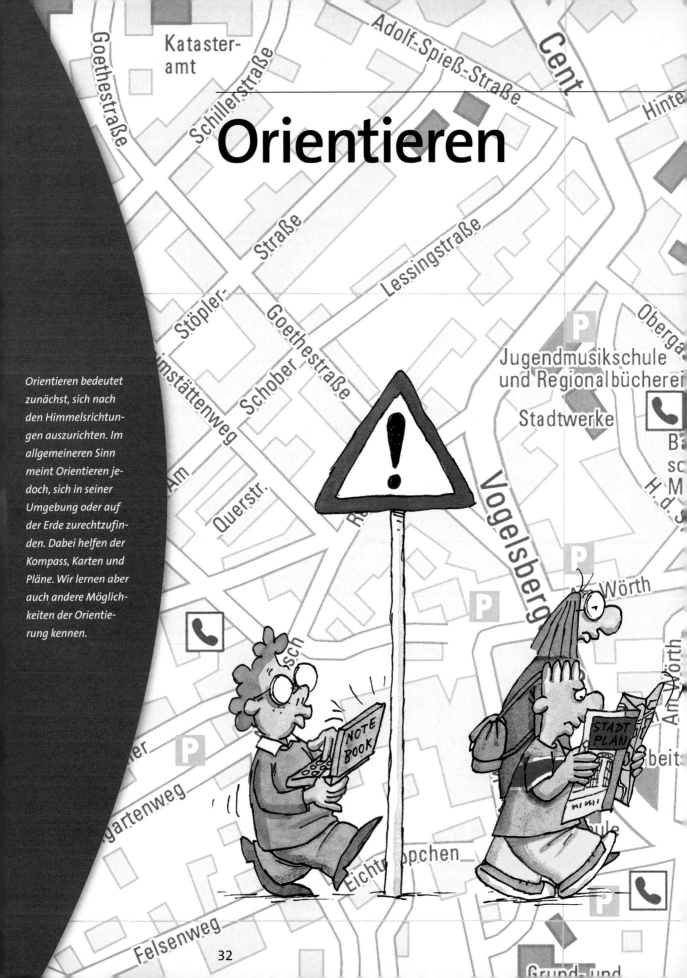

Orientieren bedeutet zunächst, sich nach den Himmelsrichtungen auszurichten. Im allgemeineren Sinn meint Orientieren jedoch, sich in seiner Umgebung oder auf der Erde zurechtzufinden. Dabei helfen der Kompass, Karten und Pläne. Wir lernen aber auch andere Möglichkeiten der Orientierung kennen.

Vom Luftbild zur Karte

Aus dem Ballon sieht die Welt ganz anders aus. Von oben kannst du viele Dinge entdecken, die sonst hinter hohen Mauern oder durch Bäume versteckt sind. Jetzt hast du den Überblick über Straßen und Gärten, Flüsse und Häuser. So entstehen auch **Karten**, die man häufig nach Luftbildern zeichnet, die senkrecht von oben aufgenommen werden. Einzelheiten wie Autos und Menschen werden dabei weggelassen. Andere Dinge wie Straßen und Flüsse werden durch Symbole dargestellt, die eine **Legende** erklärt. Dort findet man auch die Bedeutung der Farben, in denen unterschiedliche Flächen wie Wälder oder Gebäude gekennzeichnet sind.

1 *Vergleiche Luftbild 1 und Karte 2:*
   a) *Ordne die Buchstaben auf dem Luftbild den Zahlen auf der Karte zu und benenne so jeweils den Königsplatz, den Bahnhof und die Fulda.*
   b) *Suche die Rudolf-Schwander-Str. auf dem Luftbild und auf der Karte. Beschreibe die Unterschiede.*
   c) *Was kannst du auf dem Luftbild 1 erkennen, was nicht auf der Karte ist?*
2 *Erstelle eine Legende zur Karte 2. Finde mindestens fünf Symbole.*

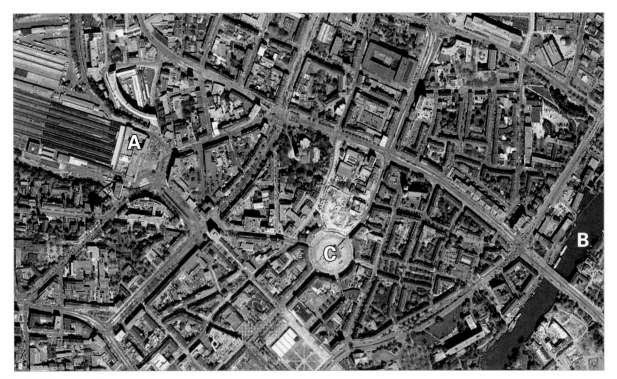

① *Luftbild von Kassel*

Legende

Die Zeichen und Farben einer Karte werden in der Legende erklärt. Mit ihrer Hilfe können wir die Karte „lesen" (Legende = vom lateinischen Wort für lesen).

Da sie je nach Karte eine unterschiedliche Bedeutung haben können, ist es wichtig, sich die Legende genau anzusehen.

Beispiele aus dem Alexander Atlas:

über	2 000 m		Wald		bebaute Fläche, Gebäude
1 000	- 2 000 m		Wiese		Industriefläche, Industriebetrieb
750	- 1 000 m		Ackerland		Parkanlage, Sportplatz
500	- 750 m		Weinbau		Friedhof
unter	500 m		Obst		Garten

Foto

Schrägansicht

Seitenansicht

Grundriss

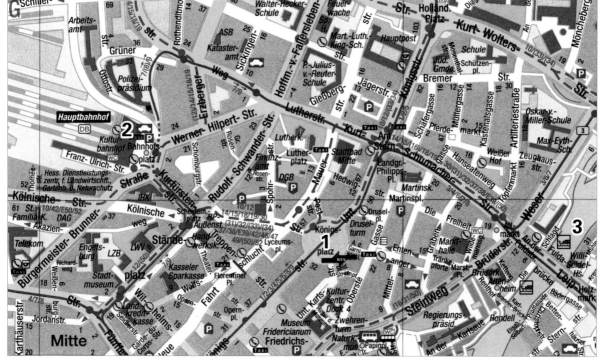

❷ *Stadtplan von Kassel*

Die Schulumgebung erkunden

❶ *Checkliste für verkehrs-
taugliche Fahrräder*

- *Vorderrad-/
  Hinterradbremse*
- *Reifen (Luft/Profil)*
- *Vorder-/Rücklicht*
- *Speichenreflektoren*
- *roter Reflektor hinten*
- *weißer Reflektor vorne*
- *Klingel*
- *stramme, geölte Kette*

Die Schule, in der Ulli lernt, hat ein großes Einzugsgebiet. Dennoch kommt etwa jeder fünfte Schüler mit dem Fahrrad zur Schule. Dabei ist natürlich
Vorsicht geboten: Ist das Fahrrad überhaupt fit für den Straßenverkehr?
Wenn ihr wissen wollt, ob euer Fahrrad verkehrstauglich ist, müsst ihr eine
Checkliste für euer Fahrrad durchgehen.
Auch sollte niemand ohne Fahrradhelm
fahren, denn überall lauern Gefahren,
z. B. an Kreuzungen, Straßen ohne Fahr-
radweg, an Bushaltestellen oder Park-
buchten.

In der Schule kennzeichnen die Schülerinnen und Schüler diese Gefahren-
punkte in einer Karte der Schulumgebung. Man kann aber noch ganz
andere Sachverhalte in die Karte einzeichnen. Das könnt ihr auch für die
Umgebung eurer Schule tun.

> *So gestaltet ihr eine Karte von eurer Schul-
> umgebung:*
> *1. Schritt: Der Lehrer besorgt euch vom
> Katasteramt — meist im Rathaus — oder
> vom Landesvermessungsamt Hessen eine
> Karte von eurer Schulumgebung im Maß-
> stab von 1:2 500 oder 1:5 000.*
> *2. Schritt: Überlegt, was ihr in die Karte
> einzeichnen wollt, zum Beispiel Freizeit-
> angebote, öffentliche Gebäude usw. in der
> Nähe eurer Schule.*
> *3. Schritt: Legt die Kartenzeichen für die
> Legende fest.*
> *4. Schritt: Erkundet, wo sich die Freizeit-
> einrichtungen, die öffentlichen Gebäude
> usw. befinden.*
> *5. Schritt: Zeichnet die Ergebnisse eurer
> Erkundungen in die Karte ein.*
> *6. Schritt: Gebt eurer Karte eine Über-
> schrift.*

1 *Welche Gefahrenstellen hat Ulli in der
Karte 2 dargestellt?*

2 *a) Was ist in der Karte der Schulumgebung noch dargestellt?*
*b) Vergleicht die Schulumgebung der
Schule, die Ulli besucht, mit der
Umgebung eurer Schule.*

Und das soll sicher sein ?!

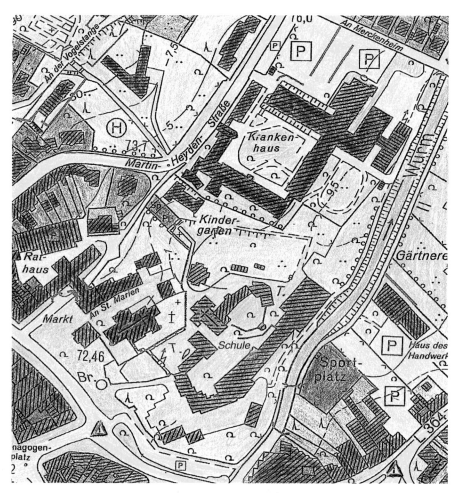

Was ihr alles in eine Grundkarte einzeichnen könnt:

− Freizeiteinrichtungen: z. B. Sportplätze, Spielplätze;
− öffentliche Einrichtungen: z. B. Post, Rathaus, Bahnhof;
− kulturelle Einrichtungen: z. B. Kino, Theater;
− Einkaufsmöglichkeiten und Restaurants.

Legende

▦ Marktplatz / Fußwege / Schulhof	▦ Sportplatz
▦ Öffentliche Gebäude	▦ private Grundstücke / Gärten
▦ Schule	▦ Häuser
▭ Straßen / Parkplatz	▦ Fluss (Wurm)
▦ Wiese / Obstwiese	⚠ Gefahrenpunkt

❷ **Karte der Schulumgebung**

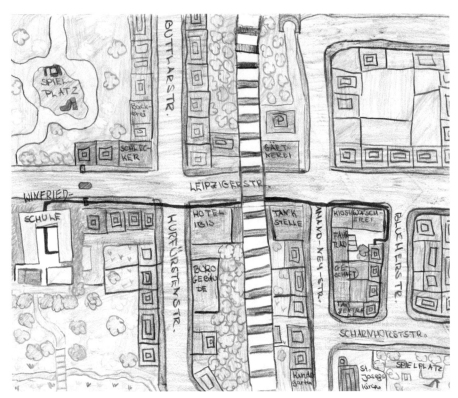

① *Schulwegskizze von Lisa*

Wie du einen Stadtplan liest

Lisa besucht die Klasse 5f der Winfried-Schule in Fulda. Sie hat ihren Schulweg gezeichnet. Er ist eigentlich ganz einfach. Sie muss fast nur geradeaus gehen. Vielleicht findet sich ein Fremder sogar nach Lisas Skizze zurecht. Damit wir aber sicher sind, muss folgende Übereinkunft beachtet werden: Norden liegt in allen Karten immer „oben".

Stadtplan, Stadtplan, Stadtplan, ...

Der **Stadtplan** ist ein wichtiges Hilfsmittel zur Orientierung. In einem Stadtplan findest du:
– die Namen der Straßen,
– den Verlauf der Straßen,
– den Standort wichtiger Gebäude,
– die Lage von Grünflächen, Parks und Friedhöfen.

Planquadrate können dir bei der Suche helfen. Sie sind auf dem Plan mit dünnen Linien gedruckt. Am Rand der Karte befinden sich Buchstaben und Ziffern, sodass jedes Quadrat genau bezeichnet werden kann.

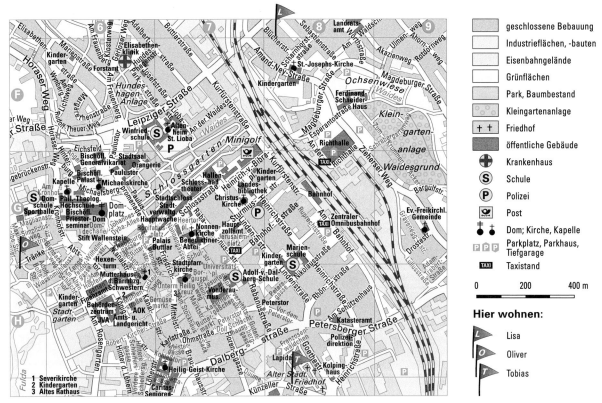

② *Innenstadtplan von Fulda*

③ *Ausschnitt aus dem Straßenverzeichnis*

1 a) Beschreibe mithilfe der Skizze 1 und des Stadtplans 2 den Schulweg von Lisa.

 b) Welche Gefahrenstellen im Verkehr muss Lisa auf ihrem Weg beachten?

2 Beschreibe den Schulweg von Oliver und Tobias mithilfe des Stadtplans 2.

3 Zeichne eine Skizze von deinem Schulweg. Trage mit rotem Farbstift die Gefahrenstellen darauf ein.

4 a) Suche auf dem Stadtplan 2 folgende Gebäude und Straßen: Post, Amand-Ney-Straße, Krankenhaus, Alter Städtischer Friedhof, Schlosstheater, Am Bahnhof, Behördenzentrum. Die Zeichenerklärung und das Straßenverzeichnis 3 helfen dir.

 b) In welchem Planquadrat liegen: Bahnhof, Richthalle, Dalbergstraße?

5 In welchem Planquadrat liegt ...? Stellt euch gegenseitig Fragen.

→ *Ek/Ma*

Alles mit Maßen

Spielzeugautos sind verkleinerte Modelle der richtigen Autos. Auch auf Karten sind alle Dinge verkleinert dargestellt. Damit man aber herausbekommen kann, wie groß die Dinge in Wirklichkeit sind, z. B. die Entfernungen, kann man den **Maßstab** zu Hilfe nehmen.

Er ist als Maßstabszahl oder als Maßstabsleiste auf der Karte angegeben.

Je größer das Gebiet ist, das auf einer Karte abgebildet ist, desto weniger Einzelheiten sind eingezeichnet. Die Karte ist vereinfacht worden. Der Maßstab gibt also auch Auskunft über die Verwendungsmöglichkeit einer Karte. Ein Stadtplan, eine Wanderkarte, eine Straßenkarte haben jeweils unterschiedliche Maßstäbe.

❶ *Ausschnitt aus der Legende*

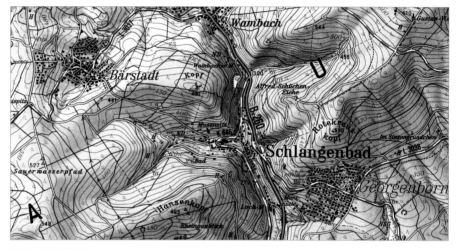

Karte 1 : 50 000

❷ *Ausschnitt aus der Legende*

Karte 1 : 200 000

Maßstab

Der Maßstab einer Karte zeigt das Maß der Verkleinerung an.

Maßstab 1 : 50 000

Alle Dinge in der Karte sind in der Natur 50 000-mal so groß.

1 cm auf der Karte = 50 000 cm = 500 m in der Natur

Maßstab 1 : 750 000

1 cm auf der Karte = 750 000 cm = 7 500 m in der Natur

Man sagt: Je größer die Zahl hinter dem Doppelpunkt, desto kleiner ist der Maßstab.

Je kleiner der Maßstab ist, desto stärker ist vereinfacht worden.

1 *Vergleiche die Karten 1 und 2:*

a) *Welche Unterschiede stellst du fest?*

b) *Wozu würdest du die Karten 1 und 2 verwenden?*

2 a) *Miss die Entfernung von der Rhein-Main-Halle in Wiesbaden zur Kirche in Schlangenbad auf der Karte 2. Wie viel Kilometer sind es?*

b) *Stellt euch gegenseitig ähnliche Aufgaben.*

3 *Du wohnst in Wiesbaden und möchtest zusammen mit deinem Vater und deiner Mutter mit dem Auto nach Schlangenbad fahren, um von dort auf den Hansenkopf zu wandern. Welche Karte benutzt du? Beschreibe den Weg.*

4 *Übertrage die Tabelle in dein Heft und fülle sie aus.*

Maßstab der Karte	1 cm auf der Karte sind in der Natur		
	cm	m	km
1 : 50 000	50 000	500	0,5
1 : 200 000	?	?	?
1 : 10 000	?	?	?
1 : 100 000	?	?	?

Wichtig: *Beim Messen zwischen Wegstrecke und Luftlinie unterscheiden!*

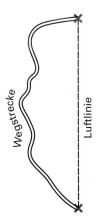

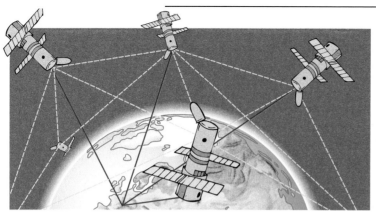

Magnetische Nordrichtung

Geographische Nordrichtung

N

NW

NO

W

O

SW

SO

S

Der magnetische Pol liegt fast 1 000 km vom Nordpol entfernt. Deshalb zeigt die Magnetnadel nicht genau nach dem geographischen Norden.

❶ *Orientieren mit dem GPS-System*

❷ *Orientieren mit dem Kompass*

Orientieren im Gelände

Orientieren mit GPS

Seit 1993 kreisen 24 Satelliten in 20 200 km Höhe um die Erde und bilden zusammen mit Bodenstationen das erdumspannende Navigationssystem GPS, das in Flugzeugen, Schiffen und Autos genutzt wird. GPS ist so aufgebaut, dass zu jeder Zeit und an jedem Ort der Erde die Signale von mindestens vier Satelliten empfangen werden können. Ein Empfänger, zum Beispiel in einem Auto, kann aus mindestens drei Signalen seine momentane Position genau bestimmen.

Orientieren mit dem Kompass

Im alten China hatte man entdeckt, dass ein länglicher „Magnetitstein", auf einem Brettchen befestigt und in einer Wasserschale schwimmend, immer in die gleiche Richtung zeigt. Mit diesem ersten **Kompass** konnten chinesische Seeleute auf See ihren Kurs halten.

So ein Kompass ist ein Instrument, mit dem du die **Himmelsrichtungen** bestimmen kannst. Deswegen ist er auf deinen Wanderungen nützlich. Er hat eine drehbar gelagerte magnetische Nadel, die sich auf den magnetischen Nordpol ausrichtet. Wenn du die Windrose so lange drehst, bis die Nadel auf den Punkt etwas links vom Buchstaben N zeigt, dann kannst du alle Himmelsrichtungen exakt ablesen.

Orientieren mit Kirchen

Christliche Kirchen baute man meist in Ost-West-Richtung mit dem Altar im Osten, weil dann die Gläubigen zur aufgehenden Sonne blickten, dem Symbol der Hoffnung. Heute kann man sich auch nach Satellitenschüsseln orientieren, die etwa nach Süden zeigen.

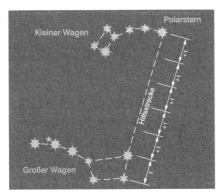

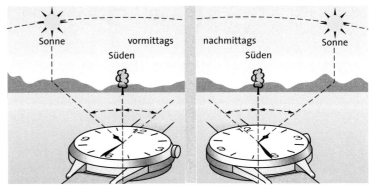

❸ Wo ist Norden? **❺ Wo ist Süden?**

Orientieren mit den Sternen

In einer klaren Nacht ist auch eine Orientierung mit den Sternbildern möglich. Suche zuerst das Sternbild des „Großen Wagens" und finde von da aus den Polarstern. Dazu musst du die hintere Achse fünfmal verlängern. Der Polarstern steht immer genau im Norden.

Orientieren mit Sonne und Uhr

– Halte die Uhr waagerecht und drehe sie so, dass der kleine Zeiger zur Sonne zeigt.
– Die Mitte zwischen dem kleinen Zeiger und der Ziffer 12 weist nach Süden.
Von März bis Oktober musst du wegen der Sommerzeit eine Stunde abziehen.

Orientieren mit Bäumen

Weil bei uns häufig West-winde herrschen, breiten sich die Äste von frei-stehenden Bäumen stärker in Ostrichtung aus (Wind-schur).

❹ Wie du einen Kompass baust
Material: Korken, scharfes Messer, Nähnadel, Dauermagnet, flache Glasschüssel, Klebstoff, Wasser

1. Schritt: Schneide zwei dünne Scheiben von dem Korken ab.

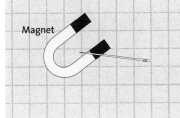

2. Schritt: Streiche mit dem Magneten mehrmals über die Nadel, und zwar vom Nadelöhr zur Spitze hin. Die Nadel wird dadurch magnetisiert.

Magnet

3. Schritt: Klebe die Nadel zwischen die Korkscheiben.

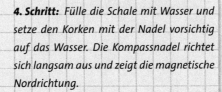

4. Schritt: Fülle die Schale mit Wasser und setze den Korken mit der Nadel vorsichtig auf das Wasser. Die Kompassnadel richtet sich langsam aus und zeigt die magnetische Nordrichtung.

5. Schritt: Wenn du nun einen Pappring mit den Himmelsrichtungen auf den Schüsselrand klebst, hast du einen kompletten Kompass.

Norden
Wasser

W → O

❻ Windschur

Ein Gelände mit Höhen und Tiefen

Piratenkap

Maßstab: 1 cm auf der Karte entspricht 200 m in der Wirklichkeit

1 *Ein Gelände mit Höhen und Tiefen*

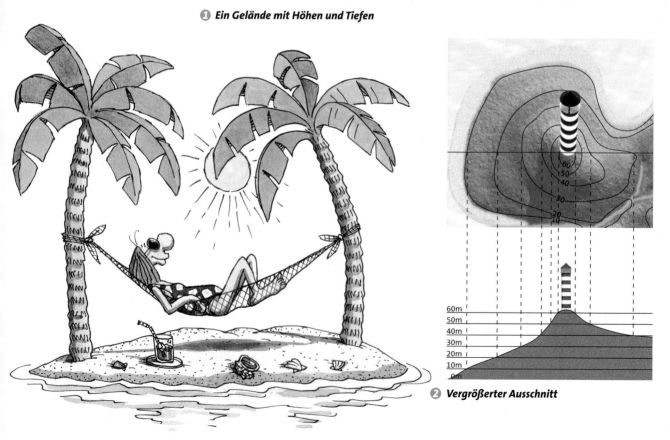

2 *Vergrößerter Ausschnitt*

Höhenlinien

Berge und Täler – also das Gelände – werden auf vielen Karten mit **Höhenlinien** dargestellt.
Das sind gedachte Linien, die Punkte in der gleichen Höhe verbinden. Alle Höhen werden vom
Meeresspiegel aus gemessen. Man sagt „Höhe über Normalnull" oder kurz „Höhe über NN".
Liegen die Höhenlinien auf der Karte sehr dicht beieinander, so ist das Gelände steil. Je weiter
sie auseinander liegen, desto flacher wird es.

Malt man die Flächen zwischen zwei Höhenlinien farbig aus, so entsteht eine
Höhenschichten-Karte. Meist verwendet man grüne Farbe für niedrig gelegenes, gelbe bis
braune Farben für höher gelegenes Gelände, blaue Farben für Tiefen unter dem Meeresspiegel.
Je höher, desto dunkler braun, je niedriger, desto dunkler grün, je tiefer unter dem Meeresspiegel, desto dunkler blau ist die Farbe.
Bei wichtigen Höhen werden Höhenpunkte mit einem kleinen Dreieck oder Punkt und der genauen Meterzahl angegeben.

Tiefblaues Wasser, einsamer Sandstrand, eine Hängematte zwischen zwei Palmen – so stellt sich Ulli seine Trauminsel vor.
Gerne möchte er einen Plan von der Insel zeichnen. Natürlich ist seine Insel nicht platt wie ein Brett, sondern sie hat steile Küsten, hohe Berge und tiefe Schluchten. Um das Gelände möglichst genau darzustellen, benutzt er Höhenlinien.

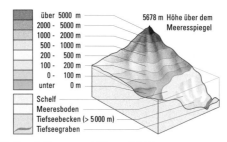

3 *Darstellung von Höhenschichten*

1 *An welcher Seite fällt das Piratenkap sehr steil ab? Woran erkennst du das?*
2 *Auf welcher Höhe über NN liegt der Leuchtturm?*

3 *Ulli möchte von den Hütten zum Leuchtturm einen Radweg anlegen. Wie muss dieser am günstigsten verlaufen, damit er nicht zu steil wird?*

Wie du mit dem Atlas arbeitest

Honolulu, Popocatépetl, Mississippi, Krk, Brno, Churchill – hast du diese geheimnisvollen Namen oder Zungenbrecher schon einmal gehört? Oder: Du verfolgst im Fernsehen bedeutende Sportsendungen wie Tennis in Wimbledon, Autorennen in Imola. Stellst du dir in solchen Fällen nicht die Frage, wo liegen denn all diese Orte und wie erfahre ich mehr über sie?

In diesen Fällen hilft dir der **Atlas**. Er ist eine Kartensammlung, die meistens als Buch gebunden ist. Suchst du einen der oben genannten Namen, dann benutzt du das Namensverzeichnis oder Register am Ende eines Atlas. Alphabetisch findest du darin alle Namen von Städten, Gebirgen, Flüssen, Seen usw., die im Atlas vorkommen. In diesem Verzeichnis findest du zum Beispiel Churchill. Das Auffinden des Ortes auf der jeweiligen Kartenseite erleichtert dir das Suchgitter. Du kennst dies schon von den Planquadraten des Stadtplans.

Wer mit dem Atlas richtig umgehen kann, der wird schnell und sicher einen bestimmten Ort oder eine bestimmte Karte finden. Im Atlas gibt es dazu drei wichtige Hilfen:
1. das Register (Verzeichnis geographischer Namen),
2. das Inhaltsverzeichnis (Kartenverzeichnis),
3. die Kartenübersichten.

Wie du einen Ort im Atlas findest:
1. Schritt: Register (Namensverzeichnis) aufschlagen:

> *Chugokugebirge 92 C 3/4*
> *Chur 56 C 2*
> *Churchill; Fluss zur Hudson Bay 118/119 J 4*
> *Churchill; Fluss zur Labradorsee 118/119 M 4*
> Atlasseite 118/119 ⟶ *Churchill; Stadt in Kanada 118/119 J 4*
> *Cienfuegos 120/121 E 4*
> *Cima dell' Argentera 56 B 3*

2. Schritt: Entsprechende Atlasseite aufschlagen und Churchill im Planquadrat J 4 suchen.

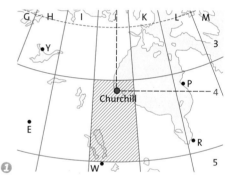

1 *Geheimnisvolle Namen und Zungenbrecher: Suche die Namen im Register und auf den dort angegebenen Seiten. Notiere in dein Heft wie folgt:*

Name	Was?	Wo?
Churchill	Stadt	Kanada
Honolulu		
Popocatépetl		
Mississippi		
Krk		
Brno (Brünn)		
Fudschijama		

2 *Wähle aus Meldungen in der heutigen Tageszeitung drei dir unbekannte Orte. Suche diese im Atlas und notiere die Namen wie in Aufgabe 1.*

Der Atlas ist noch für viele andere Zwecke sehr hilfreich. Er enthält Karten aus allen Regionen der Erde. Zu manchen Gebieten gibt es mehrere Karten, denn der Atlas enthält verschiedene Kartenarten: Die wichtigsten sind Physische Karten. Darüber hinaus gibt es noch zahlreiche Thematische Karten. Um die unterschiedlichen Karten richtig zu lesen und auszuwerten, musst du die jeweils zugehörige Legende benutzen. So kannst du über einen Ort oder eine Region vieles aus dem Atlas herauslesen. Du merkst: Der Atlas ist für Erdkunde unentbehrlich.

3 Notiere, was die Farbe ☐ jeweils bedeutet:
a) in der Physischen Karte,
b) in der Thematischen Karte.
4 Welche Informationen entnimmst du aus der Physischen Karte 2, welche aus der Thematischen Karte 3
a) für Frankfurt,
b) für den Vogelsberg,
c) für den Taunus?

❷ *Physische Karte*

Höhenschichten

☐	500 – 1 000 m
☐	200 – 500 m
☐	100 – 200 m
☐	0 – 100 m

Orte

●	> 500 000 Einw.
●	> 100 000 – 500 000 Einw.
○	< 100 000 Einw.

Verkehrswege

| Autobahn |
| Hauptverkehrsstraße |
| Eisenbahn |

0   20   40   60   80   100 km

❸ *Thematische Karte*

Bevölkerungsdichte

▨	> 500 Einw. / km²
▨	> 200 – 500 Einw. / km²
▨	> 100 – 200 Einw. / km²
☐	> 50 – 100 Einw. / km²
☐	> 10 – 50 Einw. / km²

Städte in Auswahl

●	> 500 000 Einw.
●	> 100 000 – 500 000 Einw.
●	< 100 000 Einw.

0   20   40   60   80   100 km

Wenn ich das richtig sehe, ist in den Karten Grün nicht gleich Grün!

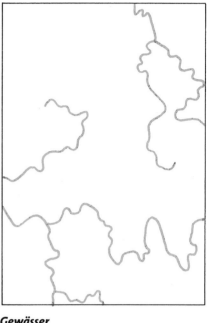

❶ Gewässer

In unserem Gedächtnis sind Vorstellungen über verschiedene Gebiete gespeichert. Diese dienen uns zur Orientierung. Wie aber kommen solche Merkkarten in unseren Kopf? Das Zeichnen von Kartenskizzen ist dazu ein einfacher und nützlicher Weg.

Wie du eine Kartenskizze zeichnest

In deinem Heimatort kennst du dich gut aus. Du kannst auch Fremden einen Weg im Ort erklären. Das ist möglich, weil du dir die Umgebung vorstellen kannst. Von deinem Wohnort hast du sozusagen eine „Karte im Kopf".

Man sollte sich aber nicht nur seine tägliche Umgebung vorstellen können. „Karten im Kopf" braucht man auch von seinem Bundesland, von Deutschland, von Europa oder von der ganzen Welt. Wie kann man das schaffen?

Es gibt eine Möglichkeit, sich eine Karte einzuprägen: Du zeichnest eine Skizze von ihr. Du kannst zu jedem Gebiet eine Kartenskizze zeichnen. Hier lernst du es am Beispiel Hessen. Probiere es auch mit anderen Gebieten!

Was du alles benötigst:
Transparentpapier
Büroklammern
Buntstifte

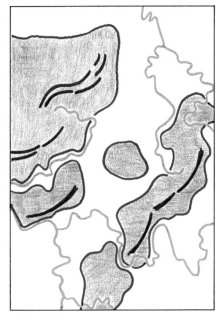

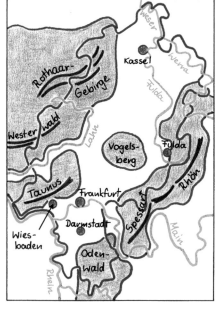

❷ *Höhenzüge*

❸ *Städte, Grenzen und Namen*

Wie du eine Kartenskizze zeichnest:
1. Schritt: Suche im Atlas zum Beispiel die Landschaftskarte von Hessen. Lege Transparentpapier auf und hefte dieses mit Büroklammern fest. Auf dieses Transparent zeichnest du zunächst einen rechteckigen Rahmen, der den Kartenausschnitt deiner Skizze begrenzt.
2. Schritt: Zeichne nun das Flussnetz mit einem blauen Farbstift nach. Dabei kannst du großzügig den wichtigsten Flussläufen folgen. Die vielen Flussbiegungen der Fulda zum Beispiel werden einfach begradigt.
3. Schritt: Wähle für Höhenzüge und Gebirge einen braunen Farbstift. Damit umfährst du zum Beispiel den Vogelsberg entlang der Farbfläche oder Signatur für Mittelgebirge und malst diese Fläche braun an.
4. Schritt: Markiere mit einem roten Farbstift die Landesgrenzen und Städte. Am besten zeichnest du nur die größeren Städte ein.

5. Schritt: Beschrifte nun deine „stumme" Karte. Übertrage dazu die Namen aus dem Atlas. Für Städte, Gebirge und Landschaften wähle einen schwarzen Farbstift, für Flussnamen benutze einen blauen Farbstift.

1 *Zeichne eine Kartenskizze von Hessen. Die Zeichnungen 1 bis 3 und die Arbeitsschritte sind dir dabei eine Hilfe.*
2 *Fährst du demnächst in eine andere Landschaft von Deutschland oder in ein anderes Land? Fertige von dieser Region oder diesem Land mithilfe des Atlas eine Kartenskizze an.*

1 Welche Himmelsrichtung ist angezeigt?

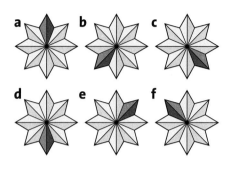

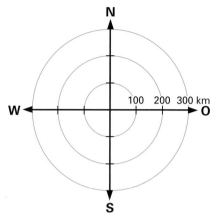

2 Richtig oder falsch?

Verbessere die falschen Aussagen und schreibe sie richtig auf.

– Mit dem Kompass kann man feststellen, wo Westen ist.
– Jede Karte hat die gleiche Legende.
– Der Polarstern ist immer im Norden zu sehen.
– Eine Höhenlinie verläuft bergab.
– Maßstab 1 : 100 000 bedeutet: 1 cm in der Karte entspricht 1 km in der Natur.
– Mithilfe des Suchgitters kann man auf Stadtplänen Straßen viel schneller finden.
– In einer Höhenschichtenkarte steht die Farbe Braun für niedrig gelegene Gebiete.
– Mit dem Register im Atlas kann man die Himmelsrichtungen bestimmen.

3 Zeichne ein Richtungskreuz mit deinem Schulort im Mittelpunkt.

Trage ein, in welcher Himmelsrichtung ungefähr große Städte, Berge oder Gebirge in 100 km, 200 km, 300 km Entfernung liegen.

So kannst du vorgehen:

Knote einen Faden an einer Stecknadel fest. Lege den Faden an die Maßstabsleiste der Atlaskarte und markiere mit einem Filzstift von der Nadel aus 100, 200, 300 km. Halte die Stecknadel mit einer Spitze an deinen Heimatort. Bewege den Faden in einem Kreis um die Stecknadel. Jetzt kannst du die Städte, Berge, Gebirge ablesen.

4 Findest du die Begriffe?

– Karte, die einzelne Gebäude im Grundriss zeigt.
– So heißen die vier Himmelsrichtungen.
– Linie, die alle Punkte gleicher Höhe miteinander verbindet.
– Hilfsmittel, mit dem man Himmelsrichtungen bestimmt.
– Er gibt das Maß der Verkleinerung in Plänen und Karten an.

Wichtige Begriffe

Atlas
Himmelsrichtung
Höhenlinie
Höhenschicht
Karte
Kompass
Legende
Maßstab
Stadtplan

5 Für Wanderer

Du siehst diese Höhenlinien auf einer Karte. Deine Wanderung geht von A nach B. Über welchen der drei Berge bist du gewandert?

A - - - - - - - - - - - - - - B

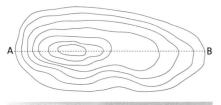

①

②

③

6 Arbeite mit dem Atlas

An welchem Fluss und in welchem Land liegen folgende Städte:

	Fluss	Land
Gießen	?	?
Wiesbaden	?	?
Budapest	?	?
Moskau	?	?
Lissabon	?	?
Kairo	?	?
Manaus	?	?
St. Louis	?	?

7 Bilderrätsel

Löse die Bilderrätsel und erkläre die gesuchten Begriffe.

a

b

c

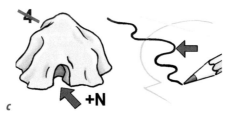

d

e

Teste dich selbst

mit den Aufgaben 4 und 5

Training

51

Leben auf dem Land

Spricht man vom flachen Land, denkst du vermutlich sofort an kleine Dörfer mit Bauernhöfen, an saftige Wiesen und Weiden mit grasenden Kühen, an fruchtbare Felder und gesunde Landluft. Richtig, Landwirtschaft spielt dort eine bedeutende Rolle. Du wirst aber auch sehen, dass sich das Leben eines Landwirts und auch das Leben im Dorf grundlegend gewandelt hat.

SÜDZUCKER

ZUCKERFABRIK

PENSION
WANDERN
HOTEL
ESSEN

Wie es einmal war

Früher bestimmte die **Landwirtschaft** das Leben im Dorf: Die meisten Dorfbewohner waren Bauern. Der Arbeitstag war hart. Er begann frühmorgens und endete erst mit dem Abendessen. Freie Tage waren selten.

Auf dem Hof lebte die gesamte große Familie – vom Kleinkind bis zu den Großeltern. Es war selbstverständlich, dass alle Familienmitglieder bei der Arbeit mithalfen, vor allem bei der Ernte. Zu jedem Hof gehörte ein großer Garten. Hier erzeugte die Familie Gemüse und Obst für den eigenen Haushalt. Hecken zwischen den Beeten und bunte Blumen zierten den Bauerngarten.

Auch Milch, Butter, Eier, Fleisch und Getreide für das selbst gebackene Brot lieferte der eigene Betrieb. Im Dorfladen wurden nur Dinge gekauft, die die Familie nicht selbst herstellte.

Das Handwerk im Dorf

Auch die Handwerker arbeiteten für die Landwirtschaft: Der Müller verarbeitete das Korn zu Mehl, der Schmied stellte Hufeisen für die Pferde her, der Korbmacher fertigte Körbe. Außerdem gab es meist Schneider, Schuhmacher und Tischler im Dorf.

Die Dorfgemeinschaft

Je größer der Hof, desto höher war das Ansehen des Bauern. Auch der Pfarrer und der Lehrer waren angesehene Leute.

Im Dorfladen und im Wirtshaus tauschten die Dorfbewohner ihre Neuigkeiten aus. Alle Menschen im Dorf kannten einander, jeder wusste über den anderen Bescheid. Man stand also auch unter Beobachtung und Aufsicht. Doch sich in Notzeiten gegenseitig zu helfen war selbstverständlich. Fast jeder Mann im Dorf war Mitglied der freiwilligen Feuerwehr. Dorffeste und Hochzeiten wurden gemeinsam gefeiert. Zum Dorfleben gehörten auch Vereine: Volkstanzgruppe, Kirchenchor, Posaunenchor oder Turnverein.

Unterschiedliche Dorfformen

In manchen Gebieten war das Zusammenleben nicht einfach zu gestalten. Denn nicht alle „Dörfer" waren geschlossene Siedlungen. Viele bestanden aus Gruppen von Höfen oder auch einzelnen Höfen, die weit verstreut lagen. Solche Streusiedlungen gab es auch in Hessen.

Probleme

Nicht alle Menschen, die auf dem Lande lebten, waren Eigentümer großer Höfe. Manche hatten nur wenig Besitz. Sie arbeiteten auf den großen Betrieben. Solche Dorfbewohner waren gezwungen, eine Heimarbeit auszuüben oder sich Arbeit außerhalb des Dorfes zu suchen. Zigarren drehen oder Weben waren Heimarbeit, durch die viele Familien ihren Lebensunterhalt verbessern konnten.

① *Herr Blotevogel vor seinem Hof*

Wo einst Rinder schliefen

② **Herr Blotevogel erzählt:**

„Unser Hof ist 130 Jahre alt. Früher lebten wir allein von der Landwirtschaft. Das war nicht leicht, weil nur kleine Feldflächen zum Hof gehören. Vor 30 Jahren haben wir dann unseren Betrieb zu einem Ferienhof umgebaut. Landwirtschaft betreiben wir heute nur noch als Hobby.

Unsere Gäste sind meist Familien und ältere Menschen aus verschiedenen Regionen Deutschlands. An den Wochenenden übernachten auch Fahrradgruppen und Wanderer bei uns. Wir müssen viel werben, zum Beispiel im Internet.

In unser Fachwerkhaus haben wir für 20 Gäste moderne Zimmer eingebaut. Wo früher die landwirtschaftlichen Geräte standen, ist heute ein Aufenthaltsraum. Für die Gästekinder halten wir noch zwei Pferde und fünf Schweine – zum Anschauen. Unsere riesige Wiese ist groß genug zum Spielen. Dort steht auch eine Hütte zum Feiern.

Wir sind ein Familienbetrieb. Meine Frau kocht für die Gäste. Meine Tochter hat im ehemaligen Treckerschuppen einen Laden für Kinderbekleidung aus Naturfasern eingerichtet. Sie wird unseren Betrieb bald ganz übernehmen. So besteht der Hof weiter. Wenn wir den Fremdenverkehr nicht hätten … Allein mit der Landwirtschaft sähe es schlecht aus.“

③

④

⑤

⑥

In unseren Dörfern stehen viele Bauernhäuser, Ställe und Scheunen leer. Entweder wurde ein Hof ganz aufgegeben. Oder die alten Gebäude sind für die Landwirtschaft inzwischen ungeeignet. Manche von ihnen verfallen, andere wurden einfach abgerissen.

Doch das ist nicht überall so. Viele Menschen möchten gern auf dem Land in einem schönen alten Haus leben. Sie kaufen ein verlassenes Bauernhaus, einen ehemaligen Stall oder eine aufgegebene Scheune und bauen diese Gebäude zu gemütlichen Wohnhäusern um. Mancher Landwirt betreibt auf seinem Hof nebenbei ein Bauerncafé oder ein Restaurant. Immer mehr Reiterhöfe entstehen. Hier machen vor allem Kinder Urlaub. „Ferien auf dem Bauernhof" ist eine beliebte Urlaubsform. In ehemaligen Bauernhöfen finden wir heute Verkaufsräume, Büros oder Werkstätten. Manche wurden sogar zu einem Museum umgebaut. Die Gebäude werden also für ganz andere Zwecke genutzt: Man spricht von Umnutzung.

1 Beschreibe den Betrieb von Herrn Blotevogel.

2 Wie werden die früheren Bauernhöfe auf den Fotos 3 bis 6 heute genutzt?

3 Forsche an deinem Wohnort nach Gebäuden, die heute anders genutzt werden als früher.

① *Exter*

Dörfer wachsen

In Deutschland gibt es heute in der Landwirtschaft nur noch wenige Arbeitsplätze. Trotzdem wachsen viele Dörfer. Wie kommt das?
Ein Zeitungsreporter befragte dazu Herrn Reckefuß, den Ortsvorsteher von Exter.

Warum wird Exter immer größer?
Exter hat reichlich Platz! Viele Bauern geben ihren Betrieb auf. Ihre Kinder wollen keine Landwirte sein. Wo früher Felder und Weiden waren, werden jetzt Wohnhäuser gebaut.

Und woher kommen die neuen Bewohner?
Sie ziehen aus den benachbarten Städten Herford und Bad Salzuflen zu uns, aber auch aus Bielefeld.

Aber Bielefeld liegt doch 30 Kilometer entfernt?
Durch die Autobahn ist unser Dorf gut zu erreichen. Auch wer hier wohnt, kann in Bielefeld arbeiten. Den Weg schafft man leicht in einer Viertelstunde

Wie macht sich denn dieser Zuzug im Dorf bemerkbar?
Innerhalb von zwei Jahren entstanden hier rund 100 neue Häuser. Weitere Häuser mit 75 Wohnungen sind geplant. Unsere Grundschule platzt aus allen Nähten. Sie ist viel zu klein geworden, weil vor allem Familien mit kleinen Kindern zu uns kommen.

Warum ausgerechnet Familien?
Nun, bei uns ist das Bauland viel billiger als in den Städten. Hier können sich Familien ein Grundstück mit einem großen Garten leisten. Darin können die Kinder dann spielen. Und die gesunde Luft tut ihnen auch gut. Die Erwachsenen schätzen vor allem die Ruhe.

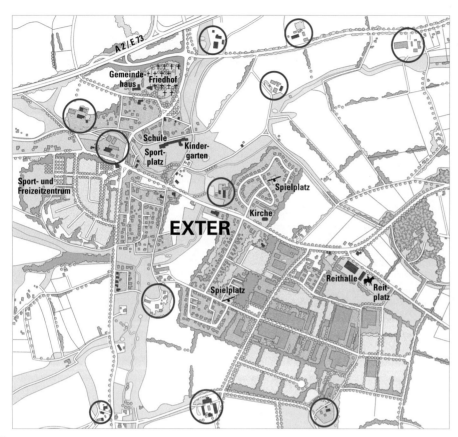

frühéres Exter (Einzelhöfe)

neue Wohnsiedlung

geplante Erweiterung der Wohnsiedlung

Gewerbegebiet

geplante Erweiterung des Gewerbegebietes

Wald

Bäume und Sträucher

sonstige Grünflächen

Acker

Straße

Fußweg

Gewässer

0 50 100 150 200 m

❷ *Entwicklungsplan von Exter*

Aber nicht nur zum Wohnen kommen Menschen nach Exter ...

Richtig, auch Betriebe ziehen hierher. In Städten ist für Firmen mit großem Flächenbedarf kaum Platz. So kommen sie in Dörfer wie Exter. Für sie ist ein Autobahnanschluss ganz wichtig. Wir haben deshalb ein großes Gewerbegebiet.

Welche Folgen hatte das alles denn für das Dorf?

Ganz unterschiedliche. Exter sieht heute anders aus als früher. Wir haben viele Arbeitsplätze. Wegen der guten Straßenverbindung kommen die Bewohner schnell überall hin. Die Einwohnerzahl von Exter wächst. Vielleicht wird dadurch bald ein Supermarkt in unserem Dorf entstehen.

Aber es kam auch mehr Verkehr ins Dorf und es gibt immer weniger Grünflächen. Früher kannte jeder jeden. Heute bleiben sich viele fremd. Es ist daher eine wichtige Aufgabe für unsere Vereine im Dorf die Neubürger einzubeziehen.

1 *Warum ziehen Menschen und Firmen nach Exter?*

2 *Betrachte Foto 1: Wo liegen Gewerbegebiet, neues Wohngebiet und Bauernhöfe?*

3 *Arbeite mit Karte 2:*
   a) Wie sah Exter früher aus?
   b) Woran erkennst du, dass Exter weiterhin wächst?

4 *Eine Entwicklung wie in Exter hat für ein Dorf Vorteile und Nachteile. Stelle diese in einer Tabelle zusammen.*

❶ *Rösslerhof*

Eine Erkundung muss gut vorbereitet und organisiert sein. Mit den Arbeitsschritten auf diesen Seiten lassen sich zum Beispiel Landwirtschaftsbetriebe, Forstämter, Industriebetriebe, Banken und Behörden erkunden. Nur die Fragestellungen und die Ergebnisse sind unterschiedlich.

Erkundung eines Bauernhofes

Hast du eigentlich eine Vorstellung davon, wie die Menschen auf einem Bauernhof leben, welche Arbeiten anfallen, welche Tiere zu versorgen sind, welche Gebäude und Maschinen zum Hof gehören?

Bei der Erkundung eines Bauernhofes könnt Ihr dazu Näheres erfahren. Ihr werdet feststellen, dass Landwirte wie Herr Güldenberg vom Rösslerhof nicht nur Lebensmittel erzeugen, sondern auch die Landschaft im ländlichen Raum gestalten.

Eine Erkundung durchführen
1. Schritt: Organisation und Vorbereitung der Erkundung
Findet Antworten auf folgende Fragen:
Welchen Betrieb erkunden wir?
Wie gelangen wir zum Betrieb?
Was müssen wir beachten?
Was wollen wir wissen und erfragen?
Beispiel Bauernhof:
– Größe des Hofes
– Nutzung der Felder
– Art und Anzahl der Tiere
– Maschinen
– Arbeitskräfte
– Arbeitszeit / Freizeit
– Vermarktung der Produkte
– besondere Probleme
Wie können wir das erkunden? Durch
– Interviewen,
– Zählen,
– Fotografieren,
– Anfertigen einer Skizze usw.

Was brauchen wir dazu?   → *Ek/Deu*
– *Fragebogen*
– *Kassettenrekorder*
– *Pläne und Grundrisse*
– *Fotoapparat usw.*
Wie arbeiten wir?
– *in Einzelarbeit / in der Gruppe*
Wer übernimmt welche Aufgabe?

2. Schritt: Durchführung
– *Erledigt die gestellten Arbeitsaufträge gewissenhaft.*
– *Achtet auf Gefahrenstellen.*
– *Beachtet immer die Anweisungen der Betriebsinhaber.*
– *Schlusskontrolle: Sind alle Aufträge erledigt?*

3. Schritt: Auswertung und Präsentation
– *Die einzelnen Arbeitsgruppen stellen ihre Ergebnisse vor.*
– *Was sagen die Ergebnisse in Bezug auf die Fragestellung?*
– *Darstellung und Veröffentlichung der Ergebnisse als Wandzeitung, Präsentationsmappe, Beitrag in der Schülerzeitung oder Ausstellung.*

DER RÖSSLER HOFLADEN

⑨ **Ein Arbeitstag auf dem Hof:**

6.00	Stallarbeit und Melken
8.00	Frühstück
9.00	Stall- oder Feldarbeit
12.30	Mittag und Pause
14.00	Feldarbeit
17.00	Melken
19.00	Abendessen und Feierabend

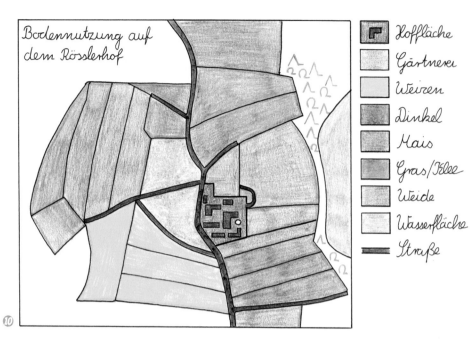

Bodennutzung auf dem Rösslerhof

Hoffläche
Gärtnerei
Weizen
Dinkel
Mais
Gras/Klee
Weide
Wasserfläche
Straße

⑩

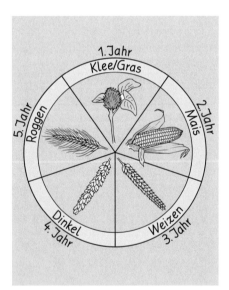

⑪ **Fruchtfolge auf den Feldern des Rösslerhofes**

1. Jahr Klee/Gras
2. Jahr Mais
3. Jahr Weizen
4. Jahr Dinkel
5. Jahr Roggen

⑫ **Der Heustriegel, ein wichtiges Arbeitsgerät:** *Das feuchte Heu wird zum Trocknen auf den Striegel gelegt.*

⑬

Interview mit Herrn Güldenberg

Peter: „Herr Güldenberg, was unterscheidet Ihren Betrieb von anderen Betrieben in der Landwirtschaft?"

Herr Güldenberg: „Wir bewirtschaften unseren Hof nach den Grundsätzen des **ökologischen Landbaus**. Das heißt, wir verzichten auf chemische Düngemittel und auf Unkraut- und Schädlingsgifte."

„Wenn Sie auf Düngemittel verzichten, ernten Sie dann nicht weniger?"

„Das muss nicht sein. Denn durch den jährlichen Wechsel der Anbaufrucht laugen unsere Böden nicht aus. Wir kombinieren auch Tierhaltung und Ackerbau, damit wir den Mist als natürlichen Dünger verwenden können."

„Sie haben auch Milchkühe. Was ist nun das Besondere an der ökologischen Tierhaltung?"

„So bald es geht, dürfen unsere Rinder auf die Weide. Wir füttern nur Futter aus eigenem Anbau und kaufen kein Kraftfutter dazu. Der ökologische Landbau ist also auch ein Kreislauf."

„Warum wirtschaften nicht alle Bauern so wie Sie?"

„Die ökologische Landwirtschaft macht viel mehr Arbeit und das macht den ökologischen Anbau so teuer. Doch viele Bauern haben sich bereits spezialisiert, um Arbeit einzusparen. Auf dem Rösslerhof sind heute außer mir nur noch eine Gesellin und zwei Lehrlinge tätig."

⑭

Betriebsspiegel Rösslerhof (2002)

Betriebsgröße:	130 ha
davon	
eigener Besitz	30 ha
Pachtland	100 ha
Bodennutzung:	
Ackerland,	35 ha
davon	
Mais	8 ha
Dinkel	7 ha
Roggen	6 ha
Weizen	7 ha
nicht genutzt	7 ha
Grünland,	95 ha
davon	
Weide	30 ha
Wiese	65 ha
Viehbestand:	
Rinder / Kälber	80
Milchkühe	80
Milchleistung pro Kuh im Jahr 6800 l	
Maschinen:	
4 Traktoren, 1 Maishäcksler	
1 Rundballenpresse, 1 Heuwender	
1 Ladewagen, 1 Frontmähwerk	
1 Heckmähwerk, 1 Schwader	
Arbeitskräfte:	4

⑮ *Wichtige Maßeinheiten in der Landwirtschaft*

Hektar (ha):
1 ha entspricht
100 m x 100 m = 10 000 m².
Das ist die Größe von etwa eineinhalb Fußballplätzen.
Dezitonne (dt):
1 dt ist der zehnte Teil einer Tonne, die 1 000 Kilogramm (kg) wiegt; die dt wiegt also 100 kg.

Methode

1 *Vieles ist auf dem Rösslerhof anders als auf „normalen" Höfen. Beschreibe die Unterschiede.*

2 *Erkundet einen Bauernhof in eurer Nähe.*

① *Verkaufsorte für Salat und Gemüse aus dem Hessischen Ried*

Da hast du den Salat!

③ *Salaternte im Freiland*

Dirk führt ein Gespräch mit Frau Stahl, einer Gemüsebäuerin aus dem Hessischen Ried

Auf 45 ha Land baut Frau Stahl in ihrem Betrieb Salat und Gemüse an. Für diese große Fläche hat sie drei Angestellte und bis zu 28 Aushilfskräfte in der Erntezeit.

Dirk: „Welche Gemüsearten pflanzen Sie an? Erzählen Sie bitte etwas über Ihren Betrieb und Ihre Arbeit."

Frau Stahl: „Unsere wichtigsten Gemüsearten sind verschiedene Salatsorten, aber wir bauen auch Blumenkohl, Broccoli, Sellerie, Rotkohl, Chinakohl, Spinat, Karotten, Gurken und Lauch an. Wir sind ein Freilandbetrieb. Die Arbeit auf den Feldern beginnt bei günstiger Witterung schon Ende Februar. Dann setzen wir die ersten vorgezogenen Pflänzchen mit Pflanzmaschinen aus. Zum Schutz vor Kälte werden sie mit großen Plastikfolien abgedeckt. Unter der Folie erwärmt sich der Boden schneller, die Pflanzen wachsen besser. Schon im Mai haben wir die erste Ernte. Das ist günstig für den Verkauf."

Dirk: „Haben Sie eigentlich genug Wasser? Reicht der Regen aus?"

Frau Stahl: „Das ist eine gute Frage. **Sonderkulturen** wie Salat und Gemüse brauchen viel Wasser. Darum haben wir auch fast für das gesamte Land eine unterirdisch verlegte Rohrberegnungsanlage mit Wasser aus Tiefbrunnen. Das Wasser kann durch die Folien zu den Pflanzen gelangen, weil sie durchlöchert sind. Außerdem verhindert die Folie das Austrocknen des Bodens."

Dirk: „Ist die Gegend hier besonders günstig für den Gemüsebau?"

Frau Stahl: „Ja, wir haben hier gute Böden und vor allem ein günstiges Klima. Die Winter sind mild, der Frühling beginnt früh im Jahr und die Sommer sind

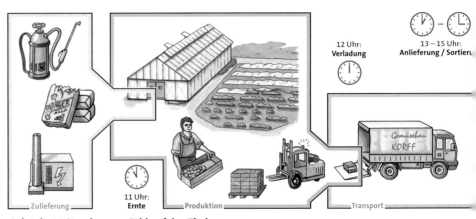

② *Salat: in 24 Stunden vom Feld auf den Tisch*

4 *Feldgemüse unter Folie*

tel-Handelsketten oder Großhändler. Schon einen Tag nach der Ernte kann unser Gemüse mit Kühllastwagen an Supermärkte irgendwo in Deutschland ausgeliefert werden und frisch beim Kunden sein. Ein Teil wird auch in Kühlhäusern eingelagert."

Dirk: „Was macht Ihnen Probleme?"

Frau Stahl: „Wie überall steigen auch bei uns die Kosten im Betrieb, z. B. für Löhne, Beregnung, Folien usw. Die Preise für das Gemüse schwanken jahreszeitlich stark. Wir müssen höchstmögliche Erträge erzielen, um genug Gewinn zu erwirtschaften!"

warm. So können wir etwa 280 Tage im Jahr auf den Feldern arbeiten. Wichtig ist aber auch eine schnelle Verbindung zu den Abnehmern für unsere Ware."

Dirk: „Wohin verkaufen Sie Ihr Gemüse?"

Frau Stahl: „Einen kleinen Teil unserer Ernte vermarkten wir selber über unseren Hofladen und kleinere Gemüsehändler hier aus der Gegend. Der größte Teil unserer Ware geht aber an eine Genossenschaft, die Gartenbauzentrale Wiesbaden-Rheingau. Es gibt hier in der Gegend viele Genossenschaften und Gemüse-Großmärkte. Sie sorgen für den schnellen Weiterverkauf an Großabnehmer wie Lebensmit-

Eine Genossenschaft ist ein Verein, der die Förderung der Wirtschaft für seine Mitglieder zum Ziel hat. Sie kümmert sich z. B. um den Verkauf der Produkte, um den Einkauf von Saatgütern und Düngemitteln, um Hilfe bei der Betriebsführung ...

1 *Gemüseanbau erfordert viel Arbeit, Zeit und Geld. Erkläre den Zusammenhang.*

2 *Der Ackerbauer kann seine Feldfrüchte nicht vor Frost schützen. Gilt dies auch für den Gemüsebauern? Begründe deine Meinung.*

3 *Findet heraus, woher das Gemüse und Obst stammt, das ihr zu Hause esst.*

4 *Beschreibe den Weg des Salates vom Feld auf den Tisch. Verwende die Zeichnung 2 und die Karte 1.*

5 *Eine weitere Sonderkultur ist der Wein. Wo findest du Weinbau in Hessen? Benutze den Atlas.*

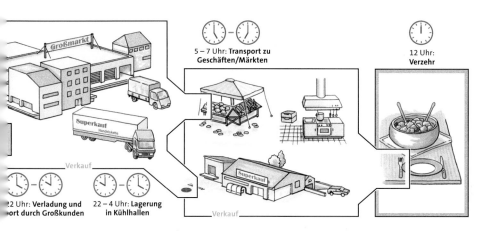

5 – 7 Uhr: **Transport zu Geschäften/Märkten**

12 Uhr: **Verzehr**

Verkauf

22 Uhr: Verladung und ...ort durch Großkunden

22 – 4 Uhr: **Lagerung in Kühlhallen**

Verkauf

1. Jahr
Zuckerrüben

2. Jahr
Weizen

3. Jahr
Gerste

4. Jahr
Zuckerrüben

5. Jahr
Weizen

❶ Fruchtfolge

❷ Ein Mähdrescher entlädt das gedroschene Getreide

Unser tägliches Brot

Zur Herstellung von Brot braucht man vor allem Weizen oder Roggen: Weizen für die hellen Brote und Brötchen, Roggen für dunkle und beide für Mischbrote.

Ackerbau in der Wetterau
Der Hof von Landwirt Josef Edelbauer liegt in Wisselsheim wenige Kilometer östlich von Bad Nauheim. Hier herrscht ein mildes Klima mit ausreichenden Niederschlägen. Seine Betriebsflächen liegen in der Wetterau, die zu den besten Ackerbaugebieten Deutschlands zählt. Landwirt Edelbauer beschreibt seinen Boden so: „Wir haben hier **Löss**, einen der fruchtbarsten Böden, die es überhaupt gibt. Das merkt man besonders, wenn man ihn einmal zwischen den Fingern zerreibt. Löss ist mehlig-feinkrümelig."

Auf dem Löss entwickelten sich die fruchtbarsten Ackerböden. Sie sind reich

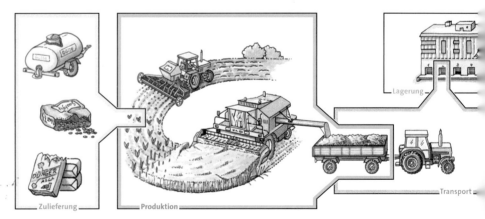

❸ Vom Getreide zum Brot

66

an Mineralstoffen und können das Wasser gut speichern.

Weizen, der fruchtbaren Boden erfordert, gedeiht hier besonders gut und bringt überdurchschnittlich hohe Erträge. Aber auch beim besten Ackerland muss der Landwirt die Anbaufrucht wechseln, d. h. **Fruchtwechselwirtschaft** betreiben, weil sonst der Erde immer die gleichen Nährstoffe entzogen werden und sich auch leichter Pflanzenkrankheiten ausbreiten können. Die geregelte mehrjährige Anbaufolge verschiedener Ackerfrüchte ergibt dann eine **Fruchtfolge**. Sie hilft dabei, die Bodenfruchtbarkeit auch ohne Düngerzugaben stabil zu halten. Da Herr Edelbauer über Ackerland von höchster Qualität verfügt, steht bei ihm der Anbau anspruchsvoller Kulturpflanzen wie Weizen und Zuckerrüben im Vordergrund.

Obwohl Herr Edelbauer gute Erträge erzielt, will er sie weiter steigern. „Wenn ich im September zur Ernte über die Zuckerrübenfelder fahre, werden die Rübenblätter von der Maschine zerkleinert und auf das Land geworfen. Später pflüge ich die Pflanzenreste dann unter. Durch diese Pflanzendüngung wird der Boden noch lockerer und fruchtbarer."

Löss

🍀 *Die besten Ackerbaugebiete Deutschlands*

1 *Erkläre den Ablauf der Fruchtfolge (1). Was wird im sechsten Jahr angebaut?*

2 *Wo liegen große Lössgebiete in Deutschland? Beschreibe mithilfe von Karte 4 und dem Atlas.*

3 *Notiere die Arbeitsschritte, die Landwirt Edelbauer zu erledigen hat, bis Weizen geerntet werden kann. Beschreibe den Weg vom Getreide zum Brot anhand der Zeichnung 3.*

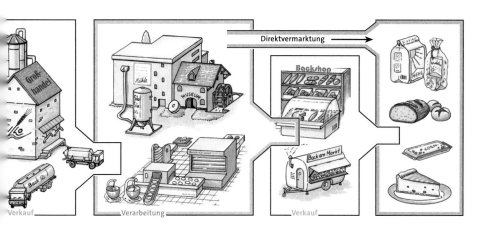

→ *Ek/Bio*

❶ Ferkelaufzucht

❷ Schlachtvieh auf der Weide

Täglich Fleisch?

Gewiss, einen Hamburger ohne Fleisch kann man sich nicht vorstellen. Das Hackfleisch gehört einfach dazu. Tatsächlich ist es für viele von uns selbstverständlich täglich Fleisch und Wurst zu essen. Der Fleischverbrauch ist stark gestiegen. Darauf haben sich viele Landwirte eingestellt und ihren Betrieb **spezialisiert**. Ein Beispiel ist der Betrieb Wester-Ebbinghaus im Münsterland.

❸ Auf dem Hof Wester-Ebbinghaus werden Bullen und Schweine gemästet. Die Bullen sind im Sommer auf der Weide, im Winter im Stall. Die Weidehaltung ist wichtig, sie verbessert die Fleischqualität. Nach etwa zwei Jahren haben die Bullen ihr Schlachtgewicht erreicht.

Außerdem werden auf dem Hof jährlich 2 000 Schweine gemästet. Die Ferkel bezieht der Landwirt von einem Betrieb, der sich nur mit der Ferkelaufzucht beschäftigt. Damit die Schweine das Schlachtgewicht von 96 kg erreichen, ist etwa die dreifache Menge an Mastfutter nötig. Das meiste Futter erzeugt der Betrieb selber, hauptsächlich Weizen und Gerste. Kraftfutter mit viel Eiweiß und Mineralstoffen kauft Herr Wester-Ebbinghaus dazu.

Im Stall sind das Füttern und Entmisten automatisiert. Die Tiere können von einer einzigen Arbeitskraft versorgt werden. Das schlachtreife Mastvieh verkauft Herr Wester-Ebbinghaus über einen Händler an Schlachthöfe.

4 *Im Schlachthof*

Täglich Fleisch: Muss das wirklich so sein? Viele Menschen auf der Erde ernähren sich völlig ohne Fleisch: die einen, weil sie arm sind und das teure Fleisch nicht bezahlen können; andere, weil ihnen Tiere heilig sind. Das gilt z. B. für die Hindus in Indien. Immer dann, wenn es bei uns Probleme mit der Viehhaltung gibt, wird daran erinnert, dass auch eine Ernährung mit weniger Fleisch möglich ist.

Tatsächlich bringt die **Massentierhaltung** Probleme. Bricht eine Krankheit aus, ist gleich der gesamte Tierbestand bedroht. Meist sind große Mengen an Kraftfutter nötig. Um dieses zu erzeugen, wird viel Energie verbraucht. Ein weiteres Problem ist die Gülle – Jauche und Kot der vielen Tiere. Es darf nur eine bestimmte Menge je Fläche als Dünger auf die Felder gebracht werden.

1 *Erläutere die einzelnen Abschnitte der spezialisierten Tiermast. Welches der Fotos 1 und 2 passt zum Betrieb Wester-Ebbinghaus?*

2 *Vom Erzeuger zum Verbraucher. Erläutere die Zeichnung 5.*

3 *Sprecht über die Probleme der Massentierhaltung:*

a) Was erfahrt ihr über den augenblicklichen Stand aus der Zeitung und aus dem Fernsehen?

b) Wie ist eure Meinung zu einer Ernährung mit weniger Fleisch?

Wieviel Gülle vertragen unsere Felder?

In geringem Maße ist die Gülle ein guter Dünger. Doch eine übermäßige Verwendung führt zu einer Geruchsbelästigung und zur Schädigung des Grundwassers. Die Gülleverordnung erlaubt nur eine bestimmte Menge Gülle je Hektar. Außerdem darf Gülle während dem 15.11. und dem 15.1. nicht ausgebracht werden.

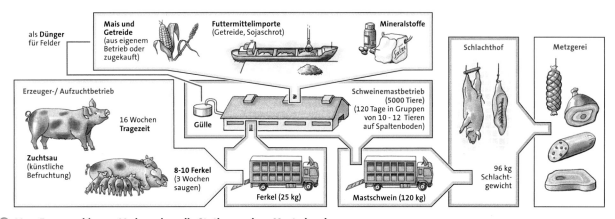

5 *Vom Erzeuger bis zum Verbraucher: die Stationen eines Mastschweins*

1 Richtig oder falsch?

Verbessere die falschen Aussagen und schreibe sie richtig auf.

– Auf vielen Bauernhöfen kann man heute Urlaub machen.
– Der Löss ist ein fruchtbarer und fein-krümeliger Boden.
– In der Wetterau sind die Ernteerträge besonders gering.
– Nur im Frühjahr und Sommer hat ein Landwirt Arbeit.
– Gülle fällt in jedem landwirtschaft-lichen Betrieb an.

2 Findest du die Begriffe?

– Anbau von Feldfrüchten in jährlichem Wechsel.
– Anbaupflanzen, die eine besondere Pflege des Bauern benötigen.
– Ackerbaugebiet mit Lössboden.

3 Silbenrätsel

Bilde aus den folgenden Buchstaben ei-ne große Maschine zum Ernten des Ge-treides:

d–m–e–e–r–c–ä–r–h–h–s

4 Bilderrätsel

Löse das Bilderrätsel und erkläre den ge-suchten Begriff.

5 Die Produkte des Bauernhofes werden weiterverarbeitet, z. B. die Milch in der Molkerei zu Käse.

Finde auch für die anderen Lebensmittel in der Zeichnung 1 die richtigen Verar-beitungswege und schreibe sie auf.

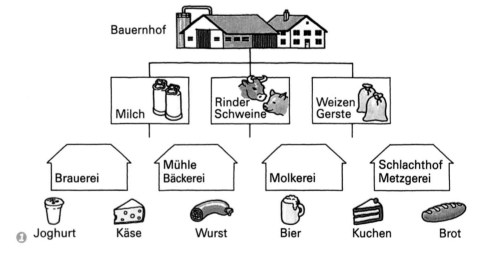

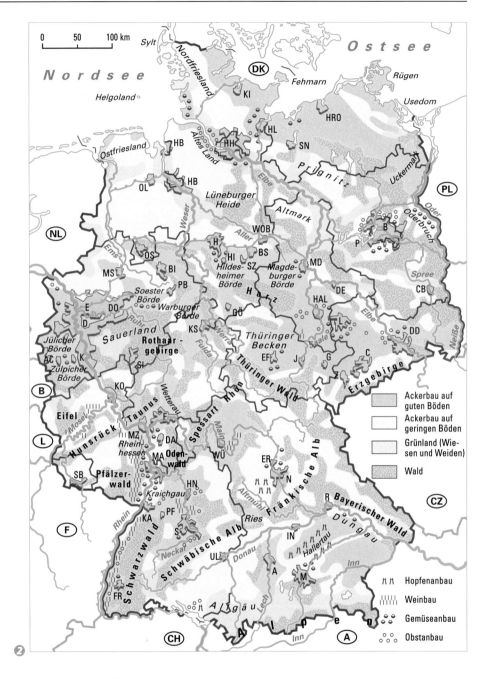

Teste dich selbst

mit den Aufgaben 3 und 4

Map legend:

- Ackerbau auf guten Böden
- Ackerbau auf geringen Böden
- Grünland (Wiesen und Weiden)
- Wald

Map symbols:

- ЛЛ Hopfenanbau
- ||||| Weinbau
- ₀₀ Gemüseanbau
- ₀₀₀ Obstanbau

6 Arbeite mit der Karte

a) Nenne drei Gebiete mit Ackerbau auf guten Böden und drei Grünlandgebiete.

b) Nenne drei Flüsse, an denen Weinbau betrieben wird.

c) Begebt euch zu zweit auf Entdeckungsreise: Partner A beschreibt ein Gebiet anhand von Lage, Bodenqualität und Nutzung, Partner B nennt den Namen des Gebiets. Wechselt euch dabei ab und nennt möglichst viele verschiedene Nutzungsarten.

Training

Leben in der Stadt

Eine Stadt hat viele Gesichter. Aber wo lebt man am besten? Jeder wird dazu seine eigene Meinung haben, je nachdem, wo er wohnt und was er vor seiner Haustür findet: viel Grün, gute Einkaufsmöglichkeiten, eine Apotheke, ein Schwimmbad, ein Kino, gute Verkehrsanbindungen ...

Wir erkunden unsere Stadt

„Unsere Stadt kennen wir gut genug. Was soll es da noch zu entdecken geben?" Das war die Ansicht der meisten Schülerinnen und Schüler, als unsere Lehrerin eine **Stadterkundung** in Marburg vorschlug. Doch als sie uns viele neue Überraschungen versprach, wurden wir neugierig. Wir teilten uns in mehrere Gruppen auf und durchstreiften das Stadtzentrum wie richtige Forscher. Wir suchten nach Spuren der Vergangenheit und wollten herausfinden, wie sich die Stadt mit der Zeit verändert hat. Dabei haben wir viel Neues über Marburg erfahren. Jetzt könnten wir als Stadtführer auftreten. Und wenn ihr einmal selbst eure Stadt erkunden wollt, dann findet ihr auf dieser Seite sicher einige Anregungen:

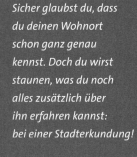

Sicher glaubst du, dass du deinen Wohnort schon ganz genau kennst. Doch du wirst staunen, was du noch alles zusätzlich über ihn erfahren kannst: bei einer Stadterkundung!

1. Schritt: Vorbereitung

Eine Stadterkundung solltet ihr am besten in Gruppen durchführen. Dann könnt ihr gleichzeitig verschiedene Themen bearbeiten. Jede Gruppe kann ihre besonderen Interessen berücksichtigen.
Vorschlag:
Gruppe 1: Unsere Stadt früher und heute.
Gruppe 2: Alte Gebäude und ihre Nutzung früher und heute.
Gruppe 3: Was sagen uns Namen von Straßen, Plätzen, Denkmälern usw.?
Gruppe 4: Wir befragen Personen über das Leben in der Stadt.
Notiert Arbeitsaufträge für jede Gruppe. Stellt einen Zeitplan auf.
Besorgt euch alle nötigen Arbeitsunterlagen.

2. Schritt: Durchführung

Notiert alle Beobachtungen und Ergebnisse; stellt Skizzen her, fotografiert besondere Gebäude, befragt Passanten.

3. Schritt: Auswertung

Wertet gemeinsam die Ergebnisse eurer Erkundung aus. Überlegt, wie ihr sie mit Texten, Bildern, Fotos, Skizzen übersichtlich darstellen könnt. Vielleicht wollt ihr sogar eine kleine Ausstellung, eine Wandzeitung oder einen Stadtführer herstellen.

❶ **Was du alles benötigst**

❷

Johanna und Philipp haben in der Stadtbibliothek gestöbert. Dabei haben sie eine alte Zeichnung von Marburg gefunden. Kaum zu glauben, wie sich die Stadt gegenüber früher verändert hat.

Susanne, Luise und Felix haben im Stadtmuseum ein Modell der Stadt Marburg gefunden. Sie haben es mit einem modernen Stadtplan verglichen und viele interessante Entdeckungen gemacht.

Sybille, Frank und Uwe haben nach verschiedenen Gebäuden gesucht, die früher ganz anders genutzt wurden als heute.

Sie haben die Schilder fotografiert und weitere Erkundigungen durchgeführt. Auf ihrem Rundgang haben sie auch mehrere Denkmäler gefunden, die von berühmten Menschen in der Stadt berichten.

Florian und Kornelia haben Straßenschilder gesucht, die Auskunft über frühere Berufe geben.

❸

① *Schrägluftbild von Wetzlar*

Wetzlar – Gesichter einer Stadt

Wenn du vom Kalsmunt auf Wetzlar herunterblickst, kannst du erkennen, dass die Stadt wie ein Puzzle aus verschiedenen Teilen zusammengesetzt ist: den **Stadtvierteln.** Die historische **Altstadt** mit verwinkelten Gassen und dem Dom bilden das Zentrum der Stadt, die **City**. Nach außen hin schließen sich immer jüngere Stadtteile an. Es sind **Mischviertel**, wo Wohnhäuser, öffentliche Gebäude und kleine Fabriken nebeneinander liegen. Andere Viertel bestehen fast nur aus Wohnhäusern, man nennt sie **Wohnviertel**. Weiter im Westen ist ein großes Firmengelände erkennbar. Grauer Rauch steigt aus den Schornsteinen. In solchen **Industriegebieten** wohnt kaum jemand. In der Freizeit werden **Grünanlagen** und am Rande der Stadt **Erholungsgebiete** aufgesucht.

1 *Eine Stadt lässt sich in unterschiedliche Viertel einteilen. Notiere die einzelnen Stadtviertel und beschreibe jeweils ihre Merkmale.*

2 *Arbeite mit dem Luftbild und der Flächennutzungsskizze:*
   a) Lege Transparentpapier auf das Luftbild und grenze die einzelnen Viertel ab.
   b) Benenne die Viertel und beschreibe ihre Lage.

3 *Ordne die Bilder 3–6 dem Luftbild 1 zu und begründe deine Zuordnung.*

4 *Kaufhäuser, Schulen, Supermärkte mit großen Parkplätzen, Fabriken, Grünanlagen ... Wo liegen diese Einrichtungen? Suche weitere Beispiele und ordne sie zu.*

5 *Erkunde deinen Schulort. Erstelle mithilfe eines Stadtplans eine einfache Skizze über die Einteilung deines Schulortes in verschiedene Stadtviertel.*

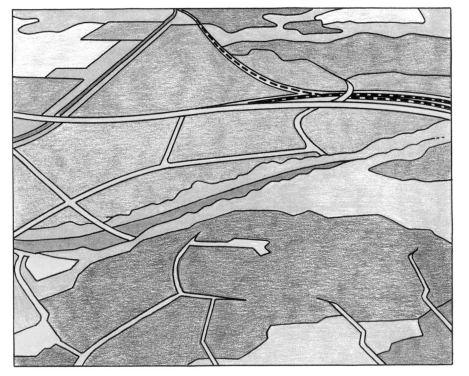

Legende:

- Altstadt
- Wohngebiet
- Mischgebiet
- Industrie/Gewerbe
- Grünfläche
- Verkehrsfläche
- Fluss/Gewässer

❷ *Flächennutzungsskizze von Wetzlar*

❸

❺

❹

❻

Unter der Stadt ist viel los!

Entdecke die Welt unter der Stadt! Du wirst Bekanntes, aber auch Unbekanntes finden.

In der Erde liegen vor allem viele Rohre und Leitungen verborgen. Diese versorgen die Gebäude einer Stadt mit Wasser, Strom, Fernwärme und Gas. Gleichzeitig werden Regen- und Abwasser abgeführt, sie werden entsorgt.

Das Netz aller dieser Versorgungs- und Entsorgungsleitungen einer Großstadt ist riesig. In einer Stadt wie Kassel haben die Abwasserkanäle eine Länge von über tausend Kilometern.

Die gemeinsame Ableitung von Regen- und Schmutzwasser in einem Kanal nennt man Mischsystem. Beim Trennsystem liegen zwei Kanäle in der Erde.

Der eine Kanal führt das Schmutzwasser dem Klärwerk zu, der andere sammelt das Regenwasser von Dächern, Wegen und Straßen und leitet es in einen Bach, einen Fluss oder eine Sickergrube ein. Dadurch benötigt man auch weniger Regensammelbecken.

Da der Platz an der Oberfläche knapp ist, müssen immer mehr Autos in Tiefgaragen geparkt werden. In Großstädten wären die Straßen völlig verstopft, wenn es keine U-Bahnen geben würde. Gerade morgens wollen viele Menschen in die Innenstadt und abends wieder zurück.

All die Leitungen und unterirdischen Bauten sind sehr aufwändig und kosten viel Geld. Aber ohne diese würde eine Stadt heute nicht mehr funktionieren.

1 Ordne den Ziffern in der Zeichnung 1 die folgenden Begriffe zu:
 – Abwasserkanal
 – Altlasten (giftige Abfälle aus früheren Zeiten)
 – Fernwärmeleitung
 – Gasleitung
 – Ladenpassage
 – Leitung für Telefon und Kabelfernsehen
 – Regensammelbecken
 – Straßentunnel
 – Stromkabel
 – Tiefgarage
 – Trinkwasserleitung
 – U-Bahn / S-Bahn

2 Teilweise wird das Regenwasser in ein eigenes Kanalnetz eingeleitet. Warum ist dies sinnvoll?

3 Welche unterirdischen Rohre und Leitungen dienen der Versorgung, welche der Entsorgung von Gebäuden?

4 Welche Vorteile und welche Nachteile hat es, den Verkehr in den Untergrund zu verlegen?

Umland und Stadt

❶ Steffen aus Großen Linden

„Vor vier Jahren sind wir aus Gießen hierher gezogen. Unsere frühere Wohnung lag direkt an einer Hauptverkehrsstraße. Jetzt haben wir ein eigenes Haus mit einem Garten. Wir Kinder können nachmittags viel im Freien spielen. Statt Autolärm und Abgasen genießen wir die gute Landluft. Ich besuche die Gesamtschule, die sich nicht weit von unserer Wohnung befindet. Umständlicher ist es, wenn ich meine Freunde in Gießen besuchen oder einmal ins Kino gehen möchte. Und mein Vater schimpft oft darüber, dass er nun länger zu seinem Arbeitsplatz in Gießen unterwegs ist."

Unmittelbar am Stadtrand von Gießen beginnt das ländliche **Umland**. Von dort fahren tagtäglich Hunderte als **Pendler** zwischen ihrem Wohnort und ihrer Schule oder Arbeitsstätte in der Stadt hin und her. Viele Umlandbewohner kommen zum Einkaufen nach Gießen, suchen dort einen Facharzt auf oder erledigen etwas auf einer Behörde. Auch Sportveranstaltungen, Konzerte und Theateraufführungen ziehen Besucher aus dem Umland an. Einige Landwirte der Umgebung verkaufen ihre Erzeugnisse auf dem Wochenmarkt. Die Menschen aus dem Umland sind also auf die Stadt angewiesen. Aber auch die Stadtbevölkerung braucht das Umland. In den Wäldern und an den Seen der Umgebung erholen sich viele Gießener nach Feierabend oder an Wochenenden.

Dort gibt es noch günstigere Bauplätze im Grünen. Allerdings liegen am Stadtrand auch Mülldeponien, Kläranlagen und andere städtische Entsorgungseinrichtungen.

1 Sprecht über die Zeichnung 2 und schreibt einen fortführenden Dialog. Beachtet hierbei auch die Aussagen von Steffen und Helena.

2 Der tägliche Pendlerstrom zwischen Stadt und Umland bringt Probleme für Mensch und Natur. Nenne Beispiele.

3 Beschreibe die Grafik 4. Was könnte anstelle der Fragezeichen stehen?

4 „Stadt und Umland sind aufeinander angewiesen". Was ist mit dieser Aussage gemeint?

5 Überlegt gemeinsam, was in eurem Schulort für Jugendliche fehlt.

Eigentlich wollte ich gerade zu dir. Hier ist wieder das totale Chaos!

❸ **Helena aus Gießen**

„Ich wohne gerne in Gießen. Hier ist für uns Kinder immer etwas los. Ich kann mit meinen Freundinnen und Freunden ins Hallenbad, ins Kino oder ins Popkonzert gehen. Es gibt sehr viele interessante Sportveranstaltungen. Im Winter können wir in der Eissporthalle sogar Schlittschuh laufen. Und alles ist besonders schnell zu Fuß, mit dem Fahrrad oder mit dem Bus zu erreichen.

Aber manchmal sind mir auch zu viele Menschen in der Stadt. Dann wünsche ich mir weniger Lärm und Trubel und möchte am liebsten im Grünen wandern oder Rad fahren.“

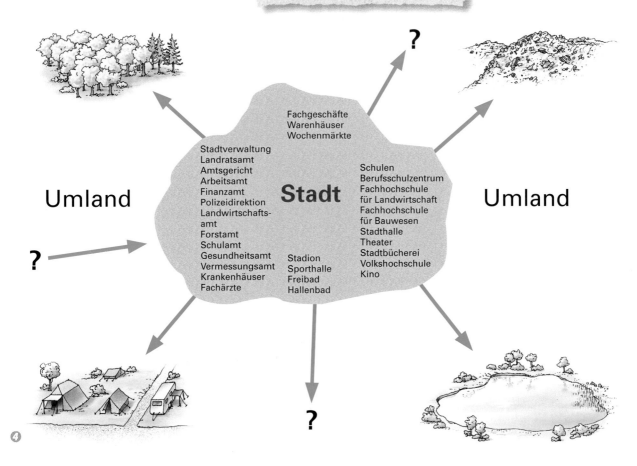

❹

Umland   **?**

?

Stadt

Fachgeschäfte
Warenhäuser
Wochenmärkte

Stadtverwaltung
Landratsamt
Amtsgericht
Arbeitsamt
Finanzamt
Polizeidirektion
Landwirtschafts-
amt
Forstamt
Schulamt
Gesundheitsamt
Vermessungsamt
Krankenhäuser
Fachärzte

Stadion
Sporthalle
Freibad
Hallenbad

Schulen
Berufsschulzentrum
Fachhochschule
für Landwirtschaft
Fachhochschule
für Bauwesen
Stadthalle
Theater
Stadtbücherei
Volkshochschule
Kino

Umland

?

?

① *Sieht so die Stadt von morgen aus?*

Wie sieht die Stadt von morgen aus?

Es gibt manche Dinge in der Stadt, die den Bewohnern nicht gefallen: Hier werden Menschen vom Verkehrslärm in ihren Häusern geplagt, dort gibt es keine Haltestelle von Bus oder Bahn in der Nähe. In manchen Stadtvierteln fehlen Geschäfte, in anderen Spielmöglichkeiten für Kinder.

Und die Stadt wächst! Aber wie soll sie wachsen? Wo soll ein neues Wohnviertel gebaut werden und wie sollen die Straßen darin verlaufen? Wo können sich neue Betriebe ansiedeln? Wie sieht die Stadt in Zukunft überhaupt aus?

Mit solchen Fragen beschäftigen sich die **Stadtplaner.** Sie haben vielfältige Aufgaben:

Wohnen

Die Menschen sollen sich in ihrer Wohnung wohl fühlen können. Es darf nicht sein, dass immer mehr ins Umland „flüchten", weil sie den Verkehr, den Lärm und die schlechte Luft in der Stadt nicht mehr ertragen. Daher versuchen Stadtplaner den Durchgangsverkehr aus Wohngebieten herauszuhalten und mehr Grün anzupflanzen. So wird die Umgebung angenehmer und die Luft besser. In älteren Stadtvierteln werden die Häuser modernisiert.

Arbeiten und Verkehr

Eine Stadt bietet viele Arbeitsplätze, vor allem in den Geschäften und Büros der City oder in den Industriegebieten – also nicht dort, wo die Menschen wohnen. Deshalb gibt es viel Verkehr

zwischen den Wohngebieten am Stadtrand und den Betrieben und Büros. Will man diesen Verkehr verringern, müssen Wohnungen und Arbeitsplätze wieder dichter zueinander rücken. Man baut daher möglichst nahe am Zentrum neue Wohngebiete. Platz dafür gibt es oft auf ehemaligem Fabrikgelände. Das Nebeneinander von Wohnungen und Arbeitsplätzen erspart den Menschen lange Wege zur Arbeit und sorgt so für weniger Verkehr in der Stadt.

Öffentliche Einrichtungen

Städte erfüllen wichtige Aufgaben im öffentlichen Leben. Die Stadtplaner bestimmen zusammen mit der Verwaltung der Stadt, welche Einrichtungen geschaffen oder verändert werden müssen. Sie entscheiden z. B. darüber,

welche Schulen in der Stadt vorhanden sein sollen, wo ein neues Krankenhaus errichtet wird und ob eine neue Stadthalle oder ein neues Erlebnisbad gebaut werden. Wichtig sind auch die notwendigen Entsorgungseinrichtungen der Stadt wie Kläranlagen und Mülldeponien.

Stadtplanung darf sich also nicht nur mit Einzelproblemen befassen. Die Planer müssen alles zusammen sehen!

1 *Beschreibe die Stadt von morgen (Zeichnung 1).*
2 *Womit beschäftigen sich Stadtplaner?*
3 *Beschreibe oder zeichne deine „Stadt der Zukunft".*

1 Findest du die Begriffe?

– Stadtviertel, in dem sich vor allem viele Gebäude aus früherer Zeit befinden.
– Menschen, die jeden Tag zwischen Wohnung und Arbeitsplatz hin- und herfahren.
– Gebiete, in denen Menschen gern ihre Freizeit verbringen.
– Gebiete, in denen kaum Menschen wohnen.
– Menschen, die sich mit der Gestaltung und der Zukunft der Städte befassen.

2 Richtig oder falsch?

Verbessere die falschen Aussagen und schreibe sie richtig auf.
– Die City liegt am Rande der Stadt.
– Die einzelnen Stadtteile nennt man auch Stadtviertel.
– Im Umland leben überwiegend Landwirte.
– Fabriken liegen meist im Zentrum der Stadt.
– Eine Stadt ist von ihrem Umland unabhängig.

3 Bilderrätsel

Löse die Bilderrätsel und erkläre die gesuchten Begriffe.

a

b

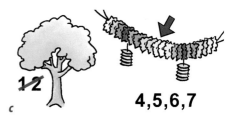

c

4 Stadtviertel

Überlege, welche Lage innerhalb einer Stadt für die folgenden Personen interessant ist:
– ein Facharzt möchte eine neue Praxis eröffnen,
– ein Kfz-Mechaniker möchte sich eine Autowerkstatt aufbauen.

5 Zum Knobeln

Warum kannst du in den meisten Städten mit der Eisenbahn nicht bis zum Rathaus oder Marktplatz fahren?

6 Stadt und Umland

In der Karte (1) ist der Verkehr zwischen Stadt und Umland zu einer bestimmten Tageszeit dargestellt.

a) Um welche Tageszeit handelt es sich?

b) Beschreibe, was die Karte genau aussagt.

c) Zu welcher Tageszeit und an welchem Tag könnte es zu Verkehr wie in der Karte (2) kommen? Begründe deine Entscheidung.

d) Wie könnte eine Karte für einen Mittwochvormittag um 10 Uhr aussehen? Zeichne sie.

Teste dich selbst

mit den Aufgaben 1, 3c und 6a

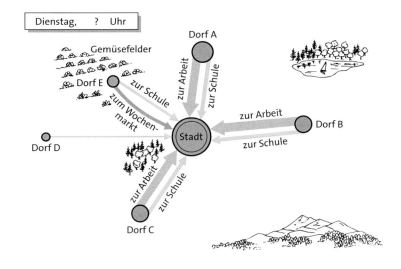

❶

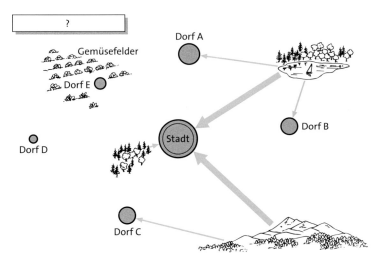

❷

Training

Deutschland im Überblick

So unterschiedlich ist Deutschland: Von Nordsee und Ostsee bis zu den Alpen finden wir eine Vielfalt von Landschaften. Ebenen, hügelige Mittelgebirgslandschaften und die felsigen Gipfel eines Hochgebirges kennzeichnen unser Heimatland.

Es hat zwar bloß 16 Teile, ist aber trotzdem ganz schön schwierig!

0 50 100 150 km

DK

PL

NL

B

L

F

CH

CZ

A

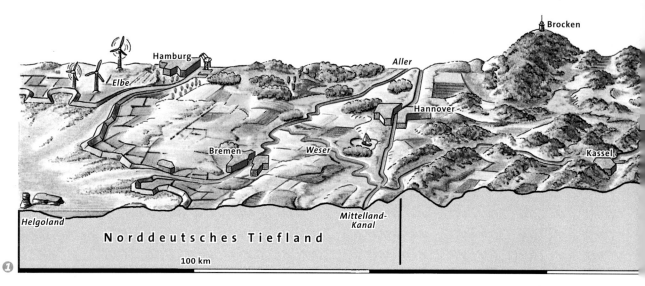

Brocken

Hamburg

Aller

Elbe

Hannover

Bremen

Weser

Kassel

Helgoland

Mittelland-Kanal

N o r d d e u t s c h e s   T i e f l a n d

100 km

❶

❷

❸

Von der Küste zu den Alpen

Über 800 Kilometer beträgt die Nord-Süd-Ausdehnung Deutschlands zwischen der Insel Helgoland in der Nordsee und der Zugspitze in den Alpen. Ein Flugzeug überfliegt diese Strecke in nur einer Stunde. Dabei könntest du eine Vielfalt von Landschaften beobachten.

Aber so unterschiedlich die Landschaften Deutschlands auch sind – sie lassen sich zu vier **Großlandschaften** zusammenfassen. Nach der Höhenlage und dem **Relief**, so nennt man die Oberflächenformen wie Berge, Täler oder Hügelländer, unterscheidet man das Norddeutsche Tiefland, das Mittelgebirgsland, das Alpenvorland und die Alpen. In den Alpen liegt die Zugspitze. Sie ist mit 2 963 Meter die höchste Erhebung in Deutschland.

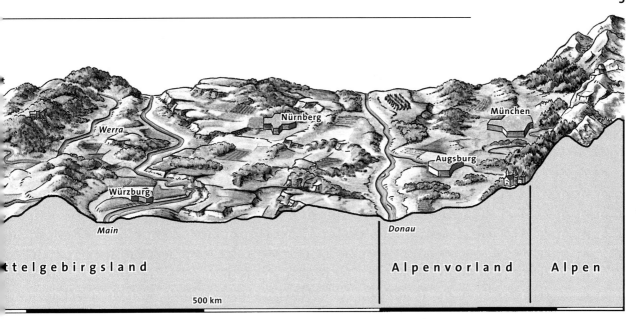

Werra

Nürnberg

München

Würzburg

Augsburg

Main

Donau

ttelgebirgsland　　　　　　　　　　**Alpenvorland**　　**Alpen**

500 km

④

⑤

1 a) Beschreibe die Oberflächenformen in den Fotos 2 bis 5.

　　b) Ordne die Fotos den Großlandschaften zu und begründe.

2 Arbeite mit dem Atlas:

　　a) Ordne das Landschaftsprofil 1 in eine Karte von Deutschland ein und benenne die Mittelgebirge.

　　b) Bestimme die Nord-Süd-Ausdehnung der vier Großlandschaften entlang der Profillinie in Karte 6.

0　　100 km

Helgoland

Norddeutsches Tiefland

Mittel-gebirgsland

Alpen-vorland　**Alpen**

Zugspitze, 2963 m

⑥

Wir gestalten eine Lern-Wandkarte

Eine Lern-Wandkarte ist eine Kartenskizze im Großformat. Sie dient der Orientierung und hilft, sich eine Merkkarte besser einzuprägen.

„Wer Deutschland kennen lernen will, muss es einmal zeichnen!" Mit diesen Worten beginnt die Lehrerin den Erdkundeunterricht. Verdutzt hören die Schüler der Klasse 5f hin. Wie kann man Deutschland zeichnen?

Lehrerin Schmidt enthüllt das Geheimnis: „Zuerst stellen wir den Tageslichtprojektor in die Mitte des Raumes. Wir legen eine Farbfolie mit der Karte Deutschlands auf. Nun befestigen wir einen großen Zeichenkarton an der Wand. Auf diesen projizieren wir die Karte. Wenn ihr die entsprechende Karte im Atlas aufgeschlagen habt, dann kann es losgehen."

Dick zeichnende Malstifte liegen in verschiedenen Farben bereit. Die Kartenskizze wird nun Schritt für Schritt gezeichnet. Zum Schluss schaltet Frau Schmidt den Projektor aus. In frischen Farben sieht nun jeder die Lern-Wandkarte von Deutschland.

„Gar nicht so kompliziert, ein Bild von Deutschland zu zeichnen", denkt sich Sven. „Diese Kartenskizze kann ich auch alleine zeichnen, wenn ich Pergamentpapier auf eine Atlaskarte lege", überlegt er sich.

Wie du eine Lern-Wandkarte von Deutschland zeichnest

1. Schritt: *Mit blauem Stift zeichnest du die Küste an Nordsee und Ostsee in groben Zügen nach. Auch einige Inseln und Inselgruppen kommen dazu. Die Meeresfläche bemalst du blau.*

2. Schritt: *Mit rotem Farbstift zeichnest du die Staatsgrenzen. Damit erscheint der Umriss Deutschlands.*

3. Schritt: *Mit blauem Farbstift folge in grober Linie dem Lauf wichtiger Flüsse. Kleinere Flüsse lässt du weg.*

4. Schritt: *Mit drei braunen Linien grenzt du die vier Großlandschaften Deutschlands voneinander ab. Die Flächen malst du in grünen und in braunen Farben aus.*

5. Schritt: *Im Mittelgebirgsland zeichnest du mit einem dunkleren Braunstift den Verlauf wichtiger Mittelgebirge nach.*

6. Schritt: *Nun male mit je einem roten Punkt die zwölf Großstädte Deutschlands in die Karte, die über eine halbe Million Einwohner haben.*

7. Schritt: *Schließlich kannst du die Karte noch beschriften.*

1 Zeichne auf ein Poster im Klassenzimmer eine Lern-Wandkarte von Deutschland.

2 Zeichne nach derselben Methode mithilfe von Pergamentpapier und Atlas eine Kartenskizze von Deutschland für dein Erdkundeheft.

3 Benenne in der Lernkarte:
a) die Großlandschaften A – D,
b) die Flüsse a – l,
c) die Mittelgebirge I – VII,
d) die Großstädte 1 – 12.

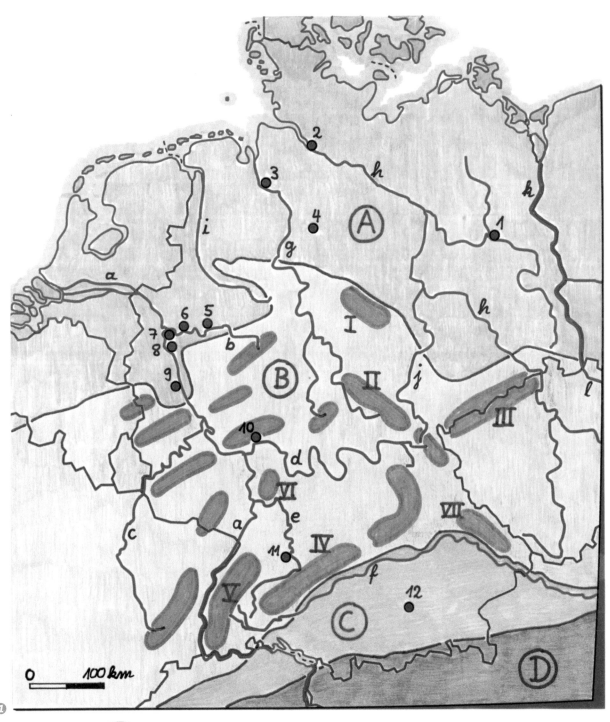

wichtiger Mittelgebirgszug   Großlandschaften   Fluss

Deutschland und seine Länder

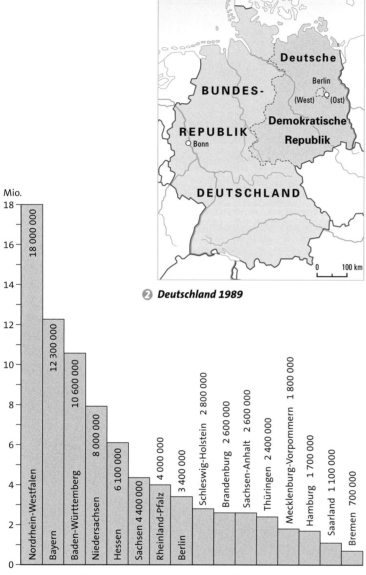

Mio.

❷ *Deutschland 1989*

❶ *Einwohner der Länder der Bundesrepublik Deutschland 2002*

Bar chart values:
- Nordrhein-Westfalen 18 000 000
- Bayern 12 300 000
- Baden-Württemberg 10 600 000
- Niedersachsen 8 000 000
- Hessen 6 100 000
- Sachsen 4 400 000
- Rheinland-Pfalz 4 000 000
- Berlin 3 400 000
- Schleswig-Holstein 2 800 000
- Brandenburg 2 600 000
- Sachsen-Anhalt 2 600 000
- Thüringen 2 400 000
- Mecklenburg-Vorpommern 1 800 000
- Hamburg 1 700 000
- Saarland 1 100 000
- Bremen 700 000

Was ist Deutschland? Darauf gab es in den letzten Jahrzehnten ganz unterschiedliche Antworten. Schon in deiner Familie kannst du dies erfahren. Deine Großeltern, deine Eltern und du selbst seid vermutlich in je einem anderen Deutschland geboren.

Bis 1945 trug Deutschland den Namen „Deutsches Reich" und dehnte sich weiter nach Osten aus als heute.

Von 1949 bis 1990 war Deutschland in zwei deutsche Staaten geteilt: Im Westen bestand die Bundesrepublik Deutschland mit dem Regierungssitz Bonn. Im Osten gab es die Deutsche Demokratische Republik (DDR). Berlin war ebenfalls geteilt. Die DDR erklärte Berlin (Ost) zu ihrer Hauptstadt; Berlin (West) stand unter Kontrolle der USA, Großbritanniens und Frankreichs. Wirtschaftlich und politisch war Berlin (West) eng mit der Bundesrepublik Deutschland verbunden.

Am 3. Oktober 1990 vereinigten sich die beiden früheren Staaten zur heutigen Bundesrepublik Deutschland. Der 3. Oktober ist deshalb der Nationalfeiertag. Berlin ist die gemeinsame Hauptstadt.

Das heutige Deutschland ist ein **Bundesstaat**, der 16 Länder umfasst. Regelmäßig finden Landtagswahlen statt, bei denen die Landesparlamente gewählt werden. Diese treten in der jeweiligen **Landeshauptstadt** zusammen. Dort werden Gesetze beschlossen, die nur für das jeweilige Bundesland gelten. Landeshauptstadt von Hessen ist Wiesbaden.

S⬚AU 2002	
KI⬚EL 3421	
D⬚AS 7689	
DD⬚ER 532	
SB⬚A 1001	
WI⬚EN 321	
MZ⬚YX 55	
M⬚AU 73	
EF⬚EU 678	

④ **Autokennzeichen einiger Landeshauptstädte**

■ Hauptstadt der Bundes-
republik Deutschland
● Hauptstadt eines Landes der Bundesrepublik Deutschland

0   50   100 km

③ **Deutschland und seine Länder**

1 Man unterscheidet alte und neue Länder. Erkläre „alt" und „neu".

2 Fasse Länder zu Gruppen zusammen:
a) die an der Küste gelegenen,
b) die „Stadtstaaten",
c) die an der Ostgrenze gelegenen,
d) die an der Westgrenze gelegenen.

3 Nenne die Landeshauptstadt mit Land,
aus denen die Autos mit den Kennzei-
chen (4) stammen.

4 Vergleiche mithilfe des Säulendia-
gramms 1 und der Karte 3 die Einwohnerzahlen der Länder mit deren Flächen-
größe (siehe Anhang).

1 Findest du die Begriffe?

– So nennt man die Hauptstadt eines Landes der Bundesrepublik Deutschland.
– Unter welchem Begriff werden Tiefland, Mittelgebirgsland, Alpenvorland und Alpen zusammengefasst?

2 Landeshauptstadt gesucht

Ergänze zum vollen Namen einer Landeshauptstadt. Schreibe die Namen in dein Heft und nenne die dazugehörigen Länder. Welche Landeshauptstädte fehlen nòch?

_ _ _ burg
_ _ _ _ _ gart
_ _ _ chen
_ _ furt
_ _ _ _ baden
_ _ _ _ _ _ dorf
_ _ _ _ _ burg
_ _ _ _ den
_ _ _ _ brücken
_ _ _ _ dam
_ _ _ _ _ rin
_ _ _ _ _ ver
_ _ _ men

3 Außenseiter gesucht

Ein Name passt nicht zu den vier anderen:
a) Saarland – Thüringen – Helgoland – Bayern – Sachsen
b) Eifel – Harz – Taunus – Westerwald – Hunsrück
c) Föhr – Rügen – Borkum – Norderney – Sylt
d) Dresden – Leipzig – Chemnitz – Halle – Zwickau

4 Richtig oder falsch?

Verbessere die falschen Aussagen und schreibe sie richtig auf.
– Deutschland gliedert sich in fünf Großlandschaften.
– Die Donau ist der längste Fluss, der durch Deutschland fließt.
– Die Zugspitze ist mit 3963 m der höchste Berg Deutschlands.
– 16 Länder bilden die Bundesrepublik Deutschland.
– Hessen ist das bevölkerungsreichste Land in Deutschland.
– Bayern ist das größte Land in Deutschland.
– In Deutschland gibt es mit Berlin, Hamburg und München nur drei Millionenstädte.

5 Welche Stadt liegt

a) am nördlichsten?
   Bremen – Hannover – Hamburg – Berlin
b) am südlichsten?
   Nürnberg – Stuttgart – München – Freiburg
c) am westlichsten?
   Frankfurt/Main – Dortmund – Duisburg – Aachen
d) am östlichsten?
   Rostock – Berlin – Leipzig – Dresden

6 Kennst du dich in Deutschland aus?

Arbeite mit Karte 1. Benenne
a) die Meere Ⓐ und Ⓑ,
b) die Flüsse a – l,
c) die Städte 1 – 15 mit mehr als 400 000 Einwohnern,
d) die Mittelgebirge Ⓐ bis Ⓖ,
e) die Nachbarstaaten Deutschlands.

Wichtige Begriffe
Bundesstaat
Großlandschaft
Landeshauptstadt
Relief

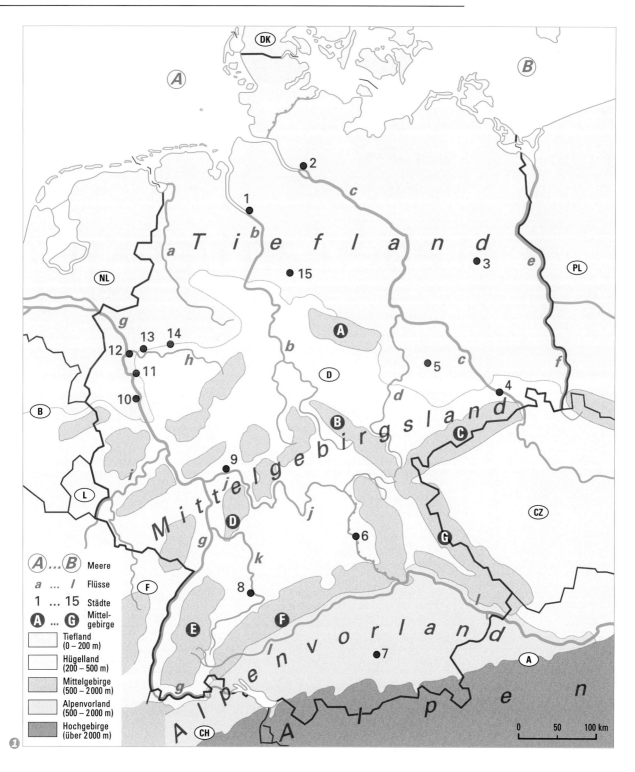

A ... B　Meere

a ... l　Flüsse

1 ... 15　Städte

Ⓐ ... Ⓖ　Mittel-
gebirge

Tiefland
(0 – 200 m)

Hügelland
(200 – 500 m)

Mittelgebirge
(500 – 2000 m)

Alpenvorland
(500 – 2000 m)

Hochgebirge
(über 2000 m)

Training

Teste Dich selbst

mit den Aufgaben 1 und 3

Leben an der Küste

Nordsee und Ostsee,
zwei unterschiedliche
Meere begrenzen
Deutschland im
Norden.
Die Küsten sind
beliebte Feriengebiete.
Dort leben und arbei-
ten aber auch viele
Menschen, als Fischer,
als Matrose oder Kapi-
tän, als Gastwirt oder
Landwirt, als Hafenar-
beiter oder Kaufmann.

DK

Flensburg

Schleswig

Husum

K

Kie

Nord-Ostsee-Kanal

Helgoländer
Bucht

Cuxhaven

Hambu

Jade-
busen

Weser

Bremerhaven

Emden

Dollart

Ems

Elb

NL

Bremen

Fehmarnbelt

Lübecker Bucht

Stralsund

Greifswalder
Bodden

Pommersche
Bucht

Rostock

Greifswald

Wismar

Warnow

Peene

Stettiner Haff

Lübeck

Kummerower
See

Elbe-Lübeck-Kanal

Schweriner
See

Schaal-
see

Schwerin

Neubrandenburg

Elde

Plauer
See

Müritz

Oder

PL

7

*Rettungskorb
im Wattenmeer*

Ebbe und Flut

Von Wasser keine Spur?

Auf den Urlaub hatte sich Florian schon seit langem gefreut: auf hohe Wellen und einen breiten Strand. So war er nach der Ankunft auch gleich mit seinen Badesachen unterm Arm losgestapft – und dann das: von Wasser und Wellen keine Spur – nur eine endlos weite, schlammige Fläche.

Der Urlaub war gelaufen, so viel war klar. Als Florian seiner Mutter enttäuscht die Wahrheit über den Urlaubsort berichtet, erntet er ein lautes Lachen.

Die Gezeiten

Dann erklärt Florians Mutter ihm Folgendes: „An der Nordseeküste sind die regelmäßigen Schwankungen des Meeresspiegels ganz normal: Zweimal täglich steigt und sinkt der Wasserstand des Meeres an ein und derselben Stelle. Das Steigen des Wassers nennt man **Flut**; das Fallen **Ebbe**. Etwa sechs Stunden steigt das Wasser, bis der höchste Wasserstand, das **Hochwasser**, das Ende der Flut markiert. Dann beginnt die Ebbe und der Wasserstand fällt etwa sechs

Stunden bis zum **Niedrigwasser**, dem niedrigsten Wasserstand. Dann beginnt wieder die Flut. Diese Schwankungen des Wassers sind die so genannten **Gezeiten**. Der Unterschied zwischen Hoch- und Niedrigwasser beträgt an der deutschen Nordseeküste oft zwischen zwei und drei Meter. Diesen Höhenunterschied bezeichnet man als **Tidenhub**."

Florians Stimmung steigt. Wenn das stimmt, dann kann er heute Nachmittag ja doch noch baden.

Gezeitenkalender nicht vergessen!

Ungefähr alle sechs Stunden wechseln Ebbe und Flut. Aber nicht überall an der schleswig-holsteinischen Nordseeküste läuft das Wasser gleichzeitig auf und ab. Daher hat jeder Ort seinen eigenen Gezeitenkalender, damit die Menschen wissen, wann Hochwasser ist und wann das Wasser wieder zurückläuft. Dies ist gerade für die Touristen wichtig, die eine Wattwanderung unternehmen oder baden wollen. Denn schon so manchen Urlauber hat die Flut im Watt erwischt – da ist es ein ausgesprochen seltener Glücksfall, wenn man einen Rettungskorb in Reichweite hat.

❸

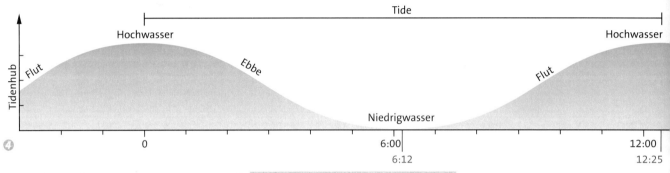

Tide

Hochwasser

Ebbe

Flut

Tidenhub

Niedrigwasser

Flut

Hochwasser

❹

0   6:00
          6:12

12:00
12:25

Wat is Watt?

Den Teil des Meeresbodens, der bei Flut überschwemmt ist und bei Ebbe trocken liegt, nennt man **Watt**. Dieser Bereich ist von **Schlick** bedeckt, einem Gemisch aus Schlamm sowie feinsten Pflanzen- und Tierresten. Das Watt ist von wasserführenden Rinnen, den so genannten Prielen durchzogen, durch die man bei Ebbe hindurchwaten kann. Aber Vorsicht! Priele können sich zu Flüssen mit gefährlicher Strömung entwickeln.

❺ **Tidekalender von Westerland im Juli 2002**

Tag	HW		NW	
	Uhr	Uhr	Uhr	Uhr
1	02.33	15.02	08.50	21.18
2	03.29	15.50	09.42	22.11
3	04.20	16.41	10.31	23.03
4	05.13	17.34	11.23	23.57
5	06.07	18.24	–.–	12.14
6	06.59	19.12	00.48	13.01
7	07.50	20.01	01.37	13.48
8	08.41	20.53	02.26	14.37
9	09.33	21.49	03.16	15.29
10	10.27	22.49	04.07	16.25
11	11.26	23.55	05.04	17.31

Gezeitenkalender (auch Tidekalender genannt, tide = friesisch: Zeit)

1 *Arbeite mit dem Atlas: Bestimme die Breite des Wattenmeeres zwischen Sylt und Cuxhaven und zwischen Cuxhaven und Borkum.*

2 *Arbeite mit der Grafik 4: Erkläre die Begriffe Hochwasser und Niedrigwasser mit eigenen Worten.*

3 *Erkläre die Begriffe Watt und Priel.*

4 *Arbeite mit dem Tidekalender:*
a) Wann ist am 7. 7. und am 10. 7. Ebbe?
b) Peter und Ines wollen am 8. 7. mit den Eltern eine Wattwanderung unternehmen. Wann sollten sie loswandern?
c) Stelle fest, um wie viele Minuten sich das Hochwasser zwischen dem 1. 7. und 4. 7. täglich verschiebt.

① *Deich bei Dagebüll nach der Sturmflut am 28. 2. 1990*

② *Küstenverlauf um 900*

③ *Küstenverlauf heute*

De nich will dieken...

Seitdem Menschen an der Nordseeküste siedeln, müssen sie sich vor dem Meer schützen. Dort, wo die **Dünen** als natürlicher Schutz fehlten, wurden **Deiche** als Schutzwälle errichtet. Wirksam wird dieser Schutz aber nur, wenn alle zusammenarbeiten und der **Küstenschutz** lückenlos ist. Daher gilt seit alters der friesische Satz: De nich will dieken, mutt wieken (wer nicht deichen will, muss weichen).

Der Blanke Hans

Die Angst vor dem Blanken Hans, wie die Friesen die stürmische Nordsee nennen, bewegt die Menschen schon seit Jahrhunderten, die Deiche immer höher zu bauen.

Wenn Winterstürme aus nordwestlichen Richtungen wehen, wird mehr Wasser der Nordsee in die Deutsche Bucht getrieben als dies bei normaler Flut geschieht. Das Wasser fließt bei Ebbe nicht zurück und staut sich gefährlich zur **Sturmflut** auf. Erreicht der Sturm Orkanstärke, peitscht das aufgewühlte Meer sogar haushohe Wellen gegen die Küste. Erst in den letzten 30 Jahren ist es gelungen, einen wirksamen Schutz gegen den Blanken Hans aufzubauen. Bis heute halten die modernen Deiche den immer häufiger werdenden Sturmfluten stand. Wie lange noch?

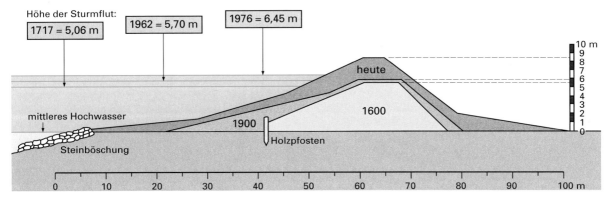

Höhe der Sturmflut:

| 1717 = 5,06 m | 1962 = 5,70 m | 1976 = 6,45 m |

heute

1900

1600

Holzpfosten

mittleres Hochwasser

Steinböschung

10 m
9
8
7
6
5
4
3
2
1
0

0   10   20   30   40   50   60   70   80   90   100 m

④ **Hochwasserstände und Entwicklung der Deiche**

⑤ **Experiment: Einen Deich testen**

Material: *Getränkedose mit Sand gefüllt als Welle, flache Holzplatte als Deich, Holzbrett als Anlauffläche.*

Durchführung: *Ein Schüler lässt die „Dosenwelle" die Anlauffläche herunterrollen, während ein anderer die Holzplatte flach geneigt in den Weg hält.*

Beim nächsten Versuch wird der Deich viel steiler gegen die Rampe gehalten.

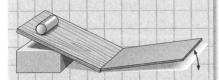

Auswertung: *Vergleicht die Beobachtungen der Versuche mit unterschiedlichem Neigungswinkel. Überlegt wie der Bau eines idealen Deiches aussehen müsste.*

⑥ **Kleiner Sturmflutkalender**

16.1.1362 „Erste große Mandränke", 100 000 Tote, 30 Dörfer im Meer versunken

24.12.1717 „Weihnachtsflut", 20 000 Tote, 100 000 Tiere ertrunken, 5 000 Häuser zerstört

16./17.2.1962 „Hamburg-Sturmflut", 312 Tote, 60 Deichbrüche, 20 000 Menschen evakuiert

3.1.1976 „Jahrhundertflut", bislang höchste Sturmflut, keine Toten, zahlreiche Deichbrüche

1 *Benenne Schäden und Maßnahmen am Deich bei Dagebüll (Foto 1). Warum ist trotz der hohen Sturmflut nicht mehr passiert?*

2 *Beschreibe die Deichprofile von 1600 bis heute. Stelle die drei Hauptunterschiede deutlich heraus und begründe Veränderungen.*

3 *In welcher Jahreszeit ereignen sich Sturmfluten? Berichte über die Folgen von 1362 bis 1976.*

4 *Beschreibe mithilfe der Karten 2 und 3 die Veränderung des Küstenverlaufs in Schleswig-Holstein.*

Kaum zu glauben

In den letzten 8 000 Jahren ist der Meeresspiegel um etwa 40 Meter gestiegen.

W

Eine Hallig ist eine Insel im Wattenmeer. Wohnhäuser stehen auf Warften, aufgeschütteten Erdhügeln. Da das Land nicht durch Deiche oder Dünen geschützt ist, gibt es bei Sturmflut „Land unter". Nur die Warften ragen dann noch aus dem Wasser.

Zwischen Nordsee und Ostsee

An der Nordsee, einem Randmeer des Atlantischen Ozeans, wirken die Gezeiten stark auf die Küste ein. Inseln, z. B. die **Halligen**, sind natürliche Wellenbrecher und dienen dem Festland als Schutz.

Als **Wattenmeer** bezeichnet man das zeitweise vom Meer überspülte Gebiet zwischen Inseln und Festland. Aus dem Watt kann neues Land entstehen: Mit jeder Flut trägt das Wasser feinste Teilchen heran, die sich an ruhigen Stellen als Schlick ablagern. Wiederholt sich dieser Vorgang über mehrere Jahre, wächst das Watt in die Höhe. Dieses neue Land aus dem Meer nennt man **Marsch**. Nicht eingedeichtes Marschland, das Vorland, dient als Auslaufzone für große Wellen und damit dem Küstenschutz.

Eingedeichtes Marschland heißt in Norddeutschland **Koog**. Die Köge, die zwischen altem und neuem Deich liegen, werden entwässert und fruchtbares Ackerland entsteht.

Nach Osten schließt sich eine leicht hügelige und somit vor Sturmfluten besser geschützte Landschaft an, die man **Geest** nennt. Hier ist der Boden weniger fruchtbar und wird unter anderem weidewirtschaftlich genutzt. Zur Ostsee hin geht das Land in eine Hügelkette über.

Die Ostsee ist ein Binnenmeer mit nur schmalen Zugängen zum offenen Meer und deshalb kaum merkbaren Auswirkungen von Ebbe und Flut. Weil zudem das Land deutlich über dem Meeresspiegel liegt und Stürme vorwiegend aus Westen kommen, ist wenig Küstenschutz erforderlich.

In die Täler zwischen den Hügeln dringt das Meer weit ins Landesinnere vor. Diese Küste mit den langen schmalen Buchten nennt man **Fördenküste**.

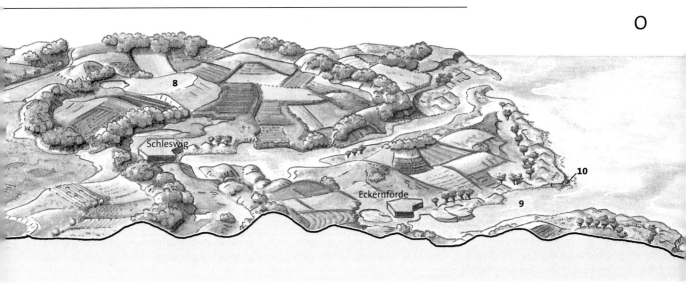

8

Schleswig

Eckernförde

10

9

Das Meer arbeitet aber auch an der Ostseeküste. So entstehen dort **Steilküsten**, wo der Wind die Wellen vorwiegend aus einer Richtung auf die hügelige Küste treibt.

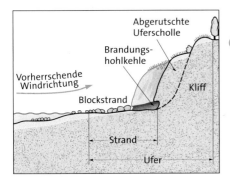

❷ *Profil einer Steilküste*

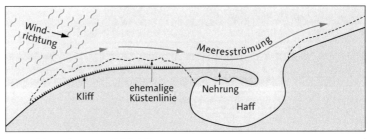

❸ *Entstehung einer Ausgleichsküste*

Das von der Meeresströmung transportierte abgebröckelte, feine Material lagert sich an ruhigen Stellen ab. Es bildet lange, schmale Landzungen, die Nehrungen. Diese Küstenform heißt **Ausgleichsküste.**

Wo das Meer seichte Buchten der leicht gewellten Landschaft überspülte, entstand eine so genannte **Boddenküste**.

1 Ordne folgende Begriffe den Zahlen im Blockbild zu: *Alter Deich, Förde, Geest, Hallig, Koog, Neuer Deich, Östliches Hügelland, Steilküste, Vorland, Wattenmeer.* Notiere in dein Heft: 1 = ... , 2 = ...

2 Erläutere Zeichnung 2.

3 Arbeite mit dem Atlas.

  a) Nenne einige Beispiele für Förden und Bodden.

  b) Suche Beispiele für Nehrungen an der Ostseeküste.

4 Nenne Gründe, warum die Ostseeküste nicht durch einen Deich geschützt werden muss.

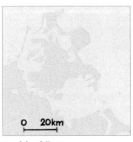

❹ *Boddenküste*

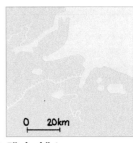

❺ *Fördenküste*

Neues Land aus dem Meer

→ *Küstenverlauf an der Nord-see, siehe S. 100*

Küsten sind der ständigen Veränderung durch das Meer vor allem bei Sturmfluten ausgesetzt. Schon immer haben die Sturmfluten viel Land verschlungen. Doch in den letzten Jahrhunderten haben die Menschen ihr Land immer besser geschützt und sogar dem Meer wieder Land abgerungen.

Mit jeder Flut werden viele feine Schlammteilchen herangebracht und sinken zum Grund. In geschützten Buchten entsteht Jahr für Jahr eine Schicht von etwa 4 cm Schlick. Diesen Vorgang nutzen die Menschen zur **Landgewinnung**.

Neuland – wozu?

In den letzten Jahren wurde viel über Landgewinnung und weitere Eindeichungen gestritten:

„Die Landwirtschaft in Deutschland braucht längst keine neuen Flächen mehr!"

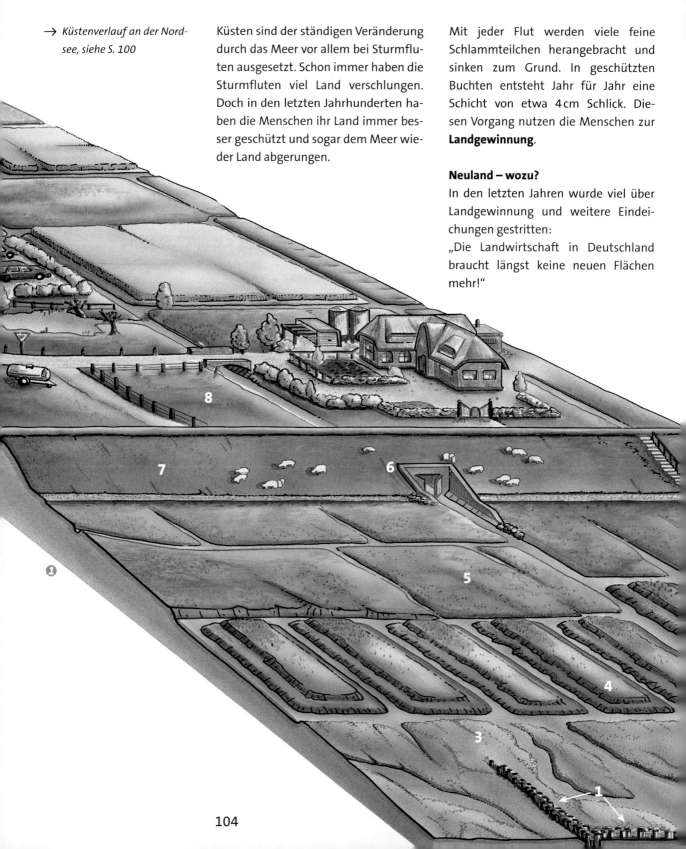

❷ Ist das Vorland breit genug, wird es einge-deicht. Ein neuer Koog oder auch **Polder** mit fruchtbarem Ackerland ist entstanden. Hinter dem Deich angesammeltes Wasser wird in Gräben und Kanälen zum **Siel** ge-führt. Durch dieses Tor fließt es bei Ebbe ab. Die Flut schließt das Sieltor wieder.

❸ Ragt das Watt erst einmal über das nor-male Hochwasser hinaus, spült der Regen das Salz aus dem Boden. Der Queller wird allmählich von Gräsern verdrängt. Watt wird zu Marsch.

❹ Jährlich werden die **Grüppen** neu aus-gebaggert. In diesen Entwässerungs-gräben setzt sich besonders viel Schlick ab. Auf den höher gelegenen „Beeten" dazwischen wächst der salzliebende Queller. Er hält noch mehr Schlamm-teilchen fest und seine Wurzeln festigen den Boden. Das Watt wächst weiter.

„Auf dem neuen Land könnten wir eine Fabrik bauen oder ein Erholungszentrum. Das bringt Geld und Arbeitsplätze."

„Landgewinnung ist der beste Küsten-schutz. Ein breites Vorland nimmt den Wellen die Kraft."

„Die Salzwiesen und Wattflächen ha-ben eine große Bedeutung für die Tier- und Pflanzenwelt. Sie sind einmalig in der Welt. Wir müssen sie erhalten!"

„Je kürzer die Küstenlinie, desto weniger Angriffsfläche haben die Wel-len. Deshalb müssen wir die Buchten eindeichen."

„Warum verstärken und erhöhen wir nicht die bestehenden Deiche und er-halten gleichzeitig die Naturreservate?"

„Die Sturmfluten haben gezeigt, dass nur höhere Deiche schützen können."

1 Gib einen kurzen Bericht mit der Über-schrift „Landgewinnung an der Nord-see". So geht's ganz einfach: Sage, was du an den mit den Ziffern 1 – 8 bezeich-neten Stellen jeweils erkennst, was dort geschieht oder bereits geschehen ist. Achte dabei auf die richtigen Begriffe.

2 Die Landgewinnung wird ganz unter-schiedlich beurteilt. Ordne die Beiträge nach Pro: … und Kontra: … Wie ist deine eigene Meinung?

2 →

❺ **Lahnungen** werden ins Watt hinausge-baut. Diese Zäune aus Pfählen, Reisig und Draht bremsen die Wasserbewe-gung. So setzt sich mehr Schlick ab. Das Watt wächst.

Nationalpark Wattenmeer

❶

Einzigartiges Wattenmeer

Das Wattenmeer ist ein Lebensraum, der in dieser Größe und aufgrund seiner Artenvielfalt auf der Welt einmalig ist. Der Lebensraum an der Nordsee ist der größte geschützte Wattenmeerraum der Erde. Von den ungefähr 2 000 verschiedenen Tierarten, die im Watt leben, kommen 250 an keinem anderen Platz der Erde mehr vor.

Das Wattenmeer – ein Nationalpark

An der Nordseeküste gibt es drei **Nationalparks**, die zusammen den Nationalpark Wattenmeer bilden.

Damit entstand ein Schutzgebiet, in dem sich die Natur weitgehend ungestört entfalten kann. Die in ihm lebenden Tiere und Pflanzen sollen vor störenden Menschen geschützt werden. Der Nationalpark soll Tieren bei der Aufzucht ihrer Jungen die nötige Ruhe bieten. Darüber hinaus soll er aber auch den Menschen zur Erholung dienen und ihnen naturkundliche Bildung ermöglichen.

Um all dies leisten zu können, wurde der Nationalpark in verschiedene Zonen aufgeteilt: Ruhezone, Zwischenzone und Erholungszone.

In jeder Zone gelten genaue Regeln. Nationalparkwächter achten darauf, dass alle Regeln eingehalten werden. Sie werden unterstützt von Menschen, die sich in ihrer Freizeit für den Schutz des Wattenmeers einsetzen.

Legende (Karte):
- Staatsgrenze
- Nationalparkgrenze
- Nationalpark
- Nationalparkerweiterung 1999 / 2000
- Watt
- Gewässerfläche des Nationalparks
- Düne

Kartenbeschriftungen: Nordsee · Nord-friesische Inseln · Husum · Heide · Helgoland · Meldorfer Bucht · Itzehoe · Nationalpark Schleswig-Holsteinisches Wattenmeer · Nationalpark Hamburgisches Wattenmeer · Nationalpark Niedersächsisches Wattenmeer · Ostfriesische Inseln · Cuxhaven · HAMBURG · Norden · Jever · Bremerhaven · Stade · Emden · Wilhelmshaven · Ems-Jade-Kanal · Varel · Oste · Elbe · Weser · 0 10 20 30 40 50 km

❷ *Nationalpark Wattenmeer*

❸ *Gefährdung des Wattenmeers*

❹ **Schutzzonen im Nationalpark**

In der Ruhezone (Zone 1) gelten die strengsten Regeln. Dort gibt es Salzwiesen und Dünengebiete, auf denen die Seevögel rasten und brüten. Dort liegen Sandbänke, wo sich die Seehunde ausruhen. Die Ruhezone darf deshalb nicht betreten werden. In Niedersachsen ist dies nur auf wenigen markierten Wegen erlaubt.

In der Zwischenzone (Zone 2) ist das Betreten erlaubt. Einzelne Gebiete, z. B. Brutgebiete, dürfen nur auf den markierten Wegen begangen werden.

Die Erholungszone (Zone 3) darf als Badestrand oder für Kur- und Erholungseinrichtungen benutzt werden. Der Bau von Wohnhäusern ist jedoch nicht möglich.

1 *Der Nationalpark Wattenmeer ist etwas Besonderes! Erkläre mit eigenen Worten.* → Ek/Bio

2 *Warum ist es so wichtig, einen Nationalpark einzurichten? Nenne drei Gründe.*

3 *Arbeite mit der Zeichnung 3:*

Trotz des Schutzes droht dem Wattenmeer Gefahr von außen.

a) Beschreibe die dargestellten Problemsituationen.

Problem	mögliche Folgen
Abwasser wird eingeleitet …	Verseuchung, Fischsterben …

b) Schreibe Regeln auf, die dem Schutz des Wattenmeers dienen. Begründe in ganzen Sätzen. Beispiel: Das Wegwerfen von Getränkedosen ist verboten, weil Tiere sich daran verletzen könnten.

❶ **Amrum aus der Luft**

❷

Urlaub auf Amrum

Liebe Jenny,

jetzt ist es schon eine Woche her, dass wir mit der Fähre über Föhr auf Amrum angekommen sind. Nach der langen Fahrt aus Darmstadt waren wir richtig froh, als wir in Dagebüll beim Weg auf die Fähre das erste Mal die Nordsee gesehen haben. Ich kann die Fähre sehen, wenn ich aus meinem Fenster bis nach Steenodde schaue.

Wir haben ein sehr schönes Ferienhaus. Es steht in Nebel, direkt am Wattenmeer. Frau Tadsen, unsere Vermieterin, hat erzählt, dass heute sehr viele Amrumer vom Tourismus leben. In den Schulferien im Sommer sind die Übernachtungsmöglichkeiten auf der Insel meist ausgebucht. Wir haben Glück gehabt, dass ein Haus frei war. Inzwischen kommen sogar im Winter viele Gäste, weil sie die frische Luft und die Ruhe genießen wollen. Früher, hat Frau Tadsen gesagt, lebten die Menschen hier vor allem vom Fischfang.

Natürlich haben wir schon eine ganze Menge unternommen: Zum Baden sind wir gleich am ersten Tag auf den weiten weißen Kniepsand gegangen. Zufällig war gerade ein Wettrennen der Strandsegler – viel interessanter als Muscheln suchen! Auf dem Weg zum Kniepsand überquerst du die ganze Insel, vom Watt geht es über Felder mit Hünengräbern durch einen Kiefernwald direkt zu den Dünen: Die sind mit Strandhafer bewachsen und schützen die Insel bei Sturmflut.

Dahinter kommt dann der Strand. Inzwischen waren wir schon ganz oft da. Außerdem haben wir auch eine Fahrt zu den Seehundsbänken unternommen. Dabei waren noch große Ölklumpen zu sehen. Auf dem Bild, das ich dir gemalt habe, kannst du sehen, wo die herkommen.

Deine Nicole

Labels visible in drawing: Vogel-schutzgebiet · Stündlich Schifffahrten zu den Seehund bänken · Dünen nicht betreten · Heute großes Wettangeln

❸ Nicoles Zeichnung für Jenny

1 Beschreibe eine Wanderung mit Bade-pause von Wittdün nach Norddorf (Luft-bild 1 und Karte 2).

2 Zeichne mithilfe der Karte 2 eine Karten-skizze von Amrum. Kennzeichne Watt, Dünen, Strand und drei Dörfer.

3 Arbeite mit Zeichnung 3:
a) Was können Urlauber auf Amrum un-ternehmen?
b) Wodurch wird die Insel gefährdet?

4 Du kannst dich auch im Internet über die Insel Amrum informieren: www.amrum.de

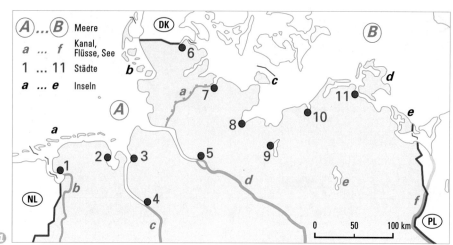

Wichtige Begriffe

Ausgleichsküste
Boddenküste
Deich
Düne
Ebbe
Flut
Fördenküste
Geest
Gezeiten
Grüppen
Hallig
Hochwasser
Koog
Küstenschutz
Lahnung
Landgewinnung
Marsch
Nationalpark
Niedrigwasser
Polder
Schlick
Siel
Steilküste
Sturmflut
Tidenhub
Watt
Wattenmeer

1 Kennst du dich an der Küste aus?

Arbeite mit Karte 1:

a) Benenne die Meere Ⓐ und Ⓑ,

b) die Gewässer *a – f*,

c) die Städte *1 – 11*,

b) die Inselgruppen / Inseln *a – e*,

e) die drei Nachbarstaaten Deutschlands.

2 Findest du die Begriffe?

– So nennt man Küstenboden, der von Schlick bedeckt ist.

– Ansteigen des Meeresspiegels

– Absinken des Meeresspiegels

– Regelmäßiger Wechsel von Ebbe und Flut

– Schutzgebiet mit besonderen Zonen

3 Nordsee oder Ostsee?

Übertrage die Tabelle in dein Heft und ordne die Begriffe mithilfe des Atlas richtig zu.

Niedersachsen, Sylt, Kiel, Bremen, Schleswig-Holstein, Usedom, Rostock, Mecklenburg-Vorpommern, Hamburg, Fehmarn, Föhr

	Nordsee	Ostsee
Bundesländer Städte Inseln		

4 Durcheinander

Füge alle Wortteile so zu sinnvollen Begriffen zusammen, dass keine Teile mehr übrig bleiben:

Teste dich selbst
mit den Aufgaben 2 und 5

② *Das ... ist eine sehr flache Landschaft an der ... seeküste.*

③ *Eine Küstenform an der ... küste ist die ... küste.*

5 Ergänze die Bildunterschriften 2 und 3 mit den richtigen Begriffen.

6 Bilderrätsel
Löse die Bilderrätsel und erkläre die gesuchten Begriffe.

i=Ü

a

Ü=U   R=T

B=M

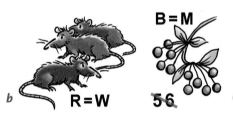

b   **R=W**   **56**

S+

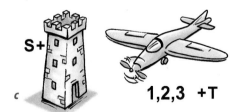

c   **1,2,3 +T**

7 Richtig oder falsch?
Verbessere die falschen Aussagen und schreibe sie richtig auf.
– Der Zeitraum zwischen niedrigstem und höchstem Wasserstand beträgt sieben Stunden.
– Zum Schutz der Tiere und Pflanzen im Wattenmeer wurde ein Nationalpark eingerichtet.
– Sylt (4) ist die nördlichste deutsche Insel und hat eine besonders markante Form.

④

Training

Die Alpen

Sie sind das größte und höchste Gebirge Europas.
Mehr als 10 Millionen Menschen leben in diesem einzigartigen Hochgebirgsraum. Über 40 Millionen Menschen verbringen hier jedes Jahr ihren Urlaub und noch mehr durchqueren die Alpen auf dem Weg nach Süden und nach Norden.

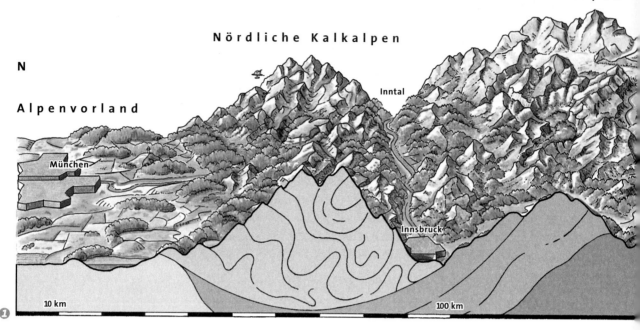

Zentralalpen

Nördliche Kalkalpen

N

Alpenvorland

Inntal

München

Innsbruck

10 km · 100 km

❶

Europas höchstes Gebirge

Bei klarer Sicht kann man sie von München aus sehen: die **Alpen**, ein **Hochgebirge**. Zwischen Bodensee und Salzburg hat Deutschland Anteil an Europas höchstem und größtem Gebirge. Es erstreckt sich von Grenoble (Frankreich) im Westen bis Wien (Österreich) im Osten über fast 1 000 km und vom Alpenvorland im Norden bis zum Gardasee (Italien) im Süden.

Felsen, Eis und wilde Bäche

Wir fliegen von München nach Mailand. Aus der Höhe erkennen wir, dass die Alpen aus mehreren Gebirgsketten bestehen, die durch Täler voneinander getrennt sind. In jeder Gebirgskette ragen schroffe Gipfel empor, von denen einige auch im Sommer schneebedeckt sind. Unter uns glitzern die lang gestreckten Flächen der **Gletscher**. Das sind Eisströme, die sich langsam von den Bergen talwärts bewegen. Große Schutthalden am Fuß der Felswände zeigen, dass die Alpen einer starken Abtragung ausge-

❷ *Hohe Tauern*

❸ *Dolomiten*

114

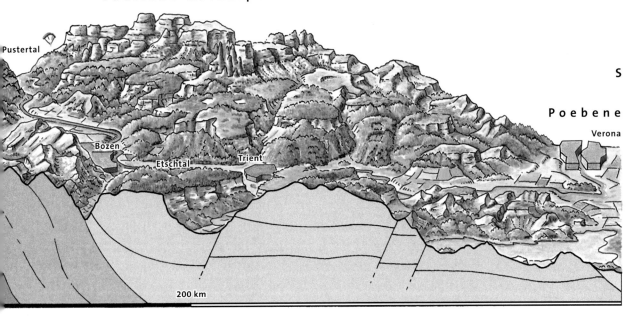

Südliche Kalkalpen

Pustertal

Bozen

Etschtal   Trient

S

Poebene

Verona

200 km

setzt sind. Reißende Gebirgsbäche haben sich tief eingeschnitten und enge Schluchten geschaffen.

Den Norden und den Süden der Alpen bilden Gebirgsketten aus Kalkgestein, in denen sowohl Deutschlands höchster Berg als auch die schroffen Felstürme der Dolomiten zu finden sind. Dazwischen befinden sich die Zentralalpen mit den höchsten Bergen Europas. Sie werden aus den harten Gesteinen des Erdinnern gebildet.

Längs- und Quertäler

Auf unserem Flug wird noch etwas deutlich: In den großen **Tälern** zwischen den Gebirgsketten liegen die meisten Städte, hier verlaufen die wichtigsten Verkehrsverbindungen. Da diese Täler die gleiche Richtung aufweisen wie die Gebirgszüge, nennt man sie auch Längstäler. Zu beiden Seiten zweigen die kleineren Quertäler ab, an deren Ende häufig steile Straßen eine Verbindung zum benachbarten Tal schaffen.

1 Beschreibe mithilfe des Blockbildes die Gliederung der Alpen. Ordne die Fotos zu.

2 Arbeite mit dem Atlas.

a) Schreibe die Staaten auf, die Anteil an den Alpen haben.

b) Nenne Städte, die in Längstälern liegen, und Pässe, die zwei Quertäler miteinander verbinden.

c) Nenne den höchsten Gipfel der Alpen. Suche andere Alpengipfel mit über 4 000 m Höhe. Wo liegen die meisten?

d) Nenne den höchsten Berg Deutschlands. Wie hoch ist er?

→ Ek/Bio

Höhenstufen in den Alpen

An einem schönen Sommernachmittag stürmen wir die Talstation der Schönalpbahn, um auf 3 000 m Höhe die Aussicht zu genießen.

Der Blick aus dem Fenster der Gondel fällt auf blühende Büsche, Felder und Obstgärten.

Langsam gewinnt die Gondel an Höhe. Im Wald unter uns sind Buche und Bergahorn zu erkennen. Wenig später bestimmen Fichten, Lärchen und Kiefern das Erscheinungsbild des Waldes.

Ein Blick auf den Höhenmesser zeigt 1 500 m, die Nadelbäume werden kleiner, teilweise krummwüchsig. Der Wald lichtet sich und gibt den Blick frei auf die Matten. Vereinzelte niedrige Sträucher sowie Bergwiesen mit zahllosen Blumen und Kräutern prägen nun die Landschaft. Hier weiden Rinder und Schafe.

Nahe der Gipfelstation taucht eine richtige Winterlandschaft auf. Schroffe Felsen heben sich dunkel von den hellen Schneeflächen ab.

❷

In der Höhe wird es kälter

Mit Zunahme der Höhe wird es immer kälter, eine Erfahrung, die wir bei jeder Seilbahnfahrt machen können. Der Temperaturrückgang beträgt etwa 0,5 °C auf 100 m. Dementsprechend ändert sich die Pflanzenwelt in Abhängigkeit von der Wachstumszeit der Pflanzen und von der Temperatur, man spricht von **Höhenstufen**. Die Grenzen zwischen den einzelnen Stufen sind nicht starr. Sie ändern sich zum Beispiel an einem Südhang, der mehr Sonnenstrahlung abbekommt als ein Nordhang.

❶

1 Beschreibe die vier Fotos und ordne sie den Höhenstufen zu.
2 Lege eine Tabelle an, in der du die Höhenstufe, charakteristische Pflanzen und die Nutzung durch den Menschen notierst.
3 In welcher Stufe dauert das Pflanzenwachstum am längsten?
4 Du beginnst deinen Aufstieg in einer Höhe von 500 m bei 16°C. Mit welcher Temperatur musst du auf 2100 m rechnen?

⑤

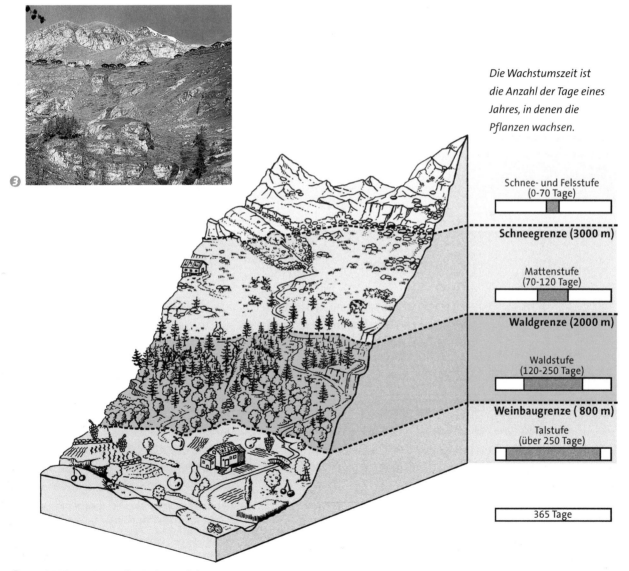

③

Die Wachstumszeit ist die Anzahl der Tage eines Jahres, in denen die Pflanzen wachsen.

Schnee- und Felsstufe
(0-70 Tage)

Schneegrenze (3000 m)

Mattenstufe
(70-120 Tage)

Waldgrenze (2000 m)

Waldstufe
(120-250 Tage)

Weinbaugrenze (800 m)

Talstufe
(über 250 Tage)

365 Tage

④ **Modell der Höhenstufen in den Südalpen**

117

❶ Wie Gletschereis entsteht

Neuschnee

Durch wiederholtes Auftauen und Frieren entsteht körniger Altschnee, der Firn.

Im Laufe der Zeit entsteht daraus Firneis.

Weitere Schneeablagerungen pressen das Firneis zusammen. Nach einigen Jahren entsteht Gletschereis.

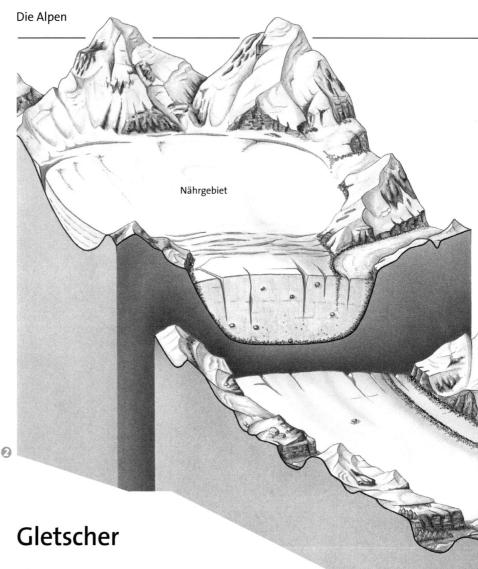

Nährgebiet

❷

Gletscher

Im Hochgebirge sammeln sich im Laufe der Jahre ungeheure Mengen Schnee an (**Nährgebiet**), da dieser im Sommer nicht ganz abtaut. Auf jeden Quadratmeter fällt jährlich mehr als eine Tonne neuer Schnee; durch dieses Gewicht wird der ältere Schnee zusammengepresst und allmählich in Eis umgewandelt. Dieses fließt als Gletscher langsam aber unaufhaltsam talwärts.

Gletscher – langsam, aber gewaltig!
Durch sein großes Gewicht fließt das Eis wie ein zäher Teig, an seiner Oberfläche ist es jedoch spröde. Deshalb entstehen dort gefährliche Spalten von zum Teil vielen Metern Tiefe. Im Innern und an der Unterseite des Gletschers sind viele Steinbrocken. Diese scheuern beim Fließen des Gletschers am Felsuntergrund und schleifen ihn dabei ab. Aber auch auf der Oberfläche und an den Rändern schleppt ein Gletscher viel Gesteinsschutt mit sich. In geringerer Höhe ist es wärmer, sodass das Ende des Eisstroms, die **Gletscherzunge**, hier abtaut. Beim Abschmelzen bleibt das

mitgeführte Material als so genannte **Moräne** zurück. Weil das Klima in den letzten Jahrhunderten wärmer geworden ist, schmilzt die Gletscherzunge immer stärker ab. Eine frühere Moräne liegt deshalb heute weit unterhalb vor dem Gletscherende. Das Schmelzwasser strömt als **Gletscherbach** aus dem **Gletschertor** heraus und mündet häufig in kleine Seen. Dies sind Mulden, die der früher größere Gletscher ausgeschürft hat.

Der Bodensee – Kind der Eiszeit

Während der letzten Eiszeit, die vor etwa 10 000 Jahren endete, waren alle Alpentäler von riesigen Gletschern ausgefüllt. Ihre Zungen reichten bis in das Alpenvorland hinaus, und ihre Schleifarbeit war im Vergleich zu heute gewaltig: Der Gletscher des Rheintals schuf das Becken, welches sich später mit dem Wasser des Bodensees füllte.

1 Wie bildet sich Gletschereis?
2 Was ist eine Moräne?
3 Wie entstand der See vor dem Ende der Gletscherzunge?

❸ *Gletscherspalten*

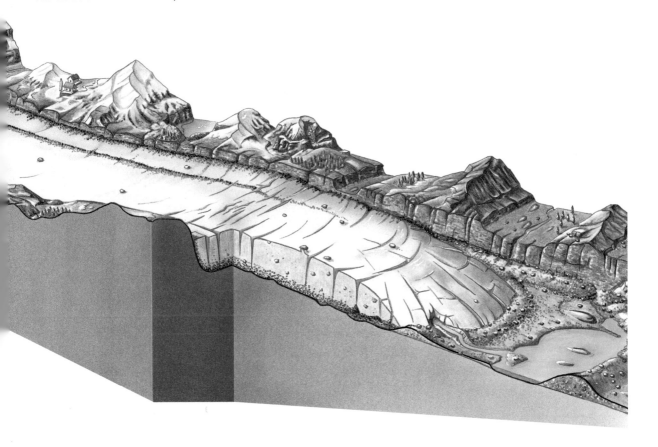

**❶ So groß können Hagel-
körner sein**

❷ Eine Staublawine rast ins Tal

Alles Gute kommt von oben?

Kaum zu glauben
Eine Lawine kann eine
Geschwindigkeit von bis zu
350 km / h erreichen.

❸ Noch einmal gut gegangen!
**Österreich: Vierköpfige Familie auf Berg-
tour von Unwetter überrascht. Rettung
in letzter Sekunde.**

Die Familie befand sich an einem schönen Septembertag auf einer Wanderung im
Hochgebirge, als ihr am zuvor noch klaren
Himmel erste Wolken und eine merkliche
Abkühlung auffielen. Wenige Minuten später prasselten Hagelkörner, groß wie Tisch-
tennisbälle, nieder, sodass sich die Familie in eine Hütte flüchten musste, um nicht
verletzt zu werden.

Wetterexperten sprechen in solchen Fällen
von einem schnellen Wetterumschwung,
mit dem man im Hochgebirge rechnen
muss.

Wenn der Schnee rutscht …

Ein Wetterumschwung ist nicht die einzige Gefahr, die im Hochgebirge anzutreffen ist.

Jeden Winter werden durch **Lawinen**
Straßen und Ortschaften verschüttet
und Menschen getötet. Als Lawine wird
eine Rutschung am Berg bezeichnet, bei
der sich große Mengen Schnee ins Tal bewegen. Besonders hohe Lawinengefahr
besteht bei großen Mengen von Neuschnee an steilen und unbewaldeten
Berghängen. Aus diesem Grund sollten
Wanderungen und Skifahrten abseits
der Wege und Skipisten nur unter fach-
kundiger Leitung durchgeführt werden.
Um Straßen und Siedlungen vor La-
winenabgängen zu schützen, werden
Schutzzäune am Berg errichtet. Oberhalb mancher Orte befinden sich streng
geschützte Bannwälder, die die Schneemassen von bedrohten Dörfern ablen-
ken. Gefährdete Straßen werden von
Galerien überdacht, sodass Lawinen
über sie hinwegfließen können.

4 *Von einer Mure zerstörte Almhütten*

6 *Galerie und Bannwald*

7 *Lawinenschutzzäune*

Auch im Sommer drohen Gefahren, wie **Muren**. Nach langem Regen hat sich der Boden wie ein Schwamm mit Wasser vollgesaugt. Hierbei können hunderte Tonnen von Schlamm und Geröll in Bewegung geraten und zu Tal rutschen.

5 *Experiment: Eine Lawine im Klassenzimmer*
Material: Pappkarton, Stift, Schrauben, Mehl, Holzbrett
Durchführung: Zeichne auf dem Karton eine Mittellinie ein. Durchbohre eine Seite des Kartons mit Schrauben und befestige den Karton auf dem Brett. Verteile das Mehl gleichmäßig auf der Oberfläche. Hebe das Brett langsam an einer Seite an.

Auswertung: Beschreibe, wie sich das Mehl auf beiden Seiten verhält. Begründe Unterschiede.

1 a) Beschreibe Gefahren, die Menschen im Hochgebirge drohen.
   b) Wie können sich Einheimische und Urlauber vor den Gefahren schützen?
2 a) Ergänze Experiment 5: Errichte mit Wollfäden kleine Schutzzäune. Beschreibe deine Beobachtungen nach einer erneuten Durchführung.
   b) Übertrage das Experiment in die Wirklichkeit. Erläutere die Funktionen einzelner Bestandteile (Mehl, Nägel ...).
3 a) Skifahrer und Snowboarder sind häufig Opfer von Lawinen. Begründe, warum sie besonders gefährdet sind.
   b) Gestalte ein Poster mit Regeln für richtiges Verhalten beim Skifahren.

① *Reusstal nahe Amsteg*

Verkehr in den Alpen

Die Überquerung der Alpen war in früheren Jahrhunderten ein großes Abenteuer. Vorbei an tiefen Schluchten trugen Maultiere auf schmalen Pfaden ihr schweres Gepäck. Nur an wenigen Stellen war es überhaupt möglich, das Gebirge zu passieren. Die Alpenbewohner, die diese **Pässe** kannten, verdingten sich als Führer und Träger. Trotzdem war die Gefahr für Reisende groß, durch Steinschlag, Lawinen oder Wetterunbilden zu Schaden zu kommen.

Besonders günstige Passwege wurden ab Anfang des 19. Jahrhunderts so ausgebaut, dass auch Postkutschen darauf fahren konnten. Kurze Zeit später baute man die ersten Eisenbahnstrecken durch die Alpen, die zum Teil durch lange Tunnels führten.

Mit zunehmender Motorisierung wurden mehr Passstraßen notwendig, von denen einige zu Autobahnen ausgebaut wurden. Gewagte Brückenkonstruktionen und kilometerlange Tunnels machen den Straßenbau in den Alpen zu einer teuren Angelegenheit.

Wohin mit den Autos?

Jährlich fahren immer mehr Touristen mit ihren Fahrzeugen über die Alpenstraßen. Dazu kommen 10 Millionen Lastwagen. Ungefähr die Hälfte aller Lastwagen sind allerdings im Transitverkehr unterwegs. Dabei wird ein Land nur durchquert, um in ein anderes zu gelangen. Der Transitverkehr konzentriert sich auf wenige Routen, die auch im Winter genutzt werden können, wenn die hoch gelegenen Pässe wegen

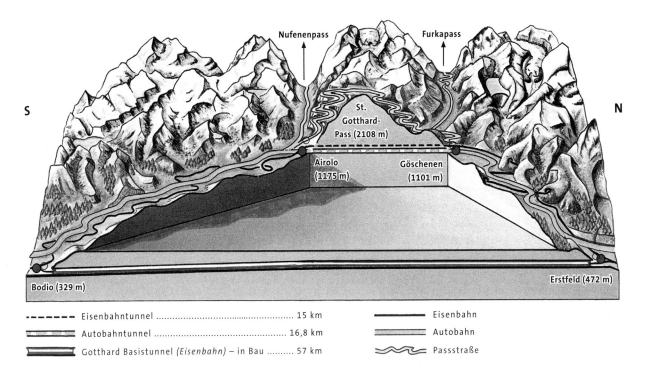

--------- Eisenbahntunnel .... 15 km	———— Eisenbahn
▬▬▬ Autobahntunnel .... 16,8 km	══════ Autobahn
▬▬▬ Gotthard Basistunnel *(Eisenbahn)* – in Bau .... 57 km	∿∿∿ Passstraße

❷ *Verkehrswege am St. Gotthard*

großer Schneemengen gesperrt werden müssen. Für die betroffenen Bewohner ist die Lärm- und Abgasbelastung kaum zu ertragen.

Der Basistunnel am St. Gotthard

Naht die Lösung? Auch die Alpen sollen in das europäische Hochgeschwindig-keitsnetz der Eisenbahnen eingebun-den werden. Die vorhandenen Strecken erlauben aber keine hohen Geschwin-digkeiten. Tief unter dem bereits vor-handenen Autobahntunnel am St. Gott-hard soll nun der längste Tunnel der Welt entstehen. 57 km lang wird der Ba-sistunnel sein, damit Personenzüge mit 250 km/h und Güterzüge mit 160 km/h auf einer steigungsarmen Strecke das Bergmassiv durchqueren können. Die Fahrzeuge können auf bis zu 60 Wag-

gons „Huckepack" mitgenommen wer-den. Der Transport auf Schienen ist nicht nur besonders umweltfreundlich, sondern nimmt auch die geringste Flä-che in Anspruch.

1 Beschreibe Foto 1.
2 Erkläre mit diesem Foto und Blockbild 2 die Verkehrsentwicklung in den Alpen.
3 Stelle die Vorteile eines Basistunnels zu-sammen.
4 Arbeite mit dem Atlas:
Ein Lkw-Fahrer muss Stationen in folgen-der Reihenfolge anfahren: München, Triest, Innsbruck, Mailand, Bern, Genf, Bozen und Wien. Welche Tunnels und Pässe wird er befahren? Schreibe bei den Pässen auch die Höhe über NN auf.

Großcontainer

Huckepack: unbegleiteter Sattelanhänger

Huckepack: „rollende Land-straße"

❶ *Serfaus 1932*

Vom Bergdorf zum Ferienzentrum

Surftipp
www.serfaus.de und
www.serfaus.com

Schon immer auf der Sonnenseite?

Serfaus, der sonnigste Ort Tirols, liegt auf einer Ebene im oberen Inntal auf 1427 m Höhe. Diese Höhenlage war früher dafür verantwortlich, dass viele Serfauser Bauern Not litten, da die Landwirtschaft nur einen geringen Ertrag einbrachte.

❷ **Die Schwabenkinder von Serfaus**

„Die Landwirtschaft des 17. und 18. Jahrhunderts konnte oft gerade einmal zwei Erwachsene ernähren. Wegen dieser Not schickten viele Eltern des oberen Inntals ihre Kinder im Sommer in das reichere Süddeutschland, um sich als Hütekinder für Schweine und Ziegen oder als Gehilfen für die Feldarbeit anstellen zu lassen. Als Lohn bekam jedes Kind neue Kleider, ein paar Schuhe und ein wenig Geld, das zu Hause abgeliefert werden musste. Die Eltern waren froh, einen Esser weniger am Tisch zu haben."

Heute dagegen ist die Lage von Serfaus in der reizvollen Landschaft der entscheidende Gunstfaktor für die wirtschaftliche Situation. Tausende Touristen strömen Jahr für Jahr in den Fremdenverkehrsort. In der **Wintersaison** stehen 53 Liftanlagen und 160 km präparierte Skipisten im Skigebiet, das mit den Nachbargemeinden Fiss und Ladis betrieben wird, zur Verfügung.

In der **Sommersaison** hat Serfaus etwa 100 km Wanderwege, Tennisanlagen, Schwimmbäder sowie Bergsport- und Gleitschirmprogramme zu bieten.

Der **Massentourismus** wurde so stark, dass das Dorf mit seinen alten Holzhäusern und der markanten Kirche im Verkehr zu ersticken drohte. Als Lärm und Luftbelastung unerträglich wurden, entschloss man sich, eine unterirdische Bahn zu bauen, die die Skifahrer von der Bahnstation zu den Seilbahnen befördert. Gleichzeitig wurde der Straßenverkehr fast ganz aus dem Dorf verbannt.

❸ Serfaus 2002

Es gibt kein zurück!

Der Ausbau der öffentlichen Versorgungseinrichtungen wie auch die Erschließung der Skigebiete haben viel Geld gekostet. Serfaus ist heute auf die Einnahmen aus dem **Sommer-** und **Wintertourismus** angewiesen. Schneekanonen sorgen dafür, dass die Wintersportler auch bei schneearmer Witterung gute Bedingungen vorfinden.

1 *Vergleiche Serfaus früher und heute. Achte dabei auf das Dorfbild, die ausgeübten Berufe und die wirtschaftliche Lage der Dorfbewohner.*
2 *Vergleiche die Übernachtungszahlen für die Winter- und Sommersaison in Serfaus. Begründe die Unterschiede.*
3 *Informiere dich im Internet über das Angebot, das Serfaus den Touristen bietet. Unterscheide nach Sommersaison und Wintersaison.*

❹ Bevölkerungs- und Wirschaftsentwicklung in Serfaus 1960 – 2000

Jahr	1960	1970	1980	1990	2000
Einwohner	710	850	920	1040	1102
Bettenzahl	800	2640	3185	4100	5071
Übernachtungen pro Jahr	80000	285000	442000	532000	771000
Lift- und Seilbahn Beförderungen pro Jahr	60000	875000	3306000	4900000	7940000
Anzahl der Skilehrer	30	50	140	190	250
Aktive bäuerliche Betriebe	63	57	45	42	40

❺ Übernachtungen in Serfaus im Jahr 2000

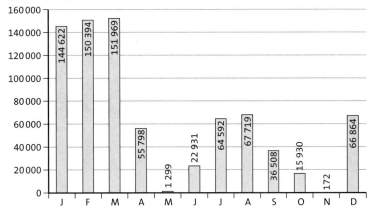

125

Alp(en)traum – ein Rollenspiel

Ort und Konflikt

Der Wettbewerb zwischen Skiregionen ist hart. Deshalb haben die Gemeinden Serfaus, Fiss und Ladis ihre Skigebiete durch aufwändige Lift- und Seilbahnanlagen zusammengelegt. Im benachbarten Paznauntal liegt die Gemeinde See. Ihr kleines Skigebiet gilt als schön, aber abgelegen.

See will nun sein Skigebiet erweitern und mit dem von Serfaus – Fiss – Ladis zusammenschließen. Dazu wäre der Bau von zwei großen Seilbahnanlagen und einigen Skiliften nötig. Das bisher fast unberührte hintere Urgtal um die Ascher Hütte würde zum Skigebiet.

Da die Maßnahme in der Bevölkerung sehr umstritten ist, hat der Bürgermeister von See zu einer Bürgerversammlung eingeladen. Einziger Tagesordnungspunkt: der Zusammenschluss der Skigebiete von See und Serfaus – Fiss – Ladis.

Jeder Mensch spielt im Alltag verschiedene Rollen. Du bist z. B. ein Kind deiner Eltern, ein Schüler in deiner Klasse oder ein Mannschaftsmitglied beim Sport. Je nach Rolle handelst du verschieden.
Bei einem Rollenspiel schlüpft jeder wie ein Schauspieler in die Rolle eines anderen Menschen. So kann er dessen Sichtweise und Handlungen besonders gut nachempfinden. Durch das Spielen von Konfliktsituationen werden uns Streitfälle des Alltags verständlicher und wir können lernen, mit diesen besser umzugehen.

Ein Rollenspiel durchführen
1. Schritt: Macht euch mit der Situation vertraut. Worum geht es?
Bildet dann Arbeitsgruppen zu den einzelnen Rollen und sammelt hierzu und zum strittigen Thema weitere Informationen. Stellt anschließend Rollenkarten her, auf denen ihr kurz die Person beschreibt und ihre Argumente notiert. Abschließend bestimmt jede Gruppe einen „Rollenspieler".

2. Schritt: Die Rollenspieler spielen nun die Situation (Bürgeranhörung) mit möglichst viel Überzeugung. Beachtet aber unbedingt, dass ihr nicht eure eigene Meinung vertretet, sondern die der dargestellten Person. Alle anderen Mitspieler haben die Aufgabe Gemeindemitglieder zu spielen. Sie beobachten alles ganz genau und können sich ebenfalls zu Wort melden. Am Ende stimmen alle über den Streitfall ab.

3. Schritt: Die ganze Klasse diskutiert im Anschluss an das Spiel über das Verhalten und die Argumente der „Schauspieler". Sprecht dabei auch über eure Erfahrungen beim Rollenspiel. Was hat euch besonders überzeugt? Was kam euch besonders „echt" vor? Wie habt ihr euch in euren Rollen gefühlt? Was habt ihr beim Rollenspiel gelernt? ...

Andy Winkler,
Schüler, 16:
Nach dem Schulabschluss will er eine Ausbildung als Mechaniker machen. Wenn er in See keine Ausbildungsstelle findet, wird er in eine größere Stadt abwandern. Sein Großvater war noch Bergbauer. Sein Vater aber betreibt die Landwirtschaft nur noch im Nebenerwerb. Eigentlich lohnt sich für ihn die Landwirtschaft überhaupt nicht mehr. Eine Seilbahn käme ihm recht.

Lara Ederer,
Postbotin, 45:
Sie ist noch unentschlossen. Mehr Touristen bedeuten mehr Hotels, mehr Autos, mehr Lärm, mehr Müll. Das Ortsbild hat sich so verändert, dass sie sich gelegentlich nicht mehr wohl fühlt. Ihre Nachbarin führt ein großes Hotel, eine andere Freundin ein Andenkengeschäft. Sie weiß um deren Sorgen, wenn zu wenig Gäste kommen und sie dann schließen müssten.

Dennis Deunert,
Landwirt, 28:
Ihr Jungvieh verbringt den Sommer auf den Hochweiden (Almen) im hinteren Urgtal. Das Gras auf Skipisten ist aber weniger wertvoll. Der Schnee wird nämlich durch Pistenraupen und Skifahrer zusammengepresst. Er vereist und bleibt länger liegen als normal. Durch Schneekanonen wird die Schneedecke unnatürlich erhöht. Manche Gräser haben nach der Schneeschmelze nicht mehr genügend Zeit zum Wachsen.

Tanja Stumpf,
Angestellte der Seilbahngesellschaft, 35:
Die Seilbahngesellschaft steckt in großen finanziellen Schwierigkeiten. Deshalb stehen ihr Arbeitsplatz und noch weitere in ganz See auf dem Spiel. Nach dem Zusammenschluss wäre das Skigebiet von See der attraktivste und der größte „Skizirkus" im Umkreis. Ihrer Meinung nach wollen die meisten Touristen spektakuläre Skigebiete. Ski und fun ist immer mehr gefragt, am Tag auf der Piste und abends in der Disko.

Katharina Hess,
Rentnerin, 64:
Sie ist Mitglied im österreichischen Alpenverein. Naturschutz ist ihr ein sehr wichtiges Anliegen. Für sie hat das hintere Urgtal eine wilde Ursprünglichkeit mit Bächen und Seen, Murmeltieren, Gämsen und Alpenschneehühnern sowie seltenen Pflanzen. Immer häufiger werden Wildtiere von Skifahrern aufgeschreckt.

Hans Höllhuber,
Gastwirt, 55:
Er hat treue Stammkunden, die nach See kommen, weil sie hier abseits des großen Trubels Urlaub machen können. Seiner Meinung nach sollten lieber die jetzigen Vorteile des Ortes besser verkauft werden: die Möglichkeit Skitouren in abgelegene einsame Gebiete zu unternehmen und ungestört zu wandern.

1 *Führt ein Rollenspiel zum Thema durch.*

① *Zams im Inntal*

Bilder und Karten vergleichen

Einen Vergleich durchführen

1. Schritt: Wähle zuerst die Vergleichs-objekte aus, z. B. Fotos, Karten, Zahlen ...

2. Schritt: Suche nach geeigneten Merk-malen, Eigenschaften oder Vorgängen, die sich gegenüberstellen lassen. Lege dann mit diesen Vergleichsaspekten eine Tabelle an.

3. Schritt: Jetzt beginnt das eigentliche Gegenüberstellen. Ermittle für alle Ver-gleichsaspekte Gemeinsamkeiten und Unterschiede.

4. Schritt: Werte den Vergleich aus, in-dem du Ursachen für die gefundenen Unterschiede und Gemeinsamkeiten for-mulierst.

②

Vergleichsaspekt	Inntal	Villgratental
Talboden		
Gewässer		
Verkehrswege		
Besiedlung		
Nutzung von Gebäuden		

Vergleiche die ... Mit dieser Aufforde-rung beginnen viele Aufgaben in deinem Schülerbuch. Verglei-chen heißt gegen-überstellen. Mit dieser Methode lassen sich Gemeinsamkeiten, Unterschiede und Ähnlichkeiten ermit-teln. Dadurch kannst du viele Zusammen-hänge und Besonder-heiten besser erken-nen und vestehen. Aber vergleichen will gelernt sein ...

③ Villgratental in Osttirol

Man kann vieles vergleichen:
Bilder, Karten oder Diagramme. Vergleichsobjekte können aber auch Städte oder Landschaften sein. Für einen solchen Vergleich benötigt man mehrere Informationsquellen.

Vergleichsobjekte
(z. B. Fotos)
↓
Vergleichsaspekte
(z. B. Besiedlung)
↓
Vergleichsergebnis
(z. B. Landschaft ist stark/
wenig überbaut)
↓
Begründung
(Ursachen des Ergebnisses:
z. B. Landschaft ... ist sehr
gebirgig, sie hat wenig
ebene Flächen.)

Methode

④

⑤

1 Übung:
Vergleiche die Fotos 1 und 3. Übertrage dazu Tabelle 2 in dein Heft und vervollständige diese.

2 Anwendung:

a) Welche Themen sind in den Kartenausschnitten 4 und 5 dargestellt? (Landwirtschaft oder Fremdenverkehr oder Oberflächenformen oder ... ?)

b) Vergleicht die Kartenausschnitte in Gruppenarbeit.

c) Stellt eure Arbeitsergebnisse in der Klasse vor und diskutiert über das Gesamtergebnis des Vergleichs.

1 *Speichersee am Oberaar-Gletscher (Schweiz)*

Spitzenstrom aus den Alpen

2 1. September 2001, 19.55 Uhr. Die erste Halbzeit des Fußballländerspiels England – Deutschland ist gleich zu Ende. Sehr viele Zuschauer sitzen wie gebannt vor dem Fernseher. Um 20.03 Uhr ertönt der Halbzeitpfiff und zehn Millionen Menschen schalten im Wohnzimmer, in der Küche oder auf der Toilette gleichzeitig das Licht ein.

In diesem Moment braucht man viel Strom – aber woher nehmen? Zwar sind alle europäischen Kraftwerke zusammengeschaltet und bilden den europäischen Stromverbund, aber eine so plötzliche und gewaltige Stromspitze wie in der Fußballhalbzeit schaffen normale Kraftwerke nicht allein.

Da kam man auf eine Idee, die genial einfach ist. Denn im Unterschied zum Strom lässt sich Wasser leichter speichern. Und hierfür bieten sich die Alpen mit den steilwandigen Tälern und den großen Höhenunterschieden an. Man fängt das Schmelzwasser der Gletscher in Stauseen auf. Wenn man plötzlich viel Strom benötigt, öffnet man rasch die Sperrventile der Staumauer und lässt durch alle Rohre so lange Wasser zum Kraftwerk laufen, wie man viel Strom benötigt. Im Kraftwerk treibt das herunterrauschende Wasser Turbinen an, die angekoppelten Generatoren erzeugen Strom. Braucht man den zusätzlichen Strom nicht mehr, so schließt man die Ventile wieder, um auch für die nächste Stromspitze (z. B. nach Spielende!) noch genügend Wasser im Speichersee zu haben. Eine solche Anlage heißt Speicherkraftwerk. Dieses ist immer nur kurz während des Spitzenbedarfs an Strom in Betrieb.

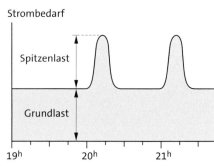

3 *Strombedarf an einem Fußballabend*

2350 m ü. NN

Druckrohre
(Fallleitung)

Kraftwerk
(Turbine, Generatoren)

900 m ü. NN

④ *Gesamtanlage eines Speicherkraftwerkes*

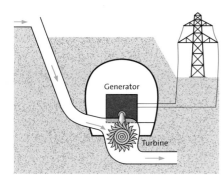

Generator

Turbine

⑤ *Prinzip eines Speicherkraftwerkes*

1 Welche Aufgabe hat ein Speicherkraftwerk? Verwende auch Diagramm 3.
2 Ordne die folgenden Begriffe und bilde mit ihnen einen kurzen Text zum Speicherkraftwerk. Werte dabei auch die Zeichnung aus: Stromleitung, Gletscher, Wasserturbine, Gletscherbach, Staumauer, Höhenunterschied, Speichersee, Generator.

❶

❷

❸

❹

1 a) *In welchen Höhenstufen wurden die Fotos 1–4 aufgenommen?*

b) *Warum wachsen in großer Höhe keine Pflanzen mehr?*

2 *Findest du die Begriffe?*

– *Diese Schneemasse gleitet an Gebirgshängen ab.*

– *Dieses Weidegebiet liegt meist oberhalb der Waldgrenze.*

– *Dazu führt der Besucherstrom vieler Touristen in Fremdenverkehrsgebieten.*

3 *Richtig oder falsch?*

Verbessere die falschen Aussagen und schreibe sie richtig auf.

– *Die Alpen sind das höchste Gebirge Europas.*

– *Die Waldgrenze ist die höchste Höhenstufe in den Alpen.*

– *Je höher man auf einen Berg hinaufsteigt, desto wärmer wird es.*

– *Bergwälder schützen die Dörfer im Tal vor Lawinen.*

– *Der Tourismus in den Alpen schafft viele Arbeitsplätze, ist aber auch eine Belastung für die Menschen und die Natur.*

4 Wer ist der Alpenexperte?

a) Zu welchen beiden Alpenländern gehören die Flaggen?

Fläche:	84 000 km²	41 000 km²
Einwohner:	8,1 Millionen	7,2 Millionen

b) Notiere fünf weitere Alpenländer.

c) Wie heißt der höchste deutsche Berg und wie hoch ist er (Foto 5)?

d) Wie heißt der höchste Berg Europas, wo liegt er und wie hoch ist er (Foto 6)?

5 Bilderrätsel

Löse die Bilderrätsel und erkläre die gesuchten Begriffe.

❺

❻

Teste dich selbst

mit den Aufgaben 1a und 2

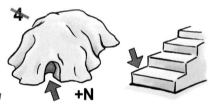

a

b

c

6 Was wird mit der Zeichnung 7 dargestellt?

❼

Urlaub in Europa

Der Kontinent Europa und seine Menschen aus der Sicht des Zeichners Steffen Butz: Was erkennt ihr auf dem Bild?
Was stimmt überein mit euren Vorstellungen von Europa? Viele Situationen sind sicher übertrieben dargestellt.
Was hättet ihr anders dargestellt?
Was fehlt euch?
Was wäre für euch ein Urlaubsziel in Europa?

❶ Oliven

❷ Ölbaum-Pflanzung

Vegetation am Mittelmeer

Pflanzen brauchen Wärme und Wasser um zu wachsen. Jeder weiß, dass bestimmte **Nutzpflanzen** bei uns nicht wachsen können, etwa Apfelsinen- und Zitronenbäume: Die Wärme reicht nicht aus. Und der Winter ist sogar für die Nutzpflanzen bei uns zu kalt.

Ganz anders ist es im Mittelmeergebiet! Dort reicht die Wärme auch im Winter aus. Es können viele Pflanzen wachsen, für die es bei uns zu kalt ist. Aber es gibt ein anderes Problem: Es fehlt an Wasser, besonders in den warmen Sommermonaten. Kennzeichnend sind z. B. immergrüne Bäume und Sträucher. Sie haben kleine Blätter mit harter, lederartiger Oberfläche. Man nennt sie daher **Hartlaubgewächse**. Andere Anpassungen an die Trockenheit sind behaarte Blätter, Dornen oder Stacheln. Wieder andere speichern Feuchtigkeit in ihren fleischigen Blättern und Stängeln.

Geeignete Nutzpflanzen

Ölbaum und Weinrebe sind im Mittelmeergebiet heimisch. Sie benötigen viel Wärme. Ihre Früchte, Oliven und Weintrauben, brauchen den heißen Sommer um richtig auszureifen. Ölbaum und Weinrebe sind aber auch an die Trockenheit angepasst: Ihre Wurzeln können selbst im trockenen Sommer noch Feuchtigkeit aus den tieferen Bodenschichten heraufholen.

Nutzpflanzen, die nicht so viel Wärme benötigen, werden ebenfalls angebaut, z. B. Getreide oder Kartoffeln.

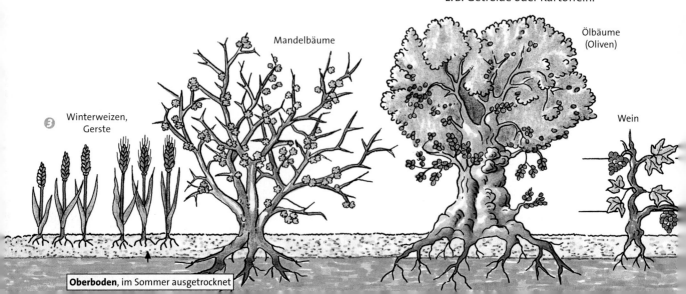

❸ Winterweizen, Gerste
Mandelbäume
Ölbäume (Oliven)
Wein
Oberboden, im Sommer ausgetrocknet

④ *Macchie*

⑤ *Garigue*

**Herkunft fremder Nutz-
pflanzen am Mittelmeer:**
Aus Asien: *Orange, Zitrone,
Pfirsich, Aprikose, Reis, Zu-
ckerrohr ...*
Aus Afrika: *Dattelpalme, ...*
Aus Amerika: *Agave, Mais,
Opuntie (Feigenkaktus),
Tomate, Kartoffel, Paprika,
Tabak ...*
Aus Australien: *Eukalyptus*

Fremde Nutzpflanzen am Mittelmeer

Apfelsinen und Zitronen sind für uns die bekanntesten Früchte aus den Mittelmeerländern. Wir bekommen sie hauptsächlich aus Spanien, Italien, Israel und Marokko. Aber diese Nutzpflanzen sind dort nicht heimisch. Am Namen kann man es erkennen: „Apfelsine" bedeutet „chinesischer Apfel". Tatsächlich stammen die Apfelsinenbäume aus China, aus einer Region, in der das ganze Jahr reichlich Niederschlag fällt. Gerade im Sommer brauchen diese Pflanzen viel Wasser. Im Mittelmeergebiet spielt die Bewässerung eine wichtige Rolle.

Entwaldung und ihre Folgen

Ursprünglich waren weite Teile der Mittelmeerländer mit dichten immergrünen Eichen- und Kiefernwäldern bedeckt. Der Mensch hat diese Wälder seit Jahrhunderten durch Abholzen und Abbrennen, durch Umwandlung in Ackerland oder durch zu starke Beweidung mit Schafen, Ziegen und Schweinen geschädigt oder ganz beseitigt. Daraufhin haben heftige Regengüsse den Boden abgespült und der Wald konnte nicht mehr nachwachsen. Es bildeten sich Kümmerformen: die Macchie und die Garigue. Oft blieb nur der blanke Fels.

1 *Erkläre, wie sich die Pflanzen im Mittelmeerraum an die natürlichen Bedingungen angepasst haben.*

2 *Erkundung: Prüft im Supermarkt, welche Erzeugnisse aus Mittelmeerländern angeboten werden. Beschafft euch weitere Informationen mithilfe von Lexikon und Internet.*

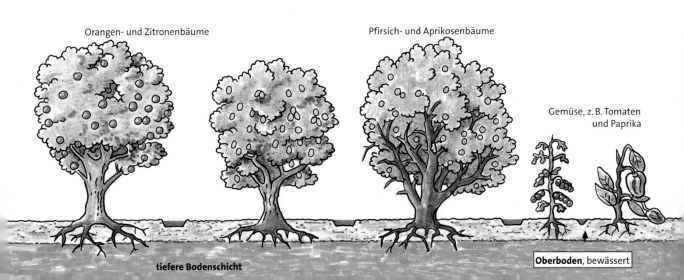

Orangen- und Zitronenbäume

Pfirsich- und Aprikosenbäume

Gemüse, z. B. Tomaten und Paprika

Oberboden, bewässert

tiefere Bodenschicht

❷ El Arenal auf Mallorca

Urlaub am Mittelmeer

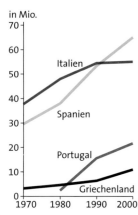

❶ Ausländische Touristen in südeuropäischen Ländern

Sonne, Strand und Meer: Das sind seit Jahrzehnten die wichtigsten Gründe für einen Urlaub am Mittelmeer.

Traditionelle Hauptziele des Tourismus in Südeuropa sind Spanien und Italien. Hier begann die Entwicklung bereits zwischen 1950 und 1960. Steigendes Einkommen und längere Freizeit ermöglichte immer mehr Menschen eine Urlaubsreise ans Mittelmeer. Mit dem Bau neuer Autobahnen sowie der Einführung des Ferienflugverkehrs schlug die Stunde des Massentourismus. Nun entstanden entlang der Küsten immer mehr und auch größere Hotelkomplexe sowie Ferienhaussiedlungen. Strandabschnitte zwischen den „Bettenburgen" bebaute man mit Einzelhäusern und Villen für den anspruchsvollen Touristen. Von 1970 bis 1990 wurden dann auch die entfernter gelegenen Feriengebiete im östlichen Mittelmeer erschlossen.

Heute ist der Mittelmeerraum die wohl bedeutendste Touristenregion der Welt. Hier werden mehr als ein Viertel aller Einnahmen des internationalen Tourismus erwirtschaftet. Allein in Spanien, Italien und Griechenland verbringen jährlich über 130 Millionen Touristen ihren Urlaub.

Der Massentourismus bringt für die Touristengebiete nicht nur Vorteile, sondern auch Probleme. Die spanische Insel Mallorca ist hierfür ein gutes Beispiel.

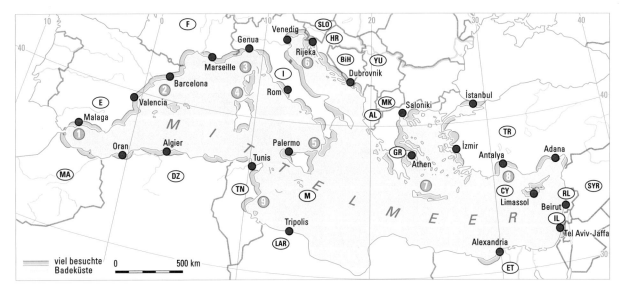

❸ Viel besuchte Badeküsten am Mittelmeer

❹ Küste auf der griechischen Insel Mykonos

1 Notiere Gründe für die Entstehung des Massentourismus.
2 Erläutere das Diagramm 2.
3 Werte die Karte 3 aus:
   Nenne die wichtigsten Badeküsten am Mittelmeer.

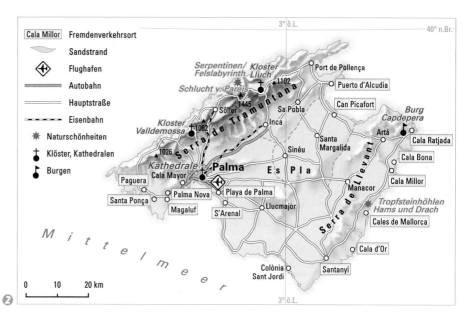

Mallorca? Sonne, Strand und ...

Finca ist die spanische Bezeichnung für Bauernhof. Umgebaute Fincas dienen häufig als Ferienhäuser.

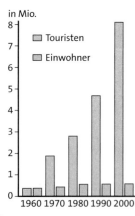

❶ **Verhältnis von Touristen zu Einheimischen auf Mallorca**

„Mallorca? Das sind Sonne, Strand und Ballermann!" Spontan würden wohl viele so antworten, wenn man sie nach dem liebsten Urlaubsziel der Deutschen befragt. Die meisten Touristen kommen in der Hauptsaison – im Juli und August. Im Jahr 2000 besuchten allein aus Deutschland zehn Millionen Touristen Spanien, davon 3,5 Mio. Mallorca, die größte Insel der Balearen. Von Frankfurt/Main aus kann man mehrmals täglich in ca. zwei Stunden nach Palma de Mallorca fliegen. Die Insel ist seit vielen Jahren ein Ziel des Massentourismus.

Immer mehr Reiselustige verbringen mittlerweile sogar ihre Oster- und Herbstferien auf der spanischen Mittelmeerinsel. Viele dieser Urlauber meiden die großen Hotels der Touristenzentren und wohnen auf Fincas in kleinen ursprünglichen Dörfern, inmitten von Orangen-, Zitronen- und Olivenbäumen.

...Millionen von Touristen

Für die Bevölkerung Mallorcas entstanden durch den Massentourismus zahlreiche Arbeitsplätze, doch brachte er auch einige Probleme mit sich.

Im Sommer wird regelmäßig das Leitungswasser knapp. 55 000 Leihwagen sorgen für Staus. Jährlich müssen 300 000 t Müll entsorgt werden. Viele Touristen wollen auch im Urlaub nicht auf ihre Gewohnheiten verzichten. So gibt es deutsche Waren in den Geschäften, deutsche Gaststätten und sogar deutschsprachige Inselzeitungen.

Seit einigen Jahren arbeitet die Regionalregierung Mallorcas an Maßnahmen zur Änderung der Probleme, die der Massentourismus verursacht hat.

❸ *Cala Millor*

❺ *Lluch Alcari bei Sóller*

	Jan	Feb	März	Apr	Mai	Juni	Juli	Aug	Sep	Okt	Nov	Dez
Mitteltemperatur in °C	9	10	11	13	17	21	24	24	22	18	16	11
Wassertemperatur in °C	14	14	14	15	17	21	24	25	24	21	17	15
Sonnenstunden pro Tag	5	6	7	7	10	10	11	11	8	6	5	4
Regentage	8	6	8	6	5	3	1	3	5	9	8	9

❹ *Klimadaten von Palma de Mallorca*

1 Begründe, warum so viele deutsche Touristen Mallorca besuchen. Beziehe die Karte 2 und die Klimadaten der Insel 4 ein.

2 Überlege, welche Arbeitsplätze durch den Tourismus entstanden sind. Wo konzentrieren sie sich und welche Folgen hat das?

3 Beschreibe die Auswirkungen des Massentourismus.

4 Erstelle eine Tabelle mit Maßnahmen der Regionalregierung (Übersicht 6) und deren Folgen. Schätze die Maßnahmen ein.

❻ **Wege aus der Krise?**

– Sanierung oder Abriss alter Hotels

– Ausbau des Flughafens und des Straßennetzes

– Bau einer der größten Meerwasserentsalzungsanlagen Europas

– Ökosteuer für Touristen, mit der Umweltprojekte gefördert werden sollen

– Ausbau des Tourismus im Landesinnern

🔢 *Resort Hotel Alba*

Einen Reiseprospekt auswerten

Für Familie Müller steht fest: Dieses Jahr will sie die Ferien in der Türkei verbringen. Herr Müller möchte vor allem baden, seine Frau außerdem auch etwas besichtigen und Souvenirs einkaufen. Der zwölfjährige Sohn ist begeisterter Wassersportler und will surfen und tauchen. Die achtjährige Tochter freut sich auf gleichaltrige Kinder im Kinderclub. Bei einer Beratung im Reisebüro fällt die Entscheidung für die Türkische Riviera, das Urlaubsgebiet an der Südküste bei Antalya. Familie Müller nimmt Prospekte mit nach Hause, um in Ruhe den Urlaubsort und die Unterkunft auszusuchen. Sie entscheidet sich schließlich für Side. Dort gefällt allen das Resort Hotel Alba besonders gut.

Einen Reiseprospekt auswerten:
1. Schritt: Urlaubsort untersuchen, z. B. Lage zum Meer, Sehenswertes im Ort oder in der Umgebung, Unterhaltungsangebote, Freizeitaktivitäten, Einkaufsmöglichkeiten
2. Schritt: Unterkunft aussuchen, z. B. Lage zum Meer, Ausstattung der Unterkunft, Freizeitaktivitäten im Hotel selbst
3. Schritt: Reisepreis ermitteln

1 a) Warum hat sich Familie Müller für Side entschieden?
b) Entspricht das Hotel ihren Erwartungen?
2 Ermittle, wie viel der 14-tägige Urlaub bei Abflug am 1. August kostet. Gibt es eine günstigere Variante?

Aus Reiseprospekten lassen sich viele Informationen für die Planung eines Urlaubs entnehmen. Doch muss man die Prospekte richtig lesen lernen. Besonders die Texte und Bilder sollten genau und kritisch betrachtet werden. Empfehlenswert ist auch, die Angaben durch weitere Informationen aus Reiseführern, dem Internet oder von Bekannten zu ergänzen.

② **Side**, ca. 70 km entfernt von Antalya gelegen, ist ein malerisches, ehemaliges Fischerdorf. Das antike Amphitheater, Teile der alten Stadtmauern und Überreste einer Basilika sind Zeugnisse einer bewegten Vergangenheit. Heute ist Side ein beliebter Ferienort, dessen reizvolle Altstadt mit ihren engen, verwinkelten Gassen, unzähligen Läden, Cafés, Restaurants und Diskotheken sich unmittelbar am Hafen auf einer kleinen Halbinsel befindet. Zu beiden Seiten der Stadt erstrecken sich weitläufige Strände, an denen die meisten Hotels liegen.

→ *Ek/Arbeitslehre*

③ **Resort Hotel Alba**

Lage: direkt am Strand
Einrichtung: elegantes Hotel, geschmackvolle Lobby, Lifte, Restaurant mit nationaler und internationaler Küche, Bars, Diskothek und Theaterbühne, zwei großzügige Swimmingpools mit zwei Wasserrutschen und separatem Kinderbecken, Kinderclub
Zimmer: 445, komfortabel und geschmackvoll eingerichtet mit Bad/WC, Föhn, Telefon, SAT-TV, Safe, Klimaanlage, Balkon, behindertengerechtes Zimmer vorhanden

Verpflegung: Halbpension in Buffetform
Sport und Unterhaltung: Tennis, Beachvolleyball, Tischtennis, Bogenschießen, Fitnessraum, Sauna, Gymnastik, Animation (kostenlos), Squash, Billard, Massage, Surfen, Banane-Fahren, Wasserski, Katamaran, Parasailing, Tauchen (gegen Gebühr)
Strand: hoteleigener, feinsandiger, leicht abfallender Strand, Sonnenschirme und Liegen kostenlos

④

REISEPREISE																	Preise pro Person in Euro
REISEZEIT	Verpflegung	Belegung	SPARWOCHEN			A			B			C			D			E		
HOTEL/ZIMMERART			1 Wo	2 Wo	Verl.Wo	1 Wo	2 Wo	Verl.Wo	1 Wo	2 Wo	Verl.Wo	1 Wo	2 Wo	Verl.Wo	1 Wo	2 Wo	Verl.Wo	1 Wo	2 Wo	Verl.Wo
RESORT HOTEL ALBA	H	2	475	628	161	506	675	175	545	737	196	614	803	210	649	931	294	672	954	308
Kinderfestpreis 02-12 Jahre	H	2+1	299	369	63	332	425	91	371	487	105	414	533	119	457	611	140	474	631	147
FLUGTERMINE																		Zielflughafen Antalya
ABFLUGHAFEN	APRIL					MAI					JUNI				JULI				AUGUST				SEPTEMBER				OKTOBER			
DÜSSELDORF	4	11	18	25		2	9	16	23	30		6	13	20	27	4	11	18	25		1	8	15	22	29		5	12	19	26	3	10	17	24	31

1. In der Abflugtabelle ist der gewünschte Termin mit einer Farbe versehen.

2. Farbe in der Preistabelle suchen

3. Preis pro Person für zwei Wochen bei Unterbringung im Doppelzimmer mit Halbpension ermitteln

4. Kinderfestpreis pro Kind für zwei Wochen ermitteln (gilt für Kinder zwischen zwei und zwölf Jahren)

5. Gesamtpreis der Reise berechnen
Abflugtermin: 9. Mai
Preis Erwachsene:	2 x	675,00 Euro
Preis Kinder:	2 x	425,00 Euro
Gesamtpreis der Reise:		2 200,00 Euro

Methode

Ein Besuch in Paris

Metropole

(griech. Metropolis = Mutterstadt, Hauptstadt) bedeutende Groß- oder Hauptstadt, die innerhalb eines Landes ein politisches und wirtschaftliches Zentrum darstellt.

Paris – eine Stadt mit vielen Gesichtern. Elena, Kim und Martin besuchen ihre Austauschpartner am Collège Georges Braque. Jeder hat sich diesmal etwas Besonderes vorgenommen.

① Elena: Spaziergang durch Paris
Tour Eiffel – Arc de Triomphe – Champs-Elysées – Place de la Concorde – Madeleine – Opéra – Pyramide du Louvre – Hôtel de Ville – Notre-Dame

② Kim: Shopping ohne Ende
Mode- und Schmuckgeschäfte am Place Vendôme – Kaufhäuser am Boulevard Haussmann und an der Rue de Rivoli – Flohmarkt an der Porte de Clignancourt – Arabermärkte am Boulevard de la Chapelle – Bouquinistes am Seineufer – Straßenhändler am Eiffelturm – Artisten am Centre Pompidou – Maler auf Montmartre

③ Martin: in der Metro
7 Millionen Menschen täglich; über 360 Stationen zum Umsteigen; unterirdische Gänge; Musiker, Zauberer und Bettler – viele Nationalitäten, besonders Schwarze und Araber; Pause nur zwischen 1 Uhr und 5 Uhr morgens; ohne Metro: Verkehrschaos an der Oberfläche gleicht riesigem Ameisenhaufen.

Metropole Paris

Schon im 16. Jahrhundert war Paris mit 200 000 Einwohnern nach Konstantinopel die zweitgrößte Stadt Europas. Heute wohnen hier mehr als 10 Millionen Menschen. Paris ist Hauptstadt, hat mehrere internationale Flughäfen, ist Sitz der UNESCO, der OECD und der ESA, beherbergt die wichtigsten Universitäten, Forschungseinrichtungen, Verwaltungen und Firmenzentralen Frankreichs. Und: jährlich kommen mehr als 20 Millionen Touristen. Täglich mehr als 1 Million Einpendler. Damit ist Paris nicht nur die bedeutendste Stadt Frankreichs, sondern auch eine Weltstadt und Metropole. Die Bedeutung der französischen Hauptstadt wird erst richtig deutlich, wenn man das Umland, die Ile de France, mit hinzunimmt. Denn längst ist Paris über seine Stadtgrenzen hinausgewachsen.

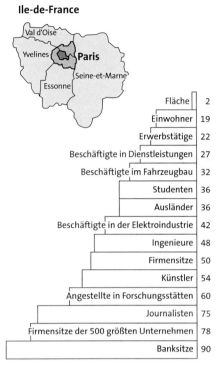

Ile-de-France

Fläche	2
Einwohner	19
Erwerbstätige	22
Beschäftigte in Dienstleistungen	27
Beschäftigte im Fahrzeugbau	32
Studenten	36
Ausländer	36
Beschäftigte in der Elektroindustrie	42
Ingenieure	48
Firmensitze	50
Künstler	54
Angestellte in Forschungsstätten	60
Journalisten	75
Firmensitze der 500 größten Unternehmen	78
Banksitze	90

⑨ Bedeutung Region Ile-de-France innerhalb Frankreichs 1998 in Prozent

⑧ Stadtentwicklung

52 v. Chr.: Die Römer erobern das gallische Lutetia auf der Seine-Insel

12. Jh.: Ausdehnung auf das rechte Ufer der Seine

15. Jh.: Bau des Louvre

18. Jh.: Paris reicht von der Place de l'Etoile (West) bis zur Place de la Nation (Ost)

Ende 19. Jh.: Modernisierung; Ausbau großer Boulevards, Bau der Metro

1889: Bau des Eiffelturms zur Weltausstellung

1970–2000: Bau der modernen Sehenswürdigkeiten von Paris: Centre Pompidou, Forum des Halles, Glaspyramide, La Grande Arche de la Défense u. a.

UNESCO =
Organisation der UN für Erziehung und Wissenschaft
OECD =
Organisation für wirtschaftliche Zusammenarbeit und Entwicklung
ESA =
Europäische Weltraumorganisation

1 Verfolge Elenas Spaziergang auf einem Stadtplan im Atlas und ordne die Fotos den besuchten Sehenswürdigkeiten zu.
2 Fertige eine Tabelle der von Kim genannten Einkaufstipps an und suche sie auf dem Stadtplan im Atlas.
3 Berichte über Martins Eindrücke von der Untergrundbahn.

Europa – ein Kontinent

Vom Nordkap bis nach Kreta, von Lissabon bis zum Uralgebirge – in beiden Richtungen erstreckt sich **Europa** über Tausende Kilometer. Von allen Kontinenten weist Europa die gegliedertste Gestalt auf: ein Drittel seiner Landfläche entfällt auf **Inseln** und **Halbinseln**. Der Atlantische Ozean reicht mit seinen Nebenmeeren (Nord- und Ostsee) weit nach Europa hinein. Mehr als die Hälfte aller Orte liegen küstennah, das heißt, nicht weiter als 300 Kilometer von einer Küste entfernt. Europas Küstenlänge (37 200 km) ist etwa so groß wie der Erdumfang. Innerhalb des Kontinents bestehen große Unterschiede hinsichtlich Relief, Klima und Vegetation. Nach diesen natürlichen Merkmalen und nach der Lage wird Europa in sechs Großregionen gegliedert (3).

Wo endet Europa?

Wegen seiner breiten Landverbindung im Osten zum Kontinent Asien lässt sich Europa auch als Halbinsel eines Doppelkontinentes Eurasien ansehen. Die Abgrenzung zu Asien ist willkürlich. Sie erfolgt durch das Uralgebirge, den Fluss Ural, die Nordküste des Kaspischen Meeres, die Manytsch-Niederung, das Schwarze Meer und den Bosporus. Nach dieser Abgrenzung haben die Staaten Russland, Kasachstan und die Türkei Anteile an Europa und Asien.

① *Meere und Küstenentfernung*

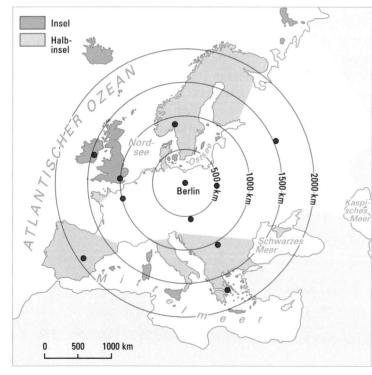

② *Inseln und Halbinseln*

146

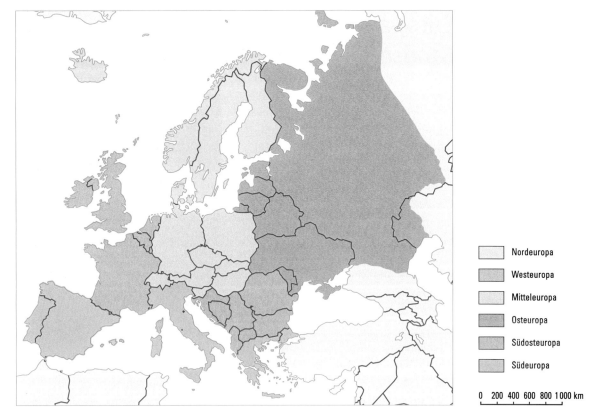

③ Gliederung Europas in Großregionen

Legende:
- Nordeuropa
- Westeuropa
- Mitteleuropa
- Osteuropa
- Südosteuropa
- Südeuropa

0 200 400 600 800 1 000 km

Europa – ein Kontinent mit vielen Gemeinsamkeiten!

Die 730 Millionen Bewohner Europas haben sehr viele Gemeinsamkeiten in Sprache, Geschichte, Kultur und Wirtschaft. Die Völker Europas entstammen der hellhäutigen indo-europäischen Rasse.

Deshalb sind die verbreitetsten Sprachfamilien miteinander verwandt. Die meisten Europäer gehören christlichen Religionen an. Und schließlich haben sich in Europa Wissenschaften und Wirtschaftsformen entwickelt, die heute Einfluss auf das Leben der ganzen Menschheit haben.

1 Welche Meere umgeben die Britischen Inseln (Karte 1)?

2 Benenne in der Karte 2 die Inseln und die Halbinseln Europas.

3 Arbeite mit dem Atlas. Bestimme die Ausdehnung Europas:
   a) in nord-südlicher Richtung vom Nordkap nach Kreta,
   b) in südwest-nordöstlicher Richtung von Lissabon in Portugal zum Berg Narodnaja im Uralgebirge.

4 a) Beschreibe die Abgrenzung Europas im Osten, Südosten und Süden.
   b) Nenne mithilfe von Karte 3 die Staaten, die über diese Abgrenzung auf einen anderen Kontinent reichen.

Kontinent

stammt aus dem Lateinischen: „Terra continens"= zusammenhängendes Land.

Europas Landschaften

Wenn der Ätna „Feuer" spuckt, Gletscher in den Alpen Täler formen, Sturmfluten die Nordseeküste zerstören, dann wird deutlich, dass der Kontinent Europa nicht so ruhig ist, wie es seinen Bewohnern normalerweise erscheint. Die Erdgeschichte von Europa ist lebendig und spannend. Die heutigen Oberflächenformen Europas, das Relief, sind in vielen Millionen von Jahren gebildet worden – und werden auch weiterhin geformt.

Große Gebirgsbildungen schufen die Gebirge des Kontinents. Vor etwa 60 Millionen Jahren entstanden die Hochgebirge im Süden des Kontinents, wie die Alpen und die Pyrenäen. Älter sind die heutigen Mittelgebirge in Europa. Beispiele hierfür sind der Ural oder das Skandinavische Gebirge.

Die Tiefländer des Kontinentes wurden vom Meer, von den Flüssen und im Norden auch vom Eis geformt.

Die Küsten Europas entstanden mit dem Abschmelzen des Inlandeises. Der Meeresspiegel stieg an, Europa erhielt seine heutigen Umrisse.

Die Reliefbildung des Kontinents ist jedoch nicht abgeschlossen. Dies zeigt zum Beispiel das Ausbrechen der Vulkane in Italien oder auf Island.

❶ *Ätna in Italien*

❷ *Großglockner in Österreich*

❸ *An der Algarve in Portugal*

❹ *Donau bei Beuron*

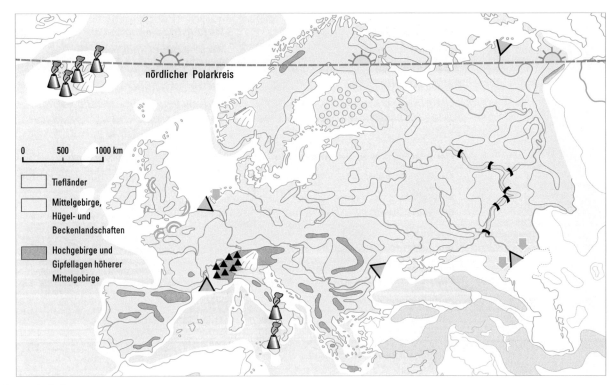

⑤ *Landschaften Europas*

Die Legende zeigt, wo in Europa ...

an einem Junitag
die Sonne nicht untergeht

noch große Gletscher liegen

das Festland sogar tiefer liegt
als der Meeresspiegel

▲ Berge über 4000 m hoch sind

noch Vulkane ausbrechen

in einem Land mehr als 50 000 Seen liegen

der Gezeitenunterschied zwischen
Ebbe und Flut 12 m und mehr beträgt

das Meer nicht tiefer als 250 m ist

⑥

1 Beschreibe die Fotos 1–4. Welche Naturkräfte haben das Relief geformt?

2 a) Nenne die wichtigsten Hochgebirge im Süden Europas.

   b) Nenne je drei Mittelgebirge und Tiefländer in Europa.

3 Notiere mithilfe des Atlas zu den Symbolen in der Kartenlegende 6 jeweils ein Beispiel.

1 Wer kennt sich in Europa aus?

Benenne in der Karte 2
a) die Meere Ⓐ – Ⓕ,
b) die Inseln a – f,
c) die Flüsse a – n,
d) die Hauptstädte 1 – 39.

2 Der Hauptstadtbande auf der Spur

Elegant treten sie auf, rauben aber im günstigen Moment luxuriöse Schmuckgeschäfte aus. In neun Hauptstädten hat die Bande schon zugeschlagen.
Beim letzten Raub blieb ihr Geheimcode liegen. Neun Hauptstädte sind in dem Code versteckt. Die Anfangsbuchstaben der waagerechten und die Endbuchstaben der senkrechten Namen ergeben den europäischen Kleinstaat, in dem der nächste Einbruch stattfindet.

D	A	S	T	U	H	S	S	R	I	P	O
A	S	T	O	C	K	H	O	L	M	A	P
S	I	L	B	E	N	K	F	B	E	H	M
O	B	E	N	L	A	K	I	P	R	E	U
B	E	R	M	O	S	K	A	U	L	L	I
R	E	K	I	N	F	O	A	L	T	S	O
M	A	R	G	D	O	L	T	I	P	I	N
R	S	T	R	O	M	I	H	M	E	N	G
S	T	U	L	N	E	N	E	I	M	K	I
O	S	L	O	S	N	A	N	E	L	I	M
K	A	M	S	T	E	R	D	A	M	E	R
H	E	U	L	I	G	A	D	I	S	R	E

3 Auf die Lage kommt es an

Welche Hauptstadt liegt am
nördlichsten: Helsinki – Oslo – Tallinn?
westlichsten: Dublin – Paris – Lissabon?
südlichsten: Athen – Madrid – Rom?
östlichsten: Kiew – Minsk – Moskau?

4 Nachbarstaaten Deutschlands

Benenne die Staaten mit ihren Hauptstädten in den Karten 1.

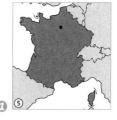

❶

5 Suche und nenne:

a) den Staat in Europa mit den meisten Nachbarstaaten;
b) den Fluss, an dem vier Hauptstädte liegen;
c) den Staat mit den meisten Bergen über 4000 Meter Höhe, nenne die drei höchsten;
d) das längste Gebirge Europas.

Wichtige Begriffe
Europa
Halbinsel
Hartlaubgewächs
Insel
Nutzpflanze

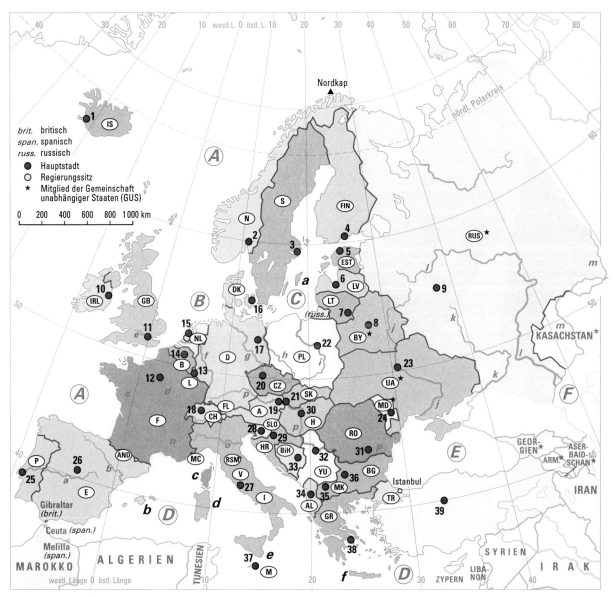

❷ *Europa – politische Gliederung*

6 Außenseiter gesucht

a) Dänemark – Finnland – Norwegen – Schweden;

b) Polen – Weißrussland – Ukraine – Russland;

c) erfinde selbst zwei weitere Außenseiter und prüfe deine Nachbarin oder deinen Nachbarn.

7 Kennst du die Begriffe?

a) So bezeichnet man Urlaub in einem Gebiet, in dem sehr viele Menschen Urlaub machen.

b) So bezeichnet man eine große zusammenhängende Landmasse.

c) So bezeichnet man Pflanzen, die kleine Blätter mit harter Oberfläche haben.

Teste dich selbst

mit den Aufgaben 3 und 4

Training

Europa
deckt den Tisch

Lebensmittel aus vielen Ländern Europas gehören zu den alltäglichen Nahrungsmitteln auf unserem Tisch. Manche können nicht überall erzeugt werden, weil bestimmte natürliche Voraussetzungen dafür notwendig sind. Moderne Technik in der Landwirtschaft überwindet aber immer häufiger die natürlichen Anbaubedingungen.

10

153

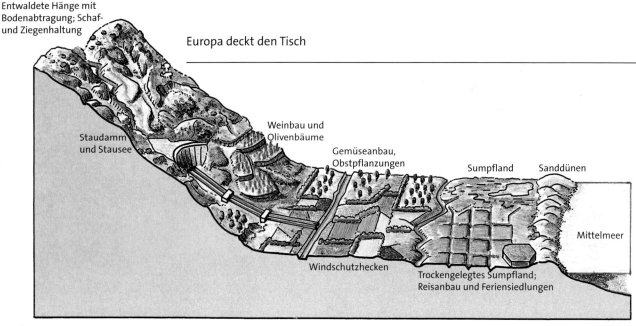

Entwaldete Hänge mit Bodenabtragung; Schaf- und Ziegenhaltung

Staudamm und Stausee

Weinbau und Olivenbäume

Gemüseanbau, Obstpflanzungen

Sumpfland

Sanddünen

Mittelmeer

Windschutzhecken

Trockengelegtes Sumpfland; Reisanbau und Feriensiedlungen

❶ Nutzungsprofil eines Abschnitts an der Mittelmeerküste

Bewässerung macht´s möglich

❷ Der Tajo-Segura-Überleitungskanal

Entlang der spanischen Mittelmeerküste erstrecken sich fruchtbare, vom Klima begünstigte Ebenen, in denen seit altersher eine große Vielfalt an Nutzpflanzen angebaut wird. Die Spanier nennen diese Gebiete Huerta, das heißt Obst- und Gemüseland. Die bekanntesten **Huertas** sind jene von Valencia und Murcia.

Ohne Wasser geht es nicht!

Die wichtigste Voraussetzung für die Landwirtschaft in den Huertas ist der **Bewässerungsfeldbau**. Dabei wird das Wasser aus den Flüssen über ein weit verzweigtes Kanalnetz bis zu den Feldern geleitet. Um ganzjährig anbauen zu können, muss vor allem in der trockenen Jahreszeit ausreichend Wasser verfügbar sein. Deshalb wurden Stauseen am Oberlauf der Flüsse angelegt. Sie speichern die Niederschläge des Winterhalbjahrs und versorgen die Huertas im Sommer. Als man dort die Anbauflächen immer weiter ausdehnte, wurde sogar Wasser aus dem Tajo über eine riesige Rohrleitung, den Tajo-Segura-Kanal, an die Ostküste umgelenkt. Heute wird das kostbare Wasser besser genutzt. Da bei der traditionellen Form der **Furchenbewässerung** zu viel Wasser durch Versickern und Verdunsten verloren ging, werden die Felder vielfach mit Sprenklern beregnet. Wo es sich die Bauern leisten können, wird **Tropfbewässerung** eingesetzt: Dabei gelangt das Wasser, oft zusammen mit Dünger und Schädlingsbekämpfungsmitteln, über Plastikschläuche direkt zu den Pflanzen und tritt dort in genau geregelter Menge durch kleine Öffnungen aus.

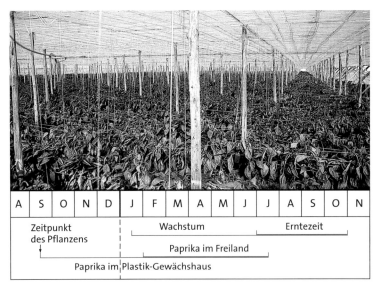

| A | S | O | N | D | J | F | M | A | M | J | J | A | S | O | N |

Zeitpunkt des Pflanzens | Wachstum | Erntezeit

Paprika im Freiland

Paprika im Plastik-Gewächshaus

❸ *Anbau von Paprika im Plastikgewächshaus*

Anbau unter Plastik

In manchen Huertas bedecken im Herbst und Winter Plastikgewächshäuser weite Teile des ganzen Anbaulandes. Die Bauern können so den milden Winter an der spanischen Mittelmeerküste noch besser nutzen. Die Sonne liefert ihnen eine „Heizung zum Nulltarif". Sie produzieren preisgünstiger als ihre Konkurrenten in anderen Teilen Europas. Sie bringen ihre Produkte früher auf den Markt und erzielen so vor allem auf den Märkten in Mittel- und Nordeuropa bessere Preise.

1 *Profil 1: Erläutere die Landnutzung an der spanischen Mittelmeerküste.*
2 *Erkläre die Wasserverluste bei den drei unterschiedlichen Bewässerungsverfahren.*
3 *Welche Vorteile bringt der Anbau unter Plastik?*

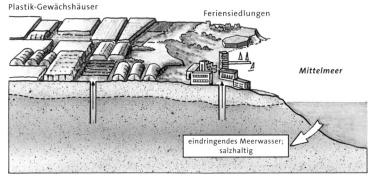

Plastik-Gewächshäuser · Feriensiedlungen · Mittelmeer · eindringendes Meerwasser; salzhaltig

❹ *„Plastikküste"*

Sonnenlicht dringt ungehindert ein und erhitzt Boden und Luft; die Plastikfolie verhindert das Entweichen der Wärme und der Feuchtigkeit der Luft.

❺ *Unbeheiztes Plastikhaus*

② *Im Westland*

Landwirtschaft unter Glas

① *Vom Gewächshaus bis zum Markt*

„So haben wir uns das nicht vorgestellt!" Das war die Reaktion nach einem Besuch im Paprika-Gewächshaus von Herrn Bol südlich von Den Haag. Das riesige Glashaus überdeckt eine Fläche von 1,5 Hektar. Links und rechts des betonierten Ganges bedecken Folien den Boden. In langen Reihen ranken Paprikapflanzen an einer Schnur drei Meter hoch: Blüten, grüne und rotreife Früchte sind gleichzeitig an einem Trieb. Die Pflanzen wachsen aus einem Steinwollewürfel – von Erde keine Spur. Im Würfel steckt ein dünner Schlauch. Tropfenweise führt er Wasser mit Nährstoffen zu. Zur Bewässerung dient vor allem Regenwasser vom Glasdach.

Vorteile des Anbaus unter Glas

„Wolle ist besser als Scholle! Sie ist frei von Ungeziefer und Unkraut. Die Wurzeln werden besser belüftet und nehmen leichter Nährstoffe auf. Sie kennen dies ja von Hydrokulturen. Zur Schädlingsbekämpfung setze ich Schlupfwespen und Hummeln ein, so benötige ich kaum noch chemische Mittel. Beim Tomatenanbau sind diese inzwischen sogar verboten." Im Heizraum geht die Führung weiter. Ein Computer steuert die Erdgasheizung, damit das Klima im Treibhaus immer optimal eingestellt ist. Das dazu eingesetzte Erdgas wird in den Niederlanden gefördert und ist somit eine recht preiswerte Energiequelle.

Klima von Menschenhand

„Wir machen unser Klima selber", so beschreiben die niederländischen Gartenbauern ihre Arbeitsweise und meinen damit die **Gewächshauskulturen**. Hier ist alles künstlich: die Temperatur, die Beleuchtung, der Regen, die Nährstoffzufuhr, die Schädlingsbekämpfung, ja selbst der Boden. Das Resultat: wohlgeformte Gemüse- und Obstsorten in leuchtenden Farben ohne jegliches Ungeziefer. Ist dies die Zukunft unserer Ernährung?

❹ *Tomatenernte im Gewächshaus auf künstlichem Boden*

❸ *Experiment:*

Wachstum im Gewächshaus

Material: zwei Ton- oder Kunststoffschalen, einige Blatt Küchenpapier, Kressesamen, Wasser, Klarsichtfolie

Durchführung:

– jede Schale mit einigen Blättern Küchenpapier auslegen

– Kressesamen darauf streuen

– beide Schalen gut mit Wasser befeuchten

– eine Schale mit Klarsichtfolie abdecken

– beide Schalen nebeneinander in die Sonne stellen und einige Tage stehen lassen

Kresse

Folie

Auswertung:

Beobachte und vergleiche das Keimverhalten und das Wachstum.

❺ **Umweltbewusster Anbau**

„Schlupfwespe gegen Weiße Fliegen, Raubmilbe gegen Rostmilben, Gallmücke gegen Blattläuse, Bazillen gegen Kohlweißlinge und Kohlmotten – im holländischen Obst- und Gemüseanbau hat das ‚große Fressen' begonnen. Chemische Schädlingsbekämpfungsmittel durch natürliche Schädlingsfresser abzulösen, ist das Ziel des 1991 gestarteten Projektes Umweltbewusster Anbau (UBA). Im Rahmen des UBA sind den Gärtnern in den Niederlanden nur noch wenige künstliche Schädlingsbekämpfungsmittel erlaubt, und zwar nur dann, wenn durch Plagen, gegen die noch keine natürlichen Nützlinge gefunden wurden, existenzbedrohende Ernteausfälle zu befürchten sind."

1 Bei der Gewächshauskultur machen sich die Landwirte von der Natur unabhängig. Erkläre, warum das so ist.

2 „Pflanzenzucht unter Glas hat auch Nachteile". Erkläre diesen Ausspruch.

3 Beschreibe den Weg eines Produkts vom Gewächshaus bis zum Markt (1).

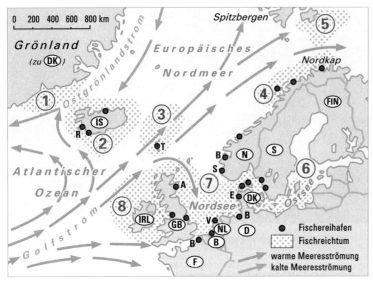

① Fischgründe im Nordatlantik

④ Fischfang mit Fabrikschiff

Vom Fischfang zur Fischmast

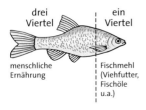

drei Viertel · ein Viertel

menschliche Ernährung · Fischmehl (Viehfutter, Fischöle u.a.)

② Die Verwendung von Fisch

1 Tonne (t) = 1 000 Kilogramm (kg)

Fischfang in Island

Die Isländer sagen: „Unsere Lebensgrundlage ist das Meer." Fast zwei Millionen Tonnen Fisch holen Islands Fischer jährlich aus dem Europäischen Nordmeer. Bei den Speisefischen nimmt der Kabeljau etwa die Hälfte der Fangmenge ein. Hinzu kommen Rotbarsch, Schellfisch, Seelachs und Hering. Der meistgefangene Fisch jedoch ist mit rund einer Million Tonnen im Jahr die Lodde. Sie dient zur Herstellung von Fischmehl und Fischöl.

Täglich warten in etwa 50 Häfen die Angestellten der Fischverarbeitungsbetriebe auf die Fänge der Kutter und Trawler. Durch den Export von gefrorenem, gesalzenem oder getrocknetem Fisch, von Fischmehl, Hummer, Fischöl, Garnelen und Muscheln erwirtschaftet Islands Fischindustrie mehr als drei Viertel aller Exporteinnahmen.

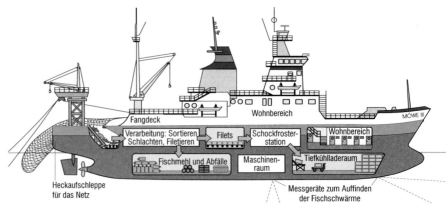

③ Fabrikschiff

Fischmast in Norwegen

Er darf auf keiner Speisekarte und bei keinem kalten Buffet fehlen – der Lachs, „Wanderer zwischen Meer und Fluss". Doch heute wandert nur noch der Wildlachs und dieser spielt gegenüber dem Farmlachs wirtschaftlich eher eine unbedeutende Rolle.

Anfangs hielten norwegische Fischer ihren Kollegen Thor Morwinkel für einen Spinner, als dieser 1968 begann einjährige, daumenlange Junglachse in Meereskäfige auszusetzen, zu mästen, nach gut einem Jahr mit dem Kescher abzufischen und zu verkaufen. Aber seine enormen Gewinne regten sie bald zur Nachahmung an und der Siegeszug des Fjordlachses begann. Heute ist Norwegen bei der Erzeugung von Farmlachs führend in der Welt. Doch die Haltung in **Fischfarmen** hat wie jede Massentierhaltung auch ihre Kehrseite!

❺ **Enwicklung der Farmlachserzeugung in Norwegen 1975 bis 2000 (in Tonnen)**

1975	1 000
1980	4 200
1985	30 000
1990	150 000
1995	290 000
2000	330 000

1 Karte 1: Nenne die fischreichen Gewässer des Nordatlantiks (Ziffern 1 bis 8).

2 Begründe, warum Islands Lebensgrundlage das Meer ist.

3 Zeichnung 3 und Foto 4: Beschreibe die Arbeitsvorgänge auf einem Fabrikschiff.

4 Erkläre die Aufzucht von Lachs in Fischfarmen. Welche Probleme können auftreten? Benutze Zeichnung 7.

❻ *Lachsfarm bei Tromsø*

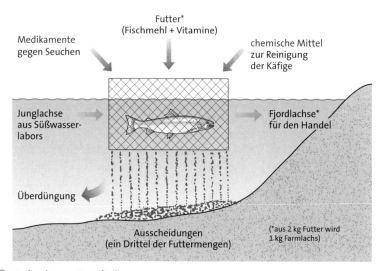

❼ *Aufzucht von Farmlachs*

159

Vom Bild zum Wort – Bilder beschreiben

1. Schritt: *Verschaffe dir zunächst einen Überblick.*
- *Welchen Eindruck hast du auf den ersten Blick?*
- *Gibt es eine Bildunterschrift?*

Ich sehe ein Schiff mit vielen roten Fischen an Deck, die von Fischern sortiert werden.
Eine Bildunterschrift …

❶

2. Schritt: *Sieh dir das Bild genauer an.*
- *Welche Einzelheiten erkennst du?*
- *Was siehst du vorn?*
- *Was siehst du in der Mitte?*
- *Was siehst du hinten?*
- *Was siehst du links?*
- *Was siehst du rechts?*

Im Vordergrund liegen ganz viele große rote Fische und …

❷

3. Schritt: *Zum Schluss versuchst du die Aussage des Bildes auf den Punkt zu bringen.*
- *Was teilt dir das Bild mit?*
- *Wie könnte die Bildunterschrift lauten?*

Ich denke, dass hier Fischer gerade ihren Fang sortieren und …

❸

1 Beende die angefangene Beschreibung.
2 Arbeitet in Gruppen: Ein Schüler oder eine Schülerin beschreibt das Foto 6 auf Seite 159. Die anderen überprüfen und beurteilen die Beschreibung. Was war gut, was fehlte?

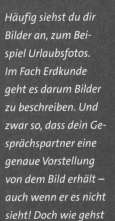

Häufig siehst du dir Bilder an, zum Beispiel Urlaubsfotos. Im Fach Erdkunde geht es darum Bilder zu beschreiben. Und zwar so, dass dein Gesprächspartner eine genaue Vorstellung von dem Bild erhält – auch wenn er es nicht sieht! Doch wie gehst du dabei vor?

→ Ek/Deu

❶ *Mainhafen Frankfurt*

❸ *Bahnhof Frankfurt/Main*

Waren fahren ...

Das ist für uns normal:
Die Regale im Supermarkt sind immer gut gefüllt. Ein wichtiges Medikament kann in wenigen Stunden von jeder Apotheke besorgt werden. Ein im Internet bestelltes Buch wird schon am folgenden Tag nach Hause geliefert.
Von tonnenschweren Maschinen bis zu dem Schülerbuch in deinen Händen:

Alles muss transportiert werden, zunächst die Rohstoffe, dann die fertigen Waren.

Um dies alles möglich zu machen sind viele Menschen nötig und vor allem Verkehrsverbindungen, die gut funktionieren. Der **Güterverkehr** spielt für unsere Wirtschaft eine große Rolle.

Der Verkehr nimmt zu

Die meisten Waren werden mit dem Lkw, mit der Eisenbahn oder mit dem Schiff transportiert. Dies sind die wichtigsten Verkehrsmittel für den Güterverkehr. Und der Güterverkehr nimmt ständig zu.

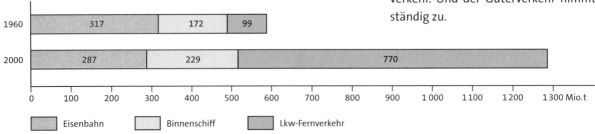

❷ *Transportierte Gütermengen in Deutschland*

④ *Verladung von Containern auf einem Containerbahnhof*

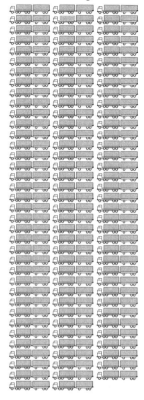

Eine „Kiste" erobert die Welt

Immer mehr Güter werden in Containern befördert. Das sind „Kisten" aus Metall von der Größe einer Autogarage. Darin sind die Waren gut geschützt. Die Container haben auf der ganzen Welt die gleichen Maße. Dadurch kann man sie gut stapeln. Und auch das sichere Umladen zwischen Schiff, Bahn und Lkw wird dadurch erleichtert.

Güterverkehr – gut geplant

Damit die Waren auch da ankommen wo sie hin sollen, braucht man nicht nur Lkw, Eisenbahn oder Schiff, sondern auch Menschen, die diese Fahrten genau planen. Für die Industrie ist es z. B. wichtig nötige Ersatzteile möglichst schnell geliefert zu bekommen.

Es ist eine Aufgabe von Speditionen, den Transport von Gütern möglichst gut zu organisieren und durchzuführen: Damit alles dahin kommt, wo es hin soll – und das möglichst zur richtigen Zeit! Eine schwierige Aufgabe, denn bei den Fahrten soll auch noch vermieden werden, dass z. B. ein Lkw einmal eine Tour ohne Ladung machen muss.

1 *Wie viele unterschiedliche Verkehrsmittel für den Gütertransport kannst du auf den Fotos 1, 3 und 4 erkennen?*
2 *Bearbeite das Diagramm 2:*
    a) Wie hat sich der Gütertransport seit 1960 entwickelt?
    b) Wie hat sich der Anteil des Lkw am gesamten Gütertransport entwickelt?
    c) Wie hat sich der Anteil der Eisenbahn entwickelt?
3 *Welche Vorteile und welche Nachteile bietet der Lkw beim Gütertransport?*
4 *Vielleicht kennt ihr einen Lkw-Fahrer. Befragt ihn, wie sein Arbeitstag aussieht.*

oder 55 Eisenbahnwaggons

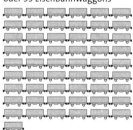

oder 1 Binnenschiff

⑤

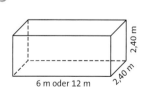

2,40 m

6 m oder 12 m

2,40 m

⑥ *Maße eines Containers*

... und gehen in die Luft

Bestimmte Waren werden mit dem Flugzeug transportiert: Briefe, Pakete, andere besonders „eilige" Waren. Das ist ein Service, der gerade für Firmen und Geschäftsleute große Bedeutung hat. Denn oft ist es wichtig, dass Pakete rasch ihr Ziel erreichen.

Es gibt besondere Frachtflugzeuge, darin fliegen keine Passagiere mit. Der Flughafen Frankfurt/Main ist der größte Frachtflughafen Europas.

Hier wird die Nacht zum Tag gemacht

Mitten in der Nacht arbeiten hier über tausend Menschen, damit Pakete über Nacht an ihre Zielorte, oft in fernen Ländern, geschickt werden können.

So bringen die riesigen Frachtflugzeuge jeden Abend fast 150 000 Pakete aus aller Welt bis gegen Mitternacht in die Hallen des Flughafens. Dort wird alles in kürzester Zeit umgeladen und noch vor Sonnenaufgang starten die Maschinen dann in Richtung Zielort.

1 *Beschreibe die Arbeit im Frachtflughafen Frankfurt/Main (Text 1, Fotos 4 und 5).*
2 *Der weltweite Warentransport wird immer schneller, der Service wird immer besser. Sprecht über die Vorteile und die Nachteile dieser Entwicklung.*

❶ Einer dieser Paketdienste ist die amerikanische Firma United Parcel Service (UPS). Herr Detering, ein Mitarbeiter von UPS, berichtet:

„Außer samstags arbeite ich jede Nacht, die ganze Woche lang. Die Nachtarbeit ist nötig, denn unsere Firma gibt ihren Kunden eine Garantie, dass das Paket am nächsten Tag wirklich am Zielort ankommt. Da kommt es hier bei uns auf jeden an, damit kein Fehler in der Verteilung gemacht wird.

Die Förderbänder machen eine Menge Lärm, aber wir arbeiten im Team und das macht auch Spaß. Kaum sind die Frachtjets gelandet, werden die Pakete in die riesigen Hallen gebracht. Hier laufen sie über die Förderbänder und werden möglichst schnell in den nächsten Flieger umgeladen. Mit Scannern kontrollieren wir jedes Paket, damit sich nur keines auf dem Weg vom Absender zum Empfänger verirrt. Wenn alles neu verladen ist, können die Frachtflugzeuge wieder starten und für uns heißt es im Morgengrauen: Feierabend."

❷ Frau Katzsch aus Kelsterbach wohnt mit ihrer Familie nur etwa fünf Kilometer vom Flughafen Frankfurt/Main entfernt. Sie sagt:

„Der Flughafen wird immer wieder vergrößert und mehr Starts und Landungen bedeuten mehr Abgase und mehr Fluglärm. Durch die Überflüge im Minutentakt können wir nahe der Start- und Landebahnen schon heute unsere Gärten nicht mehr benutzen und uns in unseren Wohnungen bei offenen Fenstern nicht mehr unterhalten.

Außerdem werden mit jeder Erweiterung des Flughafens Waldgebiete vernichtet. Deshalb bin ich für den Verzicht auf den weiteren Ausbau."

❸ *Luft- und Straßenverkehr bei Frankfurt/Main*

❹ *Frachtflugzeug*

❺ *Mitarbeiter bei UPS*

1 Richtig oder falsch?

Verbessere die falschen Aussagen und schreibe sie richtig auf.

– *Die großen fruchtbaren Küstenebenen in Spanien heißen Huertas.*

– *Die beste Bewässerungsart ist die Furchenbewässerung, weil dabei der Wasserverlust durch Versickern oder Verdunsten am geringsten ist.*

– *In den meisten holländischen Gewächshäusern stehen die Pflanzen nicht in Erde, sondern in Steinwolle.*

– *In Holland werden die Gewächshäuser nicht beheizt, weil die Sonnenstrahlung zur Erwärmung ausreicht.*

– *Die Fischindustrie in Island erwirtschaftet mehr als drei Viertel der Exporteinnahmen des Landes.*

– *Die Erzeugung von Farmlachs hat sich in Norwegen von 1985 bis 2000 etwa verdoppelt.*

– *Die meisten Waren in Deutschlands Güterverkehr werden heute von der Eisenbahn transportiert.*

– *Die Unternehmen, die den Warentransport mit verschiedenen Verkehrsmitteln organisieren, heißen Speditionen.*

– *Für eilige Waren über große Strecken ist das Schiff das schnellste Transportmittel.*

– *Flugzeuge, die nur Waren transportieren, heißen Frachtflugzeuge.*

2 Landschaften gesucht

Die Fotos 1 bis 3 wurden in drei verschiedenen Ländern Europas aufgenommen, in denen Nahrung produziert wird. Notiere die Länder und schreibe dazu auf, welche Nahrungsmittel von dort zu uns kommen.

❶

❷

❸

Wichtige Begriffe

Bewässerungsfeldbau

Fischfarm

Fischmast

Furchenbewässerung

Gewächshauskultur

Güterverkehr

Huerta

Tropfbewässerung

3 Findest du die Begriffe?

– Bewässerungsart, bei der das Wasser für die Pflanzen in Plastikschläuchen mit kleinen Öffnungen direkt an die Pflanzen geleitet wird.
– Besondere Anbaumethode, bei der man am besten die optimalen Bedingungen für das Gedeihen der Pflanzen erzeugen kann.
– Modernste Produktionsform, um große Mengen an Fisch zu erhalten, besonders bekannt durch den Lachs.

4 Silbenrätsel

Bilde aus den Silben zehn Begriffe, die man für die Beschreibung eines niederländischen Gartenbaubetriebes mit Gewächshauskulturen braucht.

Be – be – Bo – Com – den – Erd – fe – Fo – fung – gas – hei – kämp – lie – lings – le – leuch – Nähr – pe – pen – pu – ra – Schäd – Schlupf – Stein – stof – Tem – ter – tung – tur – wes – wol – zung

5 Vom Fang zum Endprodukt

Bringe folgende Begriffe zum Fischfang mit einem Fabrikschiff in die richtige Reihenfolge:

SCHOCKFROSTEN – SORTIEREN – LAGERN IM TIEFKÜHLRAUM – EINHOLEN DES NETZES – FILETS – SCHLACHTEN – SUCHEN DER FISCHSCHWÄRME MIT MESSGERÄTEN – FILETIEREN

6 Bilderrätsel

Löse die Bilderrätsel und erkläre die gesuchten Begriffe.

Teste dich selbst
mit den Aufgaben 3 und 4

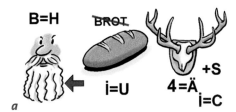

a

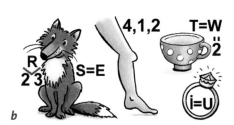

b

c

d

e

Training

167

Der Mensch brauch

Unter der Erdober-
fläche liegen viele
Rohstoffe verborgen.
Diese „rohen Stoffe"
wie Steinkohle müs-
sen erst gefördert und
verarbeitet werden,
bevor wir sie zum Bei-
spiel zur Erzeugung
von Energie nutzen
können. Aber auch
aus Wind, Sonne und
Wasser wird Energie
erzeugt, die für uns
lebenswichtig ist.

Energie

11

❶ Mit einer Länge von bis zu zwei Metern war der Riesentausendfüßler eines der größten Tiere in den Sumpfwäldern des Kohlezeitalters. Er ernährte sich vom weichen Holz abgestorbener, am Boden liegender Bäume.

❷

❸ „Die Luft ist feucht und warm wie in einem Treibhaus. Ein süßlicher Geruch nach Fäulnis und Verwesung macht das Atmen zur Qual. Wir schwitzen enorm. Der sumpfige Boden gluckst und schmatzt unter unseren Füßen. Immer wieder sinken wir bis zu den Knien im Morast ein. Riesige, fast einen Meter große Libellen schwirren über unseren Köpfen. Baumhohe Schachtelhalme und Farne recken sich dem Himmel entgegen. Umgestürzte Schuppenbäume versperren uns den Weg. Plötzlich erschrecken wir fürchterlich. Ein zwei Meter langer Riesentausendfüßler kriecht fast lautlos an uns vorbei!"

Entstehung der Kohle

Diese Reise mit der Zeitmaschine führte uns in das Kohlezeitalter. Damals vor etwa 300 Millionen Jahren gab es im heutigen Norddeutschland riesige Sumpfwälder und Moore an flachen Meeresküsten. Von Zeit zu Zeit senkte sich das Land. Das naheliegende Meer rückte vor. Meerwasser überflutete die mächtige Torfschicht der Moore und Wälder. Im Laufe der Zeit wurden Kies, Sand und Ton darüber abgelagert. Diese

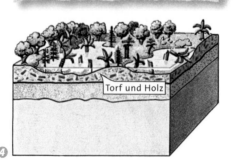

Torf und Holz

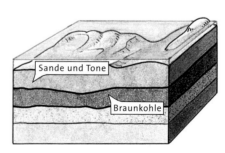

Sande und Tone

Braunkohle

❹

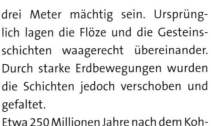

drei Meter mächtig sein. Ursprünglich lagen die Flöze und die Gesteinsschichten waagerecht übereinander. Durch starke Erdbewegungen wurden die Schichten jedoch verschoben und gefaltet.

Etwa 250 Millionen Jahre nach dem Kohlezeitalter entstand nochmals Kohle. So bildeten sich die meisten Braunkohlevorkommen in Deutschland erst vor 15 bis 30 Millionen Jahren aus Torf von abgestorbenen Mooren und Sumpfwäldern. Diese Braunkohlenflöze lagern in geringer Tiefe und sind bis zu 100 m mächtig. Es ist deshalb nicht verwunderlich, dass sich der Abbau von Steinkohle und Braunkohle stark voneinander unterscheiden.

(2)   (1)   (2)

⑤ Zu den größten Bäumen des Kohlezeitalters gehörten die bis zu 30 Meter hohen Schuppenbäume (1). Ihr Stammdurchmesser konnte zwei Meter betragen. Dennoch knickten diese Baumriesen bei Sturm leicht um, denn sie hatten einen weichen Holzkern. Die heute nur krautgroßen Schachtelhalme (2) wurden damals bis zu 15 Meter hoch.

Erdmassen pressten die Torfschicht zusammen. Durch hohen Druck und durch Wärme entstand aus dem Torf unter Luftabschluss zunächst **Braunkohle** und später **Steinkohle.** Sobald das Land sich nicht mehr senkte, konnten auf den Ablagerungen neue Sumpfwälder entstehen. Dieser Vorgang wiederholte sich zum Beispiel im heutigen Ruhrgebiet mehr als zweihundertmal.

Deshalb gibt es im Ruhrgebiet auch über zweihundert **Flöze** (Kohleschichten). Dazwischen lagern jeweils Gesteinsschichten. Die Flöze können nur wenige Zentimeter, aber auch bis zu

1 a) Beschreibe das Klima im Kohlezeitalter.

b) Welche Tiere und Pflanzen lebten damals?

2 Beschreibe mithilfe der Zeichnung 4 die Entstehung von Steinkohle.

3 Wann bildete sich in Deutschland

a) Steinkohle,

b) Braunkohle?

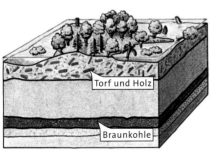

Torf und Holz

Braunkohle

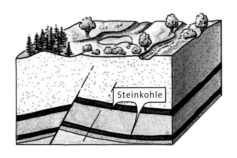

Steinkohle

❶ *Kokerei*

❸ *Hochofen*

❷ *Steinkohle*

Kohle – Rohstoff und Energieträger

Heutzutage haben die meisten fast vergessen, wie wichtig Kohle früher einmal war. Vor wenigen Jahrzehnten wurden die meisten Wohnungen in Deutschland nicht mit Öl oder Gas, sondern mit Steinkohle oder Braunkohle geheizt. Noch wichtiger war die Kohle für die Entwicklung der Industrie. Ohne Kohle hätte die Eisenindustrie nicht aufgebaut werden können und wäre keine Dampflokomotive gefahren. Ohne Kohle hätte man künstliche Farbstoffe und viele andere chemische Produkte nicht herstellen können.

Und heute? Kohle ist ein wichtiger **Rohstoff** für unzählige Produkte und aus unserem täglichen Leben nicht mehr wegzudenken. Außerdem hat sie bei uns als **Energieträger** immer noch eine große Bedeutung.

Kohle als Rohstoff

In Kokereien wird Kohle in riesigen Öfen unter Luftabschluss mehrere Stunden lang stark erhitzt. Bei dieser Verkokung entsteht der Koks. Er wird zum Großteil als Brennstoff bei der Herstellung von Eisen in Hüttenwerken benötigt. Außerdem bilden sich bei dem Vorgang Nebenstoffe: Kokereigas, das zum Heizen verwendet wird, und flüssige Stoffe für die chemische Industrie.

❹ **Verwendung der deutschen Steinkohle 2000** (in Mio. t)

gesamt: 41,5

davon Kraftwerke: 30,5

Stahlindustrie: 10,0

Wärmemarkt: 0,7

Ausfuhr: 0,3

⑤ *Anlagen der chemischen Industrie*

⑦ *Kraftwerk*

Kohle als Energieträger

Kohle ist wie Erdöl und Erdgas ein Energieträger. Sie wird als Brennstoff verwendet. Beim Verbrennen entsteht Energie, die Wärme.

Die größte Menge an Kohle wird in Wärmekraftwerken verbrannt. Die entstehende Hitze verwandelt Wasser in Dampf. Der heiße Dampf wird unter hohem Druck über Turbinen geleitet. Dadurch werden diese sehr schnell bewegt und treiben dabei einen Generator an. Der Generator erzeugt Strom, ähnlich wie der Dynamo am Fahrrad. Über die Hälfte des deutschen Stroms wird durch Kohle erzeugt.

Umweltschutz im Kraftwerk

Kohle enthält von Natur aus nicht nur Kohlenstoff, sondern auch andere Stoffe, z. B. Schwefel. Bei der Verbrennung von Kohle entstehen deshalb schädliche Abgase sowie Asche. Um uns davor zu schützen, werden die Abgase in Kohlekraftwerken durch Filteranlagen vom Staub gereinigt und weitgehend entschwefelt.

1 *Warum war Kohle früher sehr wichtig?*
2 *Wozu wird heute*
   a) Steinkohle,
   b) Braunkohle verwendet?
   Benutze die Zeichnungen 4 und 6.
3 *Welche Umweltbelastungen entstehen bei der Verbrennung von Kohle?*

⑥ **Verwendung der deutschen Braunkohle 2000** (in Mio. t)

gesamt:
158,8

darunter Kraftwerke:
153,7

Wärmemarkt:
1,7

Kaum zu glauben

Die Ausmaße eines Schaufelradbaggers:

Höhe: 96 Meter

Länge: 225 Meter

Durchmesser des Schaufelrades: über 21 Meter

Der Bagger kann täglich bis zu 240 000 Tonnen fördern, so viel wie früher 40 000 Menschen mit Hacke und Schaufel.

❶ *Braunkohlentagebau*

Braunkohlentagebau Schleenhain

„Mann, der sieht ja aus wie ein riesiges Ungeheuer!" Tom, der mit seiner Klasse einen Ausflug in einen Braunkohlentagebau unternimmt, ist von der Größe des Schaufelradbaggers begeistert. Herr Oehler von der Besucherbetreuung erklärt: „Das Schaufelrad hat einen Durchmesser von 21 Metern. In jeder der 18 Schaufeln hat ein Auto bequem Platz. Das muss auch so sein, denn um an die 14 bis 20 Meter mächtigen Braunkohlenflöze heranzukommen, müssen große Mengen an Kies und Sand, die Deckschichten, abgetragen werden."

Die Klasse steht am Rand des **Tagebaus** und schaut in eine 100 Meter tiefe Grube. Sie sehen, wie die Kohlenbagger die dunkelbraune Kohlenschicht abtragen und auf die Transportbänder schütten. Auf diesen Bändern, die wie Schlangen

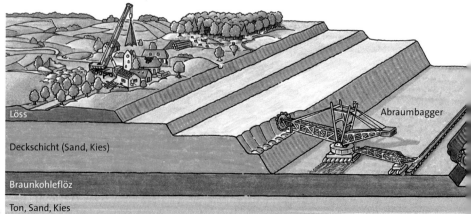

Löss

Deckschicht (Sand, Kies)

Braunkohleflöz

Ton, Sand, Kies

Abraumbagger

❷

aussehen, wird die Rohbraunkohle über eine Strecke von 38 km zum **Kraftwerk** oder zur Brikettfabrik transportiert.

Auf der Rückseite des Tagebaus wird die Grube wieder aufgefüllt. Als Abschluss wird fruchtbarer Boden aufgeschüttet. „Der kleine blaue See dort in der Grube", sagt Herr Oehler, „ist nicht etwa zum Baden für die Bergleute gedacht. Er zeigt den heutigen Grundwasserstand an. Würden wir nicht Tag und Nacht unsere Pumpen laufen lassen, wäre der Tagebau bald voll Wasser."

„Was war denn hier früher?", fragt Tom. Herr Oehler wird nachdenklich. „Noch vor 40 Jahren stand hier das Dorf Schleenhain. Die Menschen mussten ihre Häuser verlassen, Straßen wurden verlegt, Flüsse umgeleitet und wertvolles Ackerland ging verloren."

1 Beschreibe mithilfe von Karte 3 die Lage des Tagebaus Schleenhain.
2 Welche Aufgaben müssen bewältigt werden, bevor man die Braunkohle abbauen kann?
3 Arbeite mit Zeichnung 2. Beschreibe den Vorgang des Braunkohlenabbaus bis zur Rekultivierung.

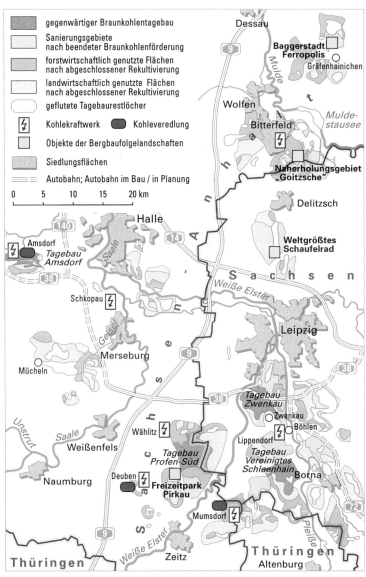

❸ **Flächennutzung in ehemaligen Tagebaugebieten**

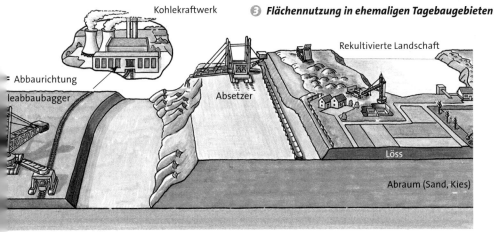

175

Mit der Lernkartei arbeiten

„Zum Verzweifeln! Das will einfach nicht in meinen Kopf!" Hast du die Erfahrung auch schon gemacht? Dann ist die **Lernkartei** für dich die richtige Methode, mit der du dir auch auf Dauer schwierigen Lernstoff einprägen kannst. Und Spaß macht es auch noch, weil du schon bald bemerkst, dass du Fortschritte machst. Die Lernkartei ist nämlich mit ihren fünf Fächern auf die Arbeitsweise unseres Gehirns abgestimmt. Dieses speichert wichtige Informationen unterschiedlich. Wenn sie nicht in gewissen Zeitabständen wiederholt werden, gehen sie verloren. Mit der Lernkartei werden sie immer wieder dann ins Gedächtnis zurückgeholt, wenn die Erinnerung nur noch sehr blass ist.

Einmal gehört und für immer behalten? Schön wär´s! Die Wirklichkeit sieht anders aus… Aber auf diesen Seiten erfährst du wichtige Tipps, wie man das Lernen lernen kann. Denn nicht nur für erfolgreiche Sportler, sondern auch für Lerner gibt es gezielte Trainingsmethoden.

❶ *Material für den Karteikasten: feste Pappe in DIN A4-Größe, Schere, Kleber oder Tacker; für die Lernkärtchen: Abreißzettel eines Stapelblöckchens*

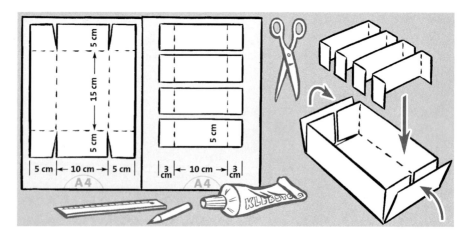

Karteikarten beschriften

Wenn du neuen Stoff lernen musst, nimmst du nur das als Aufgabe in deine Kartei auf, was besonders schwierig zu behalten ist. Das kann eine Frage, ein Lückentext, eine Zeichnung oder ein zu erklärender Begriff sein.

Wichtig: Pro Kärtchen darf nur eine Information abgefragt werden!

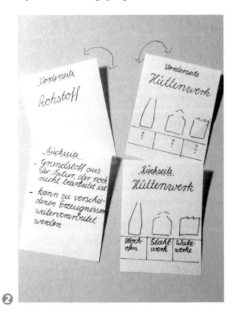

❷

Mit der Lernkartei arbeiten

1. Schritt: Nimm eine Karte aus dem ersten Fach heraus und löse die Aufgabe auf der Vorderseite. Auf der Rückseite überprüfst du dein Ergebnis.

2. Schritt: Eine richtig beantwortete Aufgabe wandert ins zweite Fach. Eine falsch beantwortete muss jedoch wie beim „Mensch ärgere dich nicht Spiel" zurück ins erste Fach.

3. Schritt: Die Karten aus dem ersten Fach wiederholst du täglich. Die weiteren Fächer nimmst du dir erst dann wieder vor, wenn sich ein Stapel darin angesammelt hat.

Hat ein Kärtchen alle Hürden bis zum fünften Fach durchlaufen, „sitzt" der Stoff garantiert in deinem Gedächtnis. Viel Spaß!

1 Bastle deinen Karteikasten.
2 Fülle Karteikärtchen mit dem Lernstoff der vorherigen Seiten aus.
3 Übernimm auch aus dem TERRA**Lexikon** unbekannte Begriffe in deine Lernkartei.

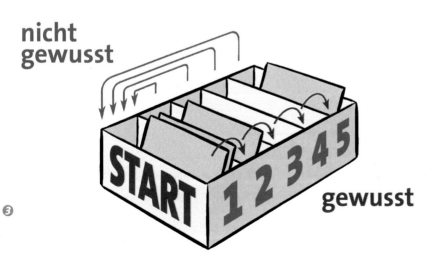

❸

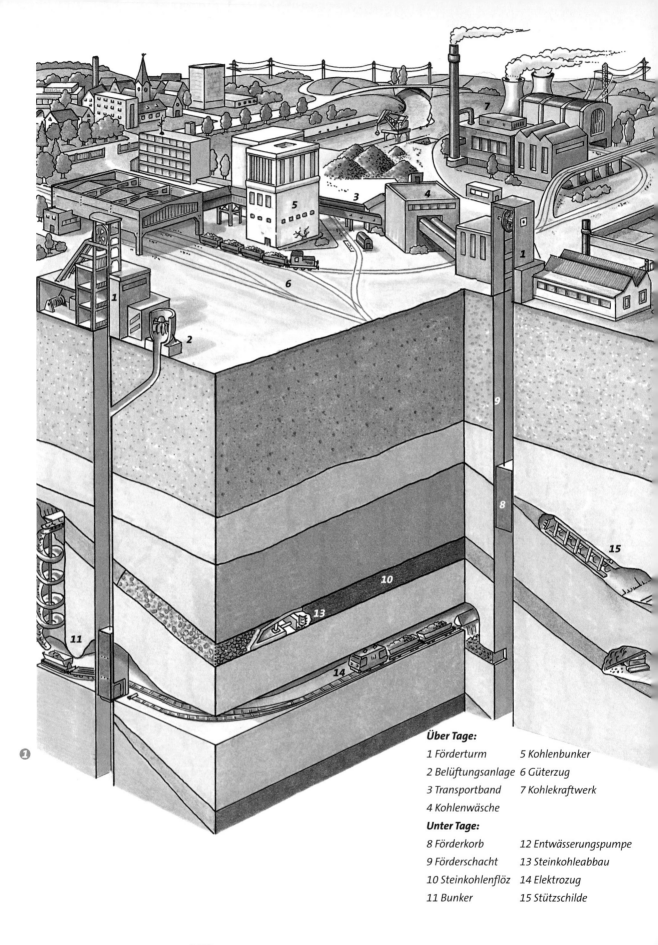

Über Tage:

1 Förderturm	5 Kohlenbunker
2 Belüftungsanlage	6 Güterzug
3 Transportband	7 Kohlekraftwerk
4 Kohlenwäsche	

Unter Tage:

8 Förderkorb	12 Entwässerungspumpe
9 Förderschacht	13 Steinkohleabbau
10 Steinkohlenflöz	14 Elektrozug
11 Bunker	15 Stützschilde

Steinkohlenbergbau

„Glück auf!" So grüßen die Bergleute einander. Sie sind auf dem Weg zu ihrem Arbeitsplatz im Bergwerk. Denn in Deutschland kann Steinkohle nur im **Untertagebau** gewonnen werden.

Unter Tage

In einem Förderkorb fahren die Bergleute mit 30 km/h bis in 820 m Tiefe. Dort geht es mit dem Elektrozug weiter in Richtung Abbau. Es wird deutlich schwüler. Hier in dieser Tiefe wäre es über 40 °C heiß, wenn nicht große Belüftungsanlagen kühle Frischluft zuführen würden. Aber auch bei 26 °C fällt es schwer zu arbeiten.

Weiter geht es mit Sesselliften und zu Fuß bis zum Abbau in 1 100 m Tiefe. Hier wird gerade ein 1,90 m mächtiges Kohlenflöz abgebaut. Auf über 300 m Länge stehen große bewegliche Stahlschilde nebeneinander. Sie stützen das Gestein darüber ab. Die Bergleute schneiden mit dem 20 Tonnen schweren Walzenschrämlader oder mit dem Kohlenhobel dicke Streifen Steinkohle aus dem Flöz. Die Kohle poltert auf ein Förderband. Mit dem Zug und dem Förderkorb wird sie an die Oberfläche geholt. In der Kohlenwäsche trennt man die Kohle vom Gestein, reinigt und sortiert sie.

Wandel im Steinkohlenbergbau

Im Steinkohlenbergbau hat sich im Laufe der Zeit vieles verändert. Früher brauchte man zahlreiche Bergleute, um das Flöz mit Spitzhacke und Schaufel abzubauen. Heute schaffen diese Arbeit mithilfe der modernen Technik viel weniger Bergmänner.

Die Bergwerke lagen zu Beginn des Steinkohlenabbaus an der Ruhr. Inzwischen wird die Steinkohle unter den Feldern des nördlichen Ruhrgebietes und sogar nördlich der Lippe abgebaut. Hinzu kommt, dass die deutsche Steinkohle starke Konkurrenz bekommen hat. Ausländische Steinkohle kann heute in Deutschland viel billiger angeboten werden. Außerdem verbrauchen wir auch viel weniger Kohle als früher.

1 Beschreibe den Weg der Steinkohle vom Flöz bis zum Kraftwerk.

2 a) Wie haben sich die Beschäftigtenzahlen und die Fördermengen im Steinkohlenbergbau entwickelt?
b) Nenne Gründe für eine solche Entwicklung.

Steinkohlenbergbau in Deutschland

	Beschäftigte		Förderung
1960	490 000		142 Mio. t
1970	253 000		111 Mio. t
1980	187 000		87 Mio. t
1990	130 000		70 Mio. t
2000	58 000		33 Mio. t

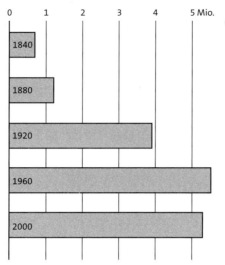

1 *Einwohner im Ruhrgebiet*

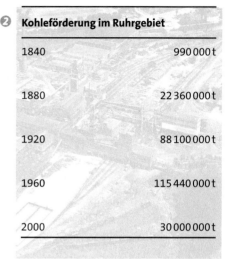

2 **Kohleförderung im Ruhrgebiet**

1840	990 000 t
1880	22 360 000 t
1920	88 100 000 t
1960	115 440 000 t
2000	30 000 000 t

Arbeit mit Tabelle und Diagramm

Die Menschen gruben schon im Mittelalter die Steinkohle an den Hängen des Ruhrtals heraus. Dort fanden sie die Kohleschichten an der Erdoberfläche. Später wurden dann Stollen angelegt, Gänge schräg in den Berghang hinein. So konnte man auch Kohle aus der Tiefe gewinnen.

Große Bergwerke mit tiefen Schächten wurden erst ab etwa 1850 gebaut. Inzwischen gab es Dampfmaschinen. Mit ihrer Hilfe konnte sowohl die Kohle aus der Tiefe gefördert werden als auch das Wasser, das sich in den Gruben sammelte. Nun entstanden immer neue Bergwerke, der Bergbau „wanderte" nach Norden bis zur Lippe. Je weiter nach Norden, desto tiefer lagern die Schichten mit den Kohleflözen. Immer tiefer mussten die Schächte gegraben werden.

Wer verbrauchte so viel Steinkohle? Ab 1840 wurden immer mehr Eisenbahnen gebaut. Die Dampfkessel der Lokomotiven wurden mit Kohle geheizt. Mit Koks wird Eisenerz zu Roheisen verhüttet. Auch die Hüttenwerke mit ihren vielen Hochöfen wurden „Großverbraucher". Dazu kamen noch die Kraftwerke und die vielen Haushalte: Die meisten Wohnungen wurden mit Kohle und Koks geheizt.

Die Krise im Ruhrgebiet begann 1960. Erdöl war damals billig. Eine Ölheizung ist auch viel einfacher zu bedienen als eine Wohnungsheizung mit Kohle. Die Krise der Stahlindustrie kam hinzu. Und in den modernen Hochöfen wurde zur Roheisen-Gewinnung auch viel weniger Koks benötigt. So wurde immer weniger Kohle verbraucht. Viele Bergwerke mussten geschlossen werden.

❸ **Bergwerke und Beschäftigte im Bergbau**

	Anzahl der Bergwerke	Anzahl der Beschäftigten
1840	221	9 000
1880	202	78 000
1920	196	470 000
1960	125	313 000
2000	9	55 000

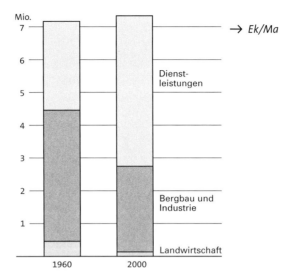

→ *Ek/Ma*

❹ *Beschäftigte in Nordrhein-Westfalen*

Was sagen Zahlen über die Entwicklung im Ruhrgebiet aus? Auf diesen Seiten findet ihr Beispiele.

Wie du mit Tabelle und Diagramm arbeitest:

1. Schritt: Orientiere dich über das Thema und darüber, für welchen Zeitpunkt oder Zeitraum Tabelle oder Diagramm gelten.

2. Schritt: Beschreibe die wichtigsten Aussagen der Darstellung: z. B. höchste und niedrigste Werte, eine Entwicklung, die abzulesen ist, ...

3. Schritt: Versuche, die Aussagen der Tabelle oder des Diagramms zu erklären. Hierzu brauchst du meist zusätzliche Informationen, z. B. den Vergleich mit anderen Zahlen, ...

1 *Beschreibe die Entwicklung der Einwohnerzahlen im Ruhrgebiet (Diagramm 1).*

2 *Bearbeite die Tabellen 2 und 3:*
   a) Erläutere die Entwicklung der
      – Kohleförderung,
      – Anzahl der Bergwerke,
      – Anzahl der Beschäftigten.
   b) Was sagt Tabelle 3 über die Größe der Bergwerke in den einzelnen Jahren aus?

3 *Erläutere das Diagramm 4.*
   Passt die Entwicklung im Ruhrgebiet zur Aussage des Diagramms?

4 *Vergleicht den Text mit den Materialien 1 – 4:*
   a) Welche Aussagen des Textes werden durch die Tabellen und Diagramme bestätigt?
   b) Wo sind weitere Informationen zum Verständnis der Materialien nötig?

Methode

181

② *Bohrinsel Snorre*

Erdöl unter der Nordsee

Aufwändige Suche

Überall suchen die Ölkonzerne nach Erdöllagerstätten: in Wüsten, tropischen Regenwäldern, am Rand des Polareises in Alaska oder in den Nadelwäldern Sibiriens.

Um eine Lagerstätte aufzufinden, braucht man genaue Kenntnisse über den Aufbau der Gesteinsschichten, die sich in Millionen von Jahren gebildet haben. Zu den Voruntersuchungen gehören das Auswerten von Satellitenfotos oder das Messen von Wellen, die durch Sprengungen erzeugt werden. Noch aufwändiger sind die Probebohrungen: Eine 5 000-Meter-Bohrung erfordert 30 Bohrmeißel. Das Bohrgestänge muss dazu jeweils in seine 30 m langen Teile zerlegt werden. Ein Meißelwechsel dauert dadurch 16 bis 20 Stunden. In Europa war die Suche lange Zeit vergebens.

1969 entdeckten die Norweger das ausgedehnte Ölfeld Ekofisk in 4 500 Meter Tiefe unter der Nordsee. Nur durch den Einsatz riesiger **Bohrinseln** war die Erschließung der großen Erdöl- und Erdgasvorkommen möglich.

1 Bestimme mithilfe des Atlas das jeweilige Land, zu dem folgende Erdöl- oder Erdgasfelder gehören: Gullfaks, K12, Ekofisk, Forties, Audrey, Skjold, Mittelplate.

2 Vergleiche die Entstehung von Erdöl mit der von Steinkohle.

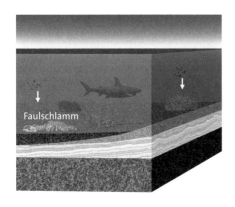

Wie Erdöl und Erdgas entstehen

Erdöl und Erdgas bilden sich wahrscheinlich aus den organischen Bestandteilen von winzigen Wassertieren und Wasserpflanzen, dem Plankton. Diese besiedelten schon vor Jahrmillionen in riesigen Mengen küstennahe, flache Gewässer.

Das abgestorbene Plankton sinkt auf den Boden der Gewässer und bildet dann mit Tonen, Sanden und Kalken mächtige Faulschlammschichten. Unter der Einwirkung von Druck, Wärme und Bakterien wandelt sich das abgestorbene Plankton der Faulschlammschicht in Erdgas und Erdöl um. So entsteht das Erdölmuttergestein.

Andere Ablagerungen überdecken mit der Zeit die Faulschlammschicht, die dadurch weiter zusammengepresst wird. Die winzigen Erdöltröpfchen und Erdgasteilchen wandern unter hohem Druck aus dem Erdölmuttergestein in Hohlräume der darüber liegenden Gesteinsschichten, in das so genannte Speichergestein.

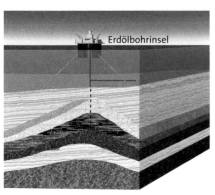

Wo undurchlässige Gesteinsschichten das Weiterwandern stoppen, bilden sich Erdöl- und Erdgaslagerstätten mit der typischen Anordnung: Wasser, darüber Erdöl, darüber Erdgas. Wird das Erdölspeichergestein angebohrt, kann Erdöl durch den Druck des begleitenden Erdgases und Wassers von selbst aus der Bohrmündung strömen.

❶ *Stromerzeugung in Deutschland (2001)*

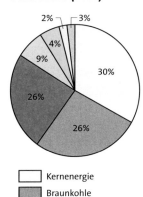

2% ⌐ ⌐3%
4%
9%
30%
26%
26%

▢ Kernenergie
▨ Braunkohle
▩ Steinkohle
▢ Erdgas
▢ Wasser
▢ Wind
▢ Sonstige (Erdöl, Müll, Sonne ...)

Da geht mir ein Licht auf!

E-mail für dich! In Sekundenschnelle ist die electronic mail, die elektronische Post, bei dir. Statt der guten alten Tinte musste lediglich etwas Strom aus der Steckdose fließen. Und man hat kein Papier verbraucht! Also auch fast keine Rohstoffe?

Stromerzeugung – ein Kraftakt

Von wegen! Der Strom muss erst in einem Kraftwerk, einer Fabrik für elektrischen Strom, erzeugt werden. Der meiste Strom wird in Deutschland in Wärmekraftwerken hergestellt. Diese arbeiten nach dem Prinzip deines Fahrraddynamos. Und wie fast alle Fabriken benötigt auch das Kraftwerk Rohstoffe: Steinkohle, Braunkohle, Erdöl oder Erdgas. Man nennt diese Rohstoffe, wie du weißt, Energieträger, weil sie in sich Energie gespeichert haben. Dies geschah vor vielen Millionen Jahren.

Durch die Verbrennung in Kraftwerken werden Rohstoffe unwiederbringlich vernichtet, denn sie erneuern sich nicht. Viele Menschen befürchten auch schädliche Auswirkungen der Verbrennung. Ein Teil des Stroms aus unseren Steckdosen wird in Kernkraftwerken erzeugt. Dabei entstehen zwar keine schädlichen Abgase, dennoch sind sie in der Bevölkerung wegen möglicher Störfälle umstritten. Auch ist noch nicht klar, was mit dem radioaktiven Abfall geschehen soll.

Geht es auch anders?

Sonne, Wasser und Wind zählen zu den **regenerativen**, d. h. erneuerbaren **Energiequellen**. Bei ihrer Nutzung entstehen zur Zeit noch ziemlich hohe Kosten. Außerdem sind vor allem Sonne und Wind bei uns nicht sehr verlässlich. Alle Formen der Erzeugung von elektrischem Strom können Probleme für die Umwelt mit sich bringen. Daher ist Energiesparen die beste Lösung.

❷ „Kraftwerk" Mensch	Wärmekraftwerk
„verbrennt" Nahrung (Energieträger)	verbrennt Rohstoffe (Energieträger)
wandelt Nahrung in Muskelkraft um	erhitzt damit Wasser
bewegt damit das Fahrrad	entstehender Wasserdampf bewegt Turbinen
Radbewegung treibt Dynamo an	Turbinen treiben Generator (großer Dynamo) an
Dynamo produziert Strom für Licht	Generator produziert Strom

❸

❹ **Experiment: Sonnenenergie nutzen**

Material: *Gartenschlauch, Wasser, Thermometer*

Durchführung: *Fülle den Gartenschlauch mit Wasser und lege ihn tagsüber in die Sonne.*

Auswertung: *Miss die Temperatur des Wassers vor dem Einfüllen und am Abend. Vergleiche die Messwerte und erkläre sie. Unterbreite Vorschläge, wie man die Erkenntnisse praktisch nutzen kann.*

1 a) *Nenne nicht erneuerbare und erneuerbare Energieträger.*

b) *Wo wird in deiner Umgebung aus erneuerbaren und nicht erneuerbaren Energieträgern Strom erzeugt?*

2 *Werte das Diagramm aus. Berücksichtige dabei die erneuerbaren und nicht erneuerbaren Energien.*

3 *Ein Tag ohne Strom! Schreibe auf, was dann alles nicht funktioniert.*

4 a) *„Die beste Energiequelle ist Energiesparen" – diskutiert in der Klasse über diese Aussage und unterbreitet Vorschläge.*

b) *Erfindet Sprüche zum Stromsparen, z. B.: „Gehst du aus dem Haus, knips alle Lampen aus".*

① *Das „nachhaltige Klassenzimmer"*

Nachhaltigkeit im Schulprogramm

Agenda 21

1992 trafen sich in Rio de Janeiro (Brasilien) die Vertreter von 178 Regierungen aus der ganzen Welt und beschlossen ein Programm zur Sicherung der zukünftigen Bedürfnisse der Menschheit: die Agenda 21.

Agenda kommt aus dem Lateinischen und bedeutet: Das was zu tun ist. 21 steht für das 21. Jahrhundert.

„Global denken – lokal handeln". Die **Agenda 21** fordert jeden zum Mitmachen auf. In Aachen zeigen Schülerinnen und Schüler mehrerer Schulen, wie man sich mit geringem Aufwand erfolgreich beteiligen kann.

In jeder Schule wird Energie verbraucht, fließt Wasser und entsteht Abfall. Dadurch wird nicht nur die Umwelt beeinträchtigt, sondern es entstehen auch beträchtliche Kosten.

Herr Balthasar, Lehrer am Rhein-Maas-Gymnasium, beschreibt die Zielsetzung des von der Stadt gestarteten Projekts: „Nachhaltigkeit bedeutet für uns, dass wir auch in der Schule schonend mit den Rohstoffen umgehen und die Umwelt möglichlichst wenig beanspruchen. Unser Projekt funktioniert, ohne

dass wir frieren oder im Dunkeln sitzen. Es schärft das Bewusstsein für Umweltfragen und bringt darüber hinaus auch noch Geld in die Kasse der Schule und der Stadt."

Projektbeschreibung

Die Schulen verpflichteten sich, weniger Strom, Wasser und Heizenergie zu verbrauchen als in den Jahren zuvor und die Abfallmenge zu senken. Die dadurch eingesparten Kosten werden wie folgt verteilt:

30 % für die Stadt,

30 % für die Schule zur freien Verfügung,

30 % für die Schule zur Finanzierung weiterer Einsparmöglichkeiten,

10 % für den Hausmeister für zusätzlichen Arbeitsaufwand.

❷ Einsparmöglichkeiten

Müll
1. Mülltrennung
2. Mehrwegverpackungen bei Speisen und Getränken
3. Einschränkungen beim Verbrauch

Heizung
1. Stoßlüftung (kurzzeitiges vollständiges Öffnen) statt dauerndes Kippen der Fenster
2. Berücksichtigung aller Wärmequellen zur Berechnung der benötigten Heiz‑energie
3. Installation von Thermostaten an den Heizkörpern

Strom
1. Jede zweite Lampe in den Fluren wird abgeschaltet. Das verbliebene Licht reicht völlig aus.
2. Der Hausmeister kontrolliert häufiger als zuvor, ob in nicht benutzten Räumen das Licht gelöscht wurde.
3. In den Klassenräumen werden die Lichtschalter beschriftet. Meist reicht es aus, die Hälfte der Beleuchtung einzuschalten.

Erfolge des Projekts

Nach anfänglichen Vorurteilen sind die Erfolge nun offensichtlich:
Mehrere Müllcontainer konnten abgemeldet werden, weil Verpackungen und Papier gesondert eingesammelt und dann kostenfrei zum **Recycling** abgeholt werden.

❸ Entwicklung des Verbrauchs am Rhein-Maas-Gymnasium

Jahr	1995	1998	1999	2000
Strom (kWh)	143 712	115 568	96 103	85 720
Wärme (kWh)	2 037 553	1 758 038	826 299	778 959
Wasser (m³)	1 907	1 865	1 945	1 517

Die in diesem Bereich eingesparten Mittel wurden teilweise zur Anschaffung neuer Abfallgefäße für die Klassenräume verwendet, um die Abfalltrennung zu erleichtern.

Die Stromkosten sanken beträchtlich. In der Sporthalle und in der Aula wurden vom Erlös neue Bewegungsmelder eingebaut, die das Licht nach einiger Zeit ausschalten, wenn der Raum nicht mehr benutzt wird.

Die höchsten Einsparungen gab es im Bereich der Heizenergie. Hier können nun weitere Verbesserungen an der Heizungsanlage finanziert werden, die die Einsparungen noch vergrößern werden. Schon im ersten Jahr konnten am Rhein-Maas-Gymnasium 26 512 Euro eingespart werden.

1 „Nachhaltigkeit im Klassenzimmer": Fertige eine Tabelle an und trage darin mithilfe der Zeichnung 1 und der Texte 2 die Einsparmöglichkeiten — nach Strom, Wärme, Wasser und Müll geordnet — ein.

2 Welche weiteren Möglichkeiten gibt es? Beschreibe die Tabelle 3 zur Entwicklung des Verbrauchs von Strom, Wärme und Wasser.

Kaum zu glauben
Über die Hälfte der zum Heizen benötigten Energie kann eingespart werden, wenn alle Wärmequellen eines Klassenraums mitgenutzt werden:
je Schüler: 100 Watt,
Licht: 100 Watt,
Sonne: 800 Watt.
Also: *Heizung niedriger stellen anstatt die Fenster unkontrolliert zu öffnen! In Kilowattstunden (kWh) wird der Verbrauch elektrischer Energie angegeben.*

Möglichkeiten zum Mitmachen bei der Agenda 21:
– Energiesparen zu Hause und in der Schule
– abfallbewusstes Einkaufen
– Einkauf im Eine-Welt-Laden
– Nutzung öffentlicher Verkehrsmittel

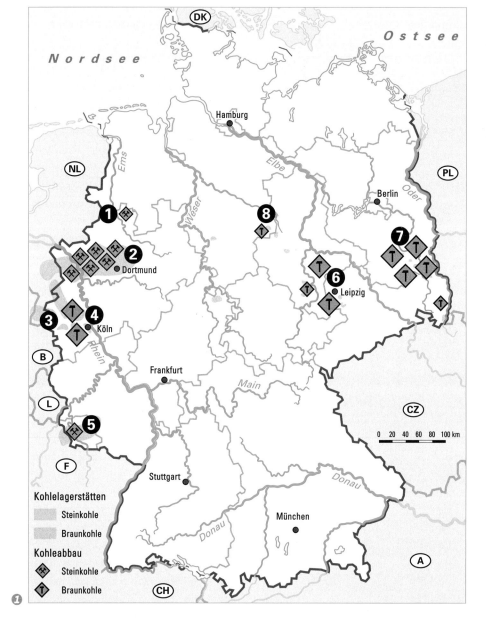

Wichtige Begriffe

Agenda 21
Bohrinseln
Braunkohle
Energieträger
Erdgas
Erdöl
Flöz
Kraftwerk
Recycling
Regenerative Energie-
quelle
Rohstoff
Steinkohle
Tagebau
Untertagebau

Kohlelagerstätten

Steinkohle

Braunkohle

Kohleabbau

◈ Steinkohle

◈ Braunkohle

1 *Richtig oder falsch?*

Verbessere die falschen Aussagen und schreibe sie richtig auf.

- *Die Bergleute grüßen sich mit „Schluck auf".*
- *Steinkohle wird in Deutschland nur im Untertagebau gefördert.*

- *Die Anzahl der Bergleute nimmt in Deutschland immer weiter ab.*
- *Die Bergleute fördern Koks im Bergwerk.*
- *Kohle ist ein Rohstoff für viele chemische Produkte.*
- *Bei der Umsiedlung ziehen die Menschen auf einen Campingplatz.*

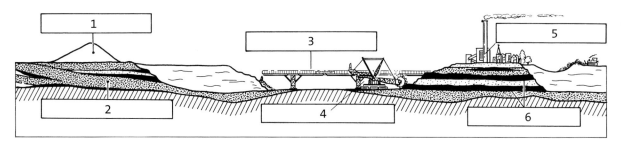

❷ Querschnitt durch einen Braunkohlentagebau

2 Ordne den Zahlen in der Zeichnung 2 folgende Begriffe richtig zu: Braunkohlenflöz, Förderbrücke, Kohlekraftwerk, Kies- und Sandschicht, Schaufelradbagger, Abraum.

3 Suche im Buchstabensalat fünf wichtige Voraussetzungen, damit Kohle entstehen kann.

G	S	B	P	Q	X	Y	B	V	J	M	K	F
L	U	F	T	A	B	S	C	H	L	U	S	S
S	M	B	A	K	H	U	G	I	M	P	O	Y
L	P	A	R	D	G	F	Y	P	Q	R	K	L
Z	F	O	J	V	W	Ä	R	M	E	J	M	B
Q	W	J	D	C	Q	N	M	N	K	G	O	L
Z	A	Q	D	R	U	C	K	C	B	T	O	X
T	L	K	S	R	U	L	H	S	R	Y	R	O
F	D	G	N	K	M	T	S	X	Z	C	Q	K

4 Findest du die Begriffe?

– Kohleschicht, die mehrere Meter mächtig sein kann.

– Nutzloses Gestein, das an die Seite geräumt werden muss, um an die Kohleschichten zu kommen.

– In diesem Betrieb wird aus Kohle Strom gewonnen.

– In dieser „Fabrik" wird aus Energieträgern Strom hergestellt.

– Sie werden benötigt, um Erdöl und Erdgas in der Nordsee zu fördern.

5 Arbeite mit Karte 1 und dem Atlas:

a) Ordne den Zahlen 1 bis 7 folgende Kohleabbaugebiete zu: Rheinisches Revier, Ruhrgebiet, Mitteldeutsches Revier, Lausitzer Revier, Saarrevier, Aachener Revier, Ibbenbüren

b) In welchen der genannten Gebiete fördert man Braunkohle, wo Steinkohle?

Teste dich selbst

mit den Aufgaben 2 und 3

6 Bilderrätsel

Löse die Bilderrätsel und erkläre die gesuchten Begriffe.

a

b

Industrieräume in Europa

Bodenschätze, Energie und Produktion sind die Grundlagen der Wirtschaft. In Europa gibt es große Industrieräume. Dort liegen Fabriken, Verkehrswege, Wohnviertel und Erholungsgebiete dicht beieinander. Welche Folgen ergeben sich dadurch für die Menschen, die dort leben und arbeiten?

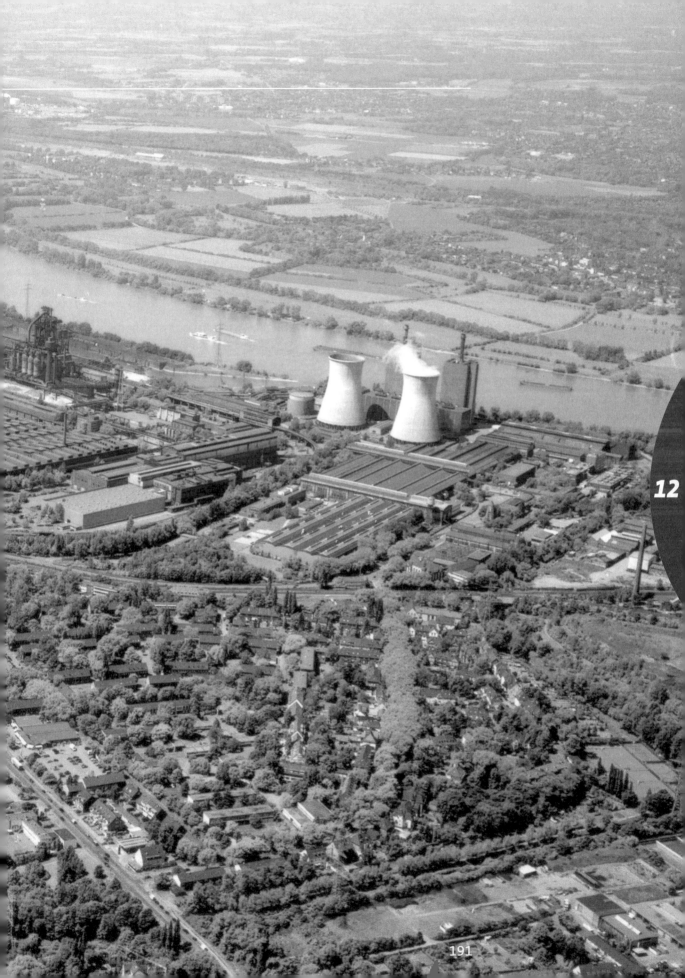

12

❶ *Hier wird hochwertiger Stahl veredelt*

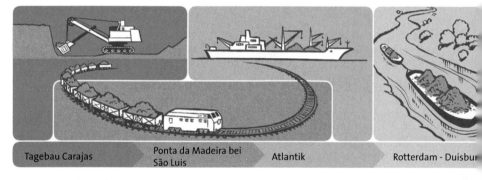

❷ | Tagebau Carajas | Ponta da Madeira bei São Luis | Atlantik | Rotterdam - Duisbur

Stahl aus Duisburg

Dein Fahrrad hat einen Stahlrahmen? Dann musste er schon eine lange Reise und heiße Prozeduren ertragen, ehe du beim Fahren ins Schwitzen gerätst.

Stahl kommt nämlich als Rohstoff in der Natur nicht vor. Unter Rohstoff versteht man einen Grundstoff aus der Natur, der noch nicht bearbeitet ist. Aber er kann zu verschiedenen Erzeugnissen weiterverarbeitet werden.

Der Rohstoff für Stahl ist Eisenerz, ein metallhaltiges Gestein. Weil in Deutschland kein ergiebiges Eisenerz mehr abgebaut werden kann, muss es aus Brasilien, Kanada, Schweden oder Australien **importiert**, d. h. eingeführt werden. Diese Erze sind „reich", weil sie zu einem großen Anteil aus Eisen bestehen. Sie können billig im Tagebau gewonnen werden.

Hüttenwerk: Vom Erz zum Stahl

Im Hochofen wird das Roheisen mithilfe von Koks, einer Veredlungsstufe von Kohle, und anderen Zusätzen bei höllischen Temperaturen von 1 500 °C aus dem Erz herausgeschmolzen.

Stahlwerk

Im Stahlwerk „kocht" man dann das flüssige Roheisen nach ausgetüftelten „Rezepten" computergesteuert zu hochwertigem Stahl in verschiedensten Qualitäten. Denn ein Flugzeug, das in die Luft geht, stellt andere Ansprüche an den Stahl als dein Fahrrad.

Der flüssige Stahl wird zu Maschinenteilen oder Stahlblöcken gegossen.

Roheisen

Stahlblöcke

Profilstahl,

Bleche

Hochofen

Stahlwerk

Walzwerke

Hüttenwerk Duisburg

Walzwerk

Die Blöcke kann man je nach Bedarf in Walzwerken ausformen: ganz dünn für ein Autoblech, rund für Rohre, eckig für Schienen... Diese Produkte werden an verschiedene Industriezweige weiterverkauft.

Nur hochwertiger, spezialisierter Stahl kann auf dem Weltmarkt bestehen. Denn andere Stahlerzeuger und auch Kunststoffe machen der deutschen Stahlindustrie Konkurrenz.

1 Beschreibe mithilfe des Atlas und Grafik 2 den Weg des Eisenerzes von Brasilien nach Duisburg.

2 Suche auch die anderen im Text genannten Erzlagerstätten im Atlas.

3 Begründe, warum man lange Transportwege für Erz in Kauf nimmt.

4 Beschreibe mithilfe der Grafik 2, wie aus Eisenerz ein Fahrradrahmen wird.

1 km² (Quadratkilometer) ist die Bezeichnung für eine Fläche von 1 km x 1 km:

1 m³ (Kubikmeter) ist der Inhalt eines Würfels von der Kantenlänge von 1 m x 1 m x 1 m:

Ein Chemieriese am Rhein

Violett, Blau und Rot – damit fing es an! Die 1834 ersten künstlich hergestellten Farbstoffe veränderten die Welt. Der Siegeszug der **chemischen Industrie** begann. Sie bildet heute einen der größten und wichtigsten Industriezweige. Der Kaufmann Bayer und der Färbermeister Weskott gründeten 1863 in Wuppertal eine Fabrik für künstliche Farbstoffe. 1891 kauften sie von Carl Leverkus eine Farbstofffabrik bei Wiesdorf, einem kleinen Fischerdörfchen nördlich von Köln, hinzu. Das große Gelände, viele Arbeitskräfte aus der Umgebung, vor allem aber die Lage am Rhein sprachen für diesen Standort. Massengüter wie Salze können günstig auf dem Wasserweg transportiert werden. Und das für die Produktion benötigte Wasser fließt direkt vor der Haustür. Gründe für die Wahl eines Industriestandortes nennt man **Standortfaktoren**.

Mit dem Chemiewerk wuchs Wiesdorf, das 1930 den neuen Namen Leverkusen erhielt. Die Stadt ist heute Firmensitz des weltweiten Chemieriesen.

Ich züchte gerade die eierlegende Wollmilchsau!

❶ *Das Bayer Werk in Leverkusen*

❷ *... und daraus werden mal Legos!*

Wenige Rohstoffe – viele Endprodukte
Aus einer kleinen Anzahl von Rohstoffen zaubert die chemische Industrie eine große Vielfalt von Produkten. Nur wenige davon kann man allerdings in einem Geschäft kaufen. Viele werden nämlich halb fertig an andere Fabriken verkauft, die daraus die dir bekannten Gegenstände herstellen. Die Produkte der chemischen Industrie werden praktisch in jeder anderen Industrie von der Elektronik bis zur Stahlerzeugung gebraucht.

194

❸ Zum Werk

3,4 km² Fläche Werksgelände;

ca. 8000 werkseigene Fahrräder;

23000 Mitarbeiter in Leverkusen,

118000 weltweit;

5000 verschiedene Produkte in

Leverkusen, 10000 weltweit;

Werksgelände mit 40 km Schienennetz;

50 km Straße; 1,4 km Kaianlagen;

keine Lagerhaltung; Massengüter wie Salze kommen täglich im Hafen an; 800 km

Rohrleitungsbrücken für Gase, Druckluft,

Dampf, Erdgas;

Autobahnanbindung;

800–1000 Lkw pro Tag;

40 % des Transportes laufen auf dem

Wasserweg, 50 % auf der Straße und

10 % auf der Schiene;

Wasserbedarf ca. 550000 m³/Tag,

zum Vergleich: Wasserbedarf eines

Vierpersonenhaushaltes 150 m³/Jahr;

eigenes Entsorgungszentrum mit

Kläranlage, Verbrennungsanlage und

Sondermülldeponie;

3 Feuerwachen

❹ Zauberhut Chemie

1 Arbeite mit Atlas, Text und Foto 1:
  a) Beschreibe die Lage des Chemiewerks.
  b) Nenne die Vorteile dieser Lage.
2 Erkläre anhand von Grafik 4 die Bedeutung der chemischen Industrie.
3 Welche in Text 3 genannten Bereiche des Werks erkennst du auf Foto 1?
4 Stelle mithilfe von Text 3 Umwelt- und Sicherheitsmaßnahmen des Werkes zusammen.

195

❶ *Endmontage in Mlada Boleslav*

Skoda – Motor für Tschechiens Wirtschaft

❷ **Boom in Skoda-City (Juli 2001)**

„Wir sind eine glückliche Stadt", stellt Svatoklup Kvaizar der Bürgermeister von Mlada Boleslav zufrieden fest. Dazu hat er auch allen Grund. In der 70 km von Prag entfernten Stadt blüht die Wirtschaft. Hier sind innerhalb der Tschechischen Republik die Löhne am höchsten und die Arbeitslosenzahlen am niedrigsten. Grund für diese Ausnahmestellung sind die Skoda-Automobilwerke, die hier ihren Hauptsitz haben. Fast 22 000 Beschäftigte arbeiten bei Skoda und noch mehrere Tausend bei **Zulieferern** in der Stadt und in der Region.

Das vergleichsweise hohe Einkommen beflügelt alle Wirtschaftszweige. Supermärkte und Einkaufszentren entstehen und auch die Gastronomie profitiert besonders davon.

Inzwischen sieht Svatoklup Kvaizar aber schon die Schattenseiten des Erfolgs für seine Stadt. In Mlada Boleslav und Umgebung gibt es keine Facharbeiter mehr, die von der wachsenden Automobilbranche dringend gebraucht würden. Es gäbe genug, die aus anderen Teilen Tschechiens kommen würden. Für diese aber gibt es keine Wohnungen.

Deutsch-tschechische Zusammenarbeit

Der Erfolg von Mlada Boleslav ist eine Geschichte mit vielen Kapiteln. Das vorerst letzte Kapitel begann im April 1990. Wie überall in der Tschechischen Republik gab es zu diesem Zeitpunkt auch bei Skoda große wirtschaftliche Probleme.

Durch die politischen und wirtschaftlichen Veränderungen in vielen Staaten Europas war der Markt für Skoda-Automobile eingebrochen. Neue Kunden waren nicht zu gewinnen, weil die Qualität der Autos nicht dem Standard der Autos aus Westeuropa entsprach.

❸ Stolze Mutter

„Stolz berichtet die Mutter VW über die Entwicklung ihrer Tochter Skoda in Mlada Boleslav in Tschechien. Als der Volkswagen Konzern 1991 bei dem traditionsreichen Automobilhersteller einstieg, steckte dieser in einer schweren Krise: Veraltete Produktionsanlagen und ein schlechter Ruf in Westeuropa standen auf der Negativseite. Dagegen konnte Skoda gut ausgebildete Facharbeiter und gute Beziehungen zu den wachsenden Märkten in Osteuropa bieten. Ein wichtiger Pluspunkt waren auch die sehr niedrigen Löhne in der Tschechischen Republik.

VW stattete die Tochter mit Geld und modernsten technischen Anla-gen im Automobilbau aus. Damit wurden neue Modelle entwickelt und Produktionsanlagen errichtet, die dem neusten Stand der Technik entsprechen. Mithilfe von Robotern werden die 4 000 Einzelteile, aus denen ein Auto vom Typ des Oktavia besteht, montiert. Täglich verlassen 1 700 Pkw das Band in Mlada Boleslav.

Für Tschechien ist der Erfolg von Skoda sehr wichtig. Überall im Land entstehen Zulieferer für die Automobilindustrie, die auch an andere europäische Automobilfirmen liefern. Allein Skoda ist mit etwa 10 Prozent an den **Exporten** (Ausfuhren) Tschechiens beteiligt."

❻ Monatslohn in Euro

Mlada Boleslav	468
Tschechien	369

Arbeitslose in %

Mlada Boleslav	3,7
Tschechien	8,6

❹ Entwicklung der Produktion und der Beschäftigten von 1991–2000

Jahr	produzierte Automobile	Beschäftigte
1991	172 074	20 000
1995	208 297	20 000
1996	263 193	21 000
2000	450 910	25 000

1 Nenne die Vorteile der Zusammenarbeit von VW und Skoda für beide Seiten.

2 Begründe die Aussage, das Auto ist der Motor der tschechischen Wirtschaft.

3 Erstelle mithilfe einer geeigneten Atlaskarte eine Tabelle mit den wichtigsten Industriestandorten der Tschechischen Republik.

❺ Rohstoffe für Skoda

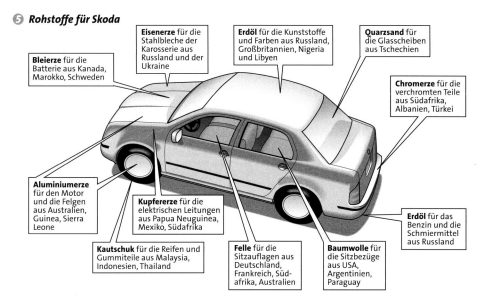

Eisenerze für die Stahlbleche der Karosserie aus Russland und der Ukraine

Erdöl für die Kunststoffe und Farben aus Russland, Großbritannien, Nigeria und Libyen

Quarzsand für die Glasscheiben aus Tschechien

Bleierze für die Batterie aus Kanada, Marokko, Schweden

Chromerze für die verchromten Teile aus Südafrika, Albanien, Türkei

Aluminiumerze für den Motor und die Felgen aus Australien, Guinea, Sierra Leone

Kupfererze für die elektrischen Leitungen aus Papua Neuguinea, Mexiko, Südafrika

Erdöl für das Benzin und die Schmiermittel aus Russland

Kautschuk für die Reifen und Gummiteile aus Malaysia, Indonesien, Thailand

Felle für die Sitzauflagen aus Deutschland, Frankreich, Südafrika, Australien

Baumwolle für die Sitzbezüge aus USA, Argentinien, Paraguay

„Wer, wie, was?" – Wir stellen Fragen

Bei einem Besuch eines Betriebes könnt ihr durch eine Befragung etwas über die Arbeit und über den Betrieb in eurem Ort herausfinden. Sicher könnt ihr etwas über die Gründe erfahren, warum sich der Betrieb gerade dort angesiedelt hat.

Ihr könnt eine Menge lernen, wenn ihr die Menschen dort befragt. Nebenbei lernt ihr auch noch interessante Berufe kennen.

Bei einer Befragung könnt ihr viel Neues und Spannendes erfahren. Dazu braucht ihr Mut und Köpfchen! Denn wer viel erfahren will, rennt nicht einfach los, sondern macht sich vorher Gedanken. Die Arbeitsschritte zeigen euch, worauf ihr achten solltet.

Was ihr für die Befragung braucht:

So könnt ihr eine Befragung durchführen:
1. Schritt: Die Befragung vorbereiten
Überlegt euch:
- *In welchen Betrieben wollen wir eine Befragung durchführen?*
- *Was wollen wir wissen und erfragen? Zum Beispiel:*
  - *was im Betrieb hergestellt oder verarbeitet wird;*
  - *wie viele Mitarbeiter der Betrieb hat;*
  - *warum sich der Betrieb in eurem Ort angesiedelt hat.*
- *Wen sollte man befragen, wer kann Auskunft geben: die Leiter der Betriebe, die Mitarbeiter?*
- *Wie wollen wir arbeiten: in Einzelarbeit, in Gruppen?*
- *Wer übernimmt welche Aufgabe, z.B. wer stellt die Fragen, wer schreibt auf?*
  Achtet dabei auf eine gerechte Verteilung der Arbeit.

Bestimmt gibt es noch viele Fragen, auf die ihr erst im gemeinsamen Vorbereitungsgespräch kommt. Sammelt sie und schreibt sie auf. So entsteht ein Fragebogen.

Wenn ihr alles gut vorbereitet habt, kann's losgehen.
Doch halt! Habt ihr alle Materialien dabei?

→ Ek/Deu

2. Schritt: Die Befragung durchführen

– Meldet euch rechtzeitig in dem Betrieb (oder den Betrieben) an.
– Erledigt eure Arbeitsaufträge gewissenhaft.
– Stellt die Fragen klar und deutlich und seid dabei freundlich.
– Beachtet die Anweisungen der Gesprächspartner in den Betrieben, z.B. zu besonderen Sicherheitsvorschriften.
– Macht eine Schlusskontrolle. Sind alle Fragen gestellt? Sind die Ergebnisse aufgeschrieben?

Bei der Befragung müsst ihr bedenken, dass die Menschen, die ihr befragt, bei ihrer Arbeit unterbrochen werden. Es könnte sein, dass man nur wenig Zeit für euch hat.

3. Schritt: Die Ergebnisse auswerten und präsentieren

– Die Arbeitsgruppen stellen ihre Ergebnisse vor.
– Was kann man aus den Antworten über den Betrieb (die Betriebe) lernen?
– Wie hat die Befragung geklappt: Was war gut? Was könnte man verbessern?
– Wie sollen die Ergebnisse verarbeitet werden, z.B. als
  - Wandzeitung,
  - Ergebnismappe,
  - Beitrag in der Schülerzeitung,
  - Ausstellung?

Dann können auch die anderen Schülerinnen und Schüler von euch lernen.

Befragung im Betrieb „metternich–Kühlmöbel GmbH"

Der Betrieb stellt Küchen und Einrichtungen her.
Besonders für Gaststätten.

Gründe für die Ansiedlung im Ort:
günstiges Bauland, gute Verkehrsanbindung

Berufe: Tischler, Elektriker, Bürokauffrau,
angelernte Mitarbeiter

Anzahl der Mitarbeiter:

Methode

199

❷ *Maschinensaal zur Garnherstellung*

Mutterland der Industrie

❶ *Britische Erfindungen*

1764 *erste mechanische Spinnmaschine*

1765 *erste direktwirkende Dampfmaschine*

1785 *erster mechanischer Webstuhl*

1804 *erste Dampflokomotive*

Vor über 200 Jahren begann in England eine Entwicklung, welche die ganze Welt und das Leben der Menschen verändern sollte. In der Textilherstellung kam es durch mehrere Erfindungen zu einer völlig anderen Produktionsweise. Was bisher mühevoll in Handarbeit verrichtet wurde, fertigten nun Maschinen schneller und besser. Fabriken mit ihren großen Maschinenhallen entstanden, das Zeitalter der **Industrialisierung** hatte begonnen.

Dampf treibt Maschinen an

Anfänglich wurden die Maschinen mit Wasserkraft, manchmal auch mit Zugpferden angetrieben. Mit der Dampfmaschine konnten die Maschinen noch schneller arbeiten. Weil man zum Heizen der Dampfmaschinen Kohle benötigte, wurden die neuen Textilfabriken in der Nähe von Kohlebergwerken errichtet.

Transportwege entstehen

Um die neuen Maschinen bauen und betreiben zu können, brauchte man immer mehr Steinkohle und Eisenerz. Wo beide zusammen vorkamen, wurden Hüttenwerke errichtet. Immer schneller mussten die Rohstoffe zu den Fabriken und die Fertigwaren zu den Verbrauchern gelangen. Transportwege, z.B. Kanäle und Eisenbahnlinien, wurden ausgebaut. Die Eisenbahn wurde zum wichtigsten Transportmittel.

Menschen erhalten Arbeit

Für den Bau von Eisenbahnen und Fabriken gaben die Banken Kredite. Das Bankwesen blühte auf. Die neuen Fabriken waren für viele Menschen, die auf dem Land keine Arbeit fanden, ein Ausweg. Oft waren sie bitterarm, schlecht bezahlt und von harter Arbeit gezeichnet, aber sie hatten eine Möglichkeit zu überleben.

Die Industrie verändert sich

Seit 1945 verlor Großbritannien seine Bedeutung als Industrie- und Handelsmacht. Ein tiefgreifender **Strukturwandel** setzte ein. Die Arbeitskräfte im Ausland stellten die Waren zu geringeren Löhnen her. Besonders in der Textilindustrie gingen dadurch viele Arbeitsplätze verloren. Aber auch der Maschinenbau und Schiffbau, die Eisen-, Stahl- und Automobilindustrie sowie der Bergbau bieten heute nur noch wenige Arbeitsplätze.

Diese Entwicklung wurde dadurch verstärkt, dass sich neue Industrien zunächst in der Gegend um London und in den West Midlands ansiedelten. Besonders wuchs die Region Südosten, wo modernste Industrien der Elektrotechnik und der Telekommunikation entstanden. Vorteilhaft waren dabei die internationalen Flughäfen, Universitäten und Forschungseinrichtungen sowie ein modernes Verkehrs- und Informationsnetz.

In Mittelengland sind viele stillgelegte Zechen und Fabriken heute nur noch Denkmäler der industriellen Entwicklung. Teilweise werden sie als Museen und Veranstaltungsorte für Ausstellungen, Konzerte oder Filmvorführungen genutzt und dadurch erhalten.

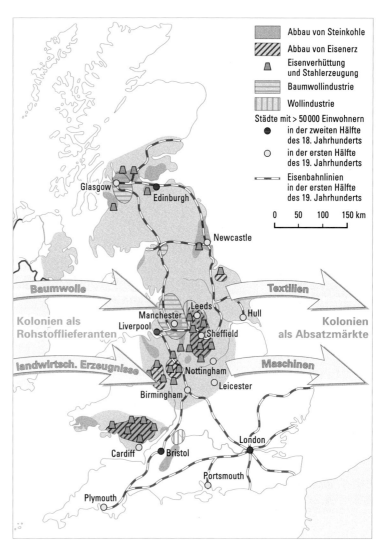

❸ *Frühe Industrie in Großbritannien*

1 *Erläutere welche Entwicklungen im Zeitalter der Industrialisierung die Produktion und das Leben der Menschen verändert haben. Schreibe einen kleinen Text.*

2 *Beschreibe den tiefgreifenden Strukturwandel in der britischen Industrie?*

3 *Suche mithilfe des Atlas Zentren der Industrie in Großbritannien heute.*

1 Findest du die Begriffe?

– Waren aus anderen Ländern einführen.
– Günstige Bedingungen, die zur Ansiedlung von Betrieben führen.
– Veränderungen in der Industrie eines Landes.
– Waren in andere Länder ausführen.
– Betrieb, der anderen Betrieben Teile zur Weiterverarbeitung zur Verfügung stellt.

2 Zum Knobeln

Deutschland ist ein führendes Industrieland, obwohl es kaum Rohstoffe hat. Findest du eine Erklärung?

3 Falsch verschluckt!

In der richtigen Reihenfolge stellt der Begriff etwas ganz Wichtiges für die Industrie dar. Erläutere an einem Beispiel.

4 Richtig oder falsch?

Verbessere die falschen Aussagen und schreibe sie richtig auf.

– In Europa gibt es nur wenige Industrieräume.
– In Deutschland wird viel Eisenerz abgebaut.
– In Duisburg wird Stahl erzeugt.
– Im Hochofen kocht man hochwertigen Stahl.
– Stahl wird nur beim Automobilbau benötigt.
– Viele Arbeitskräfte und leistungsfähige Verkehrswege sind wichtige Standortfaktoren.
– Skoda hat nur für die tschechische Wirtschaft Bedeutung.
– Großbritannien wird als „Mutterland der Industrie" bezeichnet.
– Die Industrie in allen Gebieten Großbritanniens nimmt einen rasanten Aufschwung.

5 Bilderrätsel

Löse die Bilderrätsel und erkläre die gesuchten Begriffe.

a

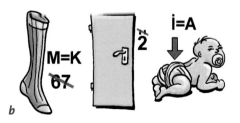

b

Wichtige Begriffe

Chemische Industrie
Export
Import
Industrialisierung
Standortfaktor
Strukturwandel
Zulieferer

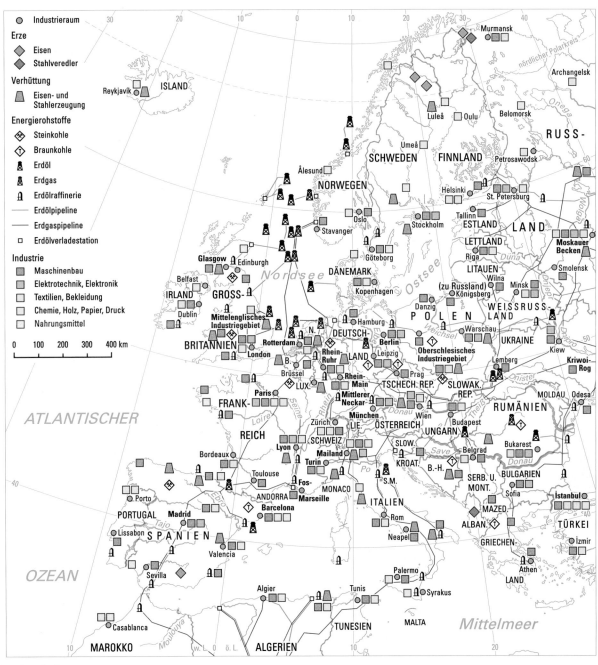

1 Industrieräume Europas

2 Name	**Land**	**Industrie**
Rhein-Ruhr	Deutschland	Eisen- und Stahl-erzeugung, chemische In-dustrie ...

6 Kennst du Industrieräume in Europa?

Übernimm Tabelle 2 in dein Heft und er-gänze sie mithilfe der Karte 1.

***Teste dich selbst** mit den Aufgaben 1 und 3*

Leben in Schnee und

Je weiter man sich den Polen der Erde nähert, desto kälter wird es. Wie können Menschen in den kalten Gebieten rund um den Nordpol leben, wie werden sie mit der Kälte fertig? Und wie hat sich ihr Leben durch Einflüsse von außen verändert?

Eis

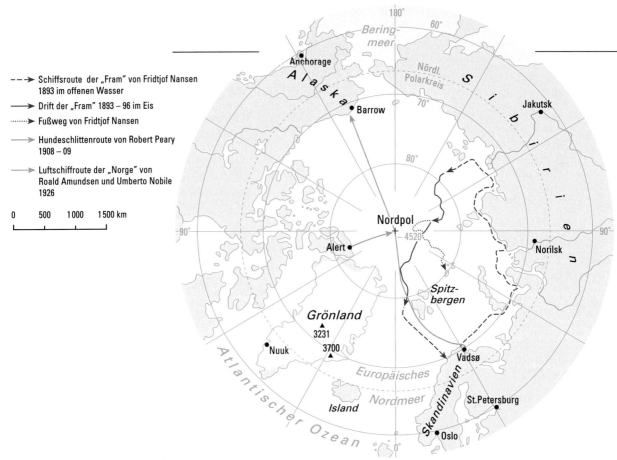

13

Legende:

- – – ► Schiffsroute der „Fram" von Fridtjof Nansen 1893 im offenen Wasser
- ───► Drift der „Fram" 1893 – 96 im Eis
- ·······► Fußweg von Fridtjof Nansen
- ───► Hundeschlittenroute von Robert Peary 1908 – 09
- ───► Luftschiffroute der „Norge" von Roald Amundsen und Umberto Nobile 1926

0   500   1 000   1 500 km

② *Forschungsreisen in der Arktis*

„All die Qual – wofür?"

① *Roald Amundsen*

Im Jahre 1909 durchquerte der Amerikaner Peary die **Arktis** und erreichte als Erster den Nordpol. Seine Helfer waren **Inuit**, nordamerikanische Arktis-Bewohner. Danach setzte der Wettlauf zum Südpol ein.

Der Wettlauf zum Südpol

Der Norweger Roald Amundsen hatte ursprünglich noch vor Peary den Nordpol erreichen wollen. Nun aber nahm er sich vor, der Erste am Südpol zu sein. Gleichzeitig versuchte auch der Brite Robert Falcon Scott den Südpol zu erreichen.

Beide Forscher begannen den Marsch auf dem Eiskontinent **Antarktis** im Oktober 1911, sie wählten aber unterschiedliche Routen. Außerdem rüsteten sie sich für den Marsch in der Zone des Ewigen Eises auch verschieden aus.

Amundsen

Der Norweger entschied sich für Hundeschlitten als Transportmittel. Hundeschlitten kannte er von den Inuit in den Nordpolargebieten. Er wusste, dass die Hunde zuverlässige und kältetaugliche Zugtiere waren. Im äußersten Notfall konnte man die schwächeren Tiere schlachten – als Futter für die anderen. Amundsens Vertrauen in die Inuit zahlte sich aus. Er und seine vier Begleiter erreichten am 14./15. Dezember den Südpol, auch wenn ihre Kräfte stark beansprucht worden waren.

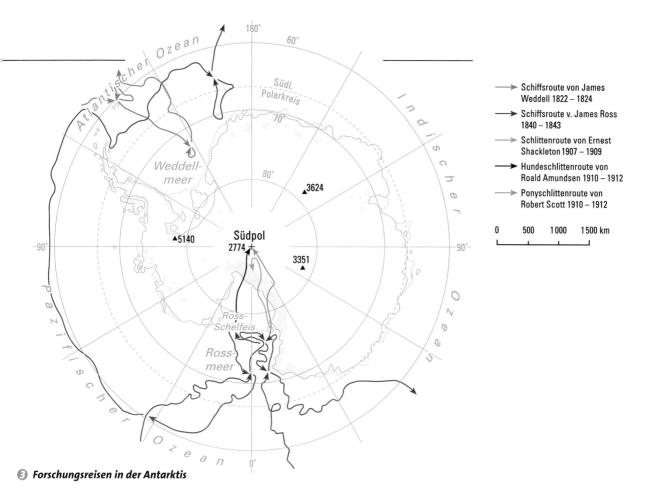

Legende:

⟶ Schiffsroute von James Weddell 1822 – 1824
⟶ Schiffsroute v. James Ross 1840 – 1843
⟶ Schlittenroute von Ernest Shackleton 1907 – 1909
⟶ Hundeschlittenroute von Roald Amundsen 1910 – 1912
⟶ Ponyschlittenroute von Robert Scott 1910 – 1912

0   500   1 000   1 500 km

❸ *Forschungsreisen in der Antarktis*

Scott

Scott hatte dagegen seine Expedition mit Ponys und damals modernen Motorschlitten ausgerüstet. Doch die Motoren fielen in der Kälte schnell aus, auch die Ponys waren nicht so gut an die Temperaturen angepasst wie die Schlittenhunde. Scott und seine Leute mussten deshalb die Schlitten schon bald selbst ziehen. Das war in der großen Kälte eine Qual und verbrauchte sehr viel Energie. So wurden die Männer immer schwächer.

Zwar erreichten auch sie den Südpol, doch erst fünf Wochen später als Amundsen. Auf dem Rückweg starben sie völlig entkräftet und ausgehungert.

Sie waren nur einen Tagesmarsch vom rettenden Camp entfernt: Ein Schneesturm hatte sie gestoppt. Zwei Wochen später fand man ihre Leichen und die Tagebücher mit dem berühmten Eintrag Scotts: „All die Qual – wofür?"

1 *Erläutere, warum Amundsen für den Marsch über das Eis besser ausgerüstet war.*
2 *Verwende die Karten 2 und 3 und vergleiche Arktis und Antarktis:*
   a) Wo gibt es Unterschiede?
   b) Welche Gemeinsamkeiten stellst du fest?

❹ *Robert F. Scott*

Lärm verscheucht die Seehunde von den anderen Atemlöchern.

An diesem Stab erkennt der Jäger, ob der Seehund am Atemloch ist.

❶ Seehundjagd am Eisloch

❸ Ein Iglu im Bau und wie man darin lebt

❷ Jagdtiere der Inuit

Walross

Lachs

Leben der Inuit – früher

Im Winter lebten die Inuit an der Küste. Sie wohnten in Hütten aus Steinen und Torf. Manche Inuit bauten sich Hütten aus festen Schneeblöcken, die Iglus. Auf dem Eis der zugefrorenen Meeresbuchten jagten die Inuit vor allem Seehunde und Eisbären. Für die Jagd und auch für weitere Reisen zu Freunden und Verwandten benutzten sie Hundeschlitten.

Im Sommer zogen die Inuit landeinwärts an die Flüsse. Die Familien lebten hier in Zelten. Sie jagten Fische oder auch Karibus (Rentiere). Frauen und Kinder sammelten Vogeleier, Kräuter und Beeren.

Alles, was die Inuit zum Leben brauchten, lieferten die Jagdtiere: Fleisch und Fett als Nahrung; Felle und Leder für die Zelte und für die Kleidung, für Hemden, Hosen, Schuhe, Anoraks; Fett und Tran für Lampen. Sogar die Kajaks, die sie zur Jagd benutzten, waren aus Knochen und Seehundsfellen hergestellt.

Erste Verbindung nach außen

Vor über hundert Jahren entstanden die ersten Missions-Stationen. Damit begann der Kontakt der Inuit zur Bevölkerung im Süden Kanadas. Bald wurden Handelsstationen errichtet. Die Inuit konnten Fuchspelze und andere Tierfelle verkaufen und Waren aus dem Süden einkaufen. Die Missionare bauten auch Schulen und Krankenstationen.

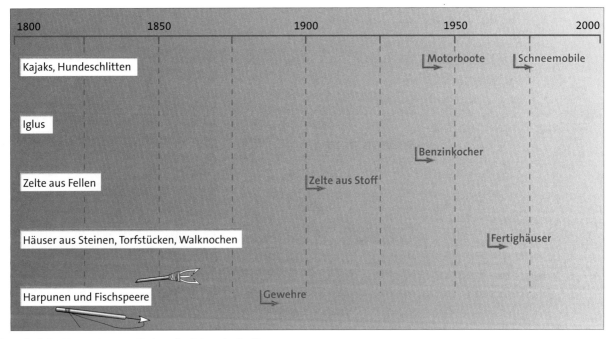

1800	1850	1900	1950	2000

Kajaks, Hundeschlitten

Motorboote

Schneemobile

Iglus

Benzinkocher

Zelte aus Fellen

Zelte aus Stoff

Häuser aus Steinen, Torfstücken, Walknochen

Fertighäuser

Harpunen und Fischspeere

Gewehre

④ *Technische Neuerungen verändern das Leben der Inuit*

Arbeit auf Walfang-Schiffen

Später kamen Walfänger. Sie errichteten Lager im Gebiet der Inuit um während des Sommers mit Schiffen auf Fangfahrt zu gehen. Die Inuit verstanden sich auf den Walfang, sie hatten für ihren eigenen Bedarf auch früher Wale gejagt. Nun fanden sie Arbeit auf den Fangschiffen und konnten damit Geld verdienen. Sie lernten neue Gegenstände für den Haushalt und Geräte für die Jagd kennen – und auch den Alkohol.

Schulen und feste Häuser

Immer mehr Familien änderten ihre Lebensweise. 1950 führte die Regierung die Schulpflicht ein. Nun übersiedelten viele Inuit-Familien in die Dörfer, wo die Regierung Häuser für sie baute. Schließlich kam die „Öl-Zeit": Mehrere Firmen suchten vor der Küste nach Erdöl und Erdgas. Auf den Bohrschiffen gab es für die Inuit Arbeit. Doch nach kurzer Zeit zogen die Unternehmen wieder ab.

1 *Inwiefern hatten die Inuit ihr Leben an die Naturbedingungen angepasst? Verwende den Text und die Zeichnungen 1 und 3.*

2 *Die frühere Lebensweise der Inuit bezeichnet man als „Selbstversorgung". Was ist damit gemeint?*

3 *Wie hat sich die Lebensweise der Inuit verändert? Lest den Text auf dieser Doppelseite und sprecht über die Zeichnung 4.*

Eisbär

Karibu (Rentier)

① *Fischen am Eisloch im Winter*

② *Das Inuit-Sommerlager von Juni bis September*

Das Inuit-Dorf Paulatuk

Die riesige Antenne für Satellitenempfang fällt zuerst auf, ebenso eine Planierraupe und das Kühlhaus. Etwa 40 Häuser hat Paulatuk, 230 Menschen leben hier.

Vor fast jedem Haus steht ein Schneemobil für den nächsten Winter bereit. Auch drei Hundegespanne gibt es noch im Dorf.

Im Jagdlager

Etwa eine Stunde brauchen die Inuit mit dem Motorboot um das Jagdlager am Fluss zu erreichen. Geschickt sind die jungen Männer bei der Arbeit: Netze einholen, Fische herausnehmen und zum Trocknen aufhängen; einen Karibu schießen und schlachten, das Fell aufspannen; das Lager richten. Während aus dem Kofferradio laute Musik kommt, brät in einer Pfanne auf dem Benzinkocher ein Stück Karibu-Fleisch. Etwa ein Dutzend Jäger gibt es in Paulatuk. Sie versorgen ihre Familien mit Fisch und Fleisch. Im Sommer hängen im Kühlhaus große Lachse, eine Delikatesse der Arktis. Mit dem Flugzeug werden sie nach Süden in die großen Städte geflogen. Zwei Dollar pro Kilo bekommen die Inuit dafür. Ob sie wissen, was eine Portion Lachs in den Supermärkten kostet?

Das Schiff bringt Waren

Ende Mai, wenn die Bucht eisfrei wird, legt das Frachtschiff in Paulatuk an. Dann sind die Regale im Laden wieder gut gefüllt mit Lebensmitteln, mit Konservendosen, Schokolade und Getränken. Auch Gegenstände für den Haushalt sowie Geräte für die Jagd und den Fischfang sind nun wieder vorrätig.

Menschen in Paulatuk

Albert Ruben ist der Dorfverwalter. Auch andere haben einen Job vom Staat, ein festes Gehalt: Charly holt im Tankwagen Trinkwasser aus dem nahen See; Ray verwaltet die Wohnungen; Nelson

③ Paulatuk im Winter: Schneesturm, -40 °C

hält die Flugzeug-Landebahn in Ordnung; Joe betreut das Wetteramt. Ähnlich ist es in den anderen Inuit-Dörfern. Familien, die sichere Einkünfte haben, gehen kaum noch zur Jagd oder zum Fischfang. Sie kaufen ihre Lebensmittel im Laden. Und es gibt viele Inuit, die keine Arbeit haben und sich auch nicht selbst versorgen können. Sie leben von der staatlichen Fürsorge.

Unterricht in der Schule

Das wichtigste Fach in der Schule ist Englisch. Wenn man Englisch versteht, macht auch das Fernsehen viel mehr Spaß. Fast das gesamte Programm wird in englischer Sprache gesendet. Nur selten gibt es Sendungen in Inuktitut, der Inuit-Sprache. Da der Sprachunterricht auf Englisch beschränkt ist, wird das Verstehen zwischen Jung und Alt schwierig. Denn viele alte Inuit sprechen nur Inuktitut. Mit der Sprache wird auch ein wichtiger Teil der Inuit-Kultur verschwinden.

④ Sprachunterricht in der Schule

1 *Sommer und Winter in Paulatuk. Beschreibe die Fotos 1–3.*
2 *Das Leben der Menschen in Paulatuk ist teilweise dem Leben bei uns ähnlich, teilweise aber auch ganz anders. Verwende Text und Fotos und notiere*
a) Ähnlichkeiten,
b) Unterschiede.

Inuktitut
heißt die Inuit-Sprache. Auch ihr kennt Wörter aus dieser Sprache.
Anorak
ist die kurze Jacke, die die Inuit zum Boot fahren benutzen.
Iglu
heißt eigentlich „Haus", wird häufig nur für ein Haus aus Schneeblöcken verwendet.
Kajak
ist ein leichtes Paddelboot mit einem Gerüst aus Walknochen und bespannt mit Robbenhäuten.
Parka
ist eine lange Jacke aus Fell.

❶ *Tromsø (Norwegen), 13 Uhr*

❸ *Tageslauf der Sonne am Nordkap*

Polartag und Polarnacht

❷ In einer Schule im Norden von Norwegen: Ein Februartag, kurz vor Mittag. Immer wieder sah unser Lehrer auf seine Uhr. Plötzlich rief er: „Jetzt!" Alle stürmten aus dem Klassenzimmer, rissen die Jacken von den Haken, stülpten sich die Mützen über den Kopf und stürzten hinaus. Der Himmel war rot. Vor dem Schulhof blieben sie stehen, starrten nach Süden und warteten.

Plötzlich wurde es still. Ein ganz, ganz kleines Sonnenkäppchen kam aus dem Meer gestiegen. Und zugleich donnerte ein Kanonenschuss über die Bucht. Das war ein Gruß an die Sonne. Noch bevor der zweite Schuss ertönte, brach lauter Jubel aus allen Kehlen. Es war ein Freudengeschrei.

Die Sonne sandte ein paar starke Strahlen über die Insel. Man spürte sie im Gesicht. Die Kinder schrien und trampelten weiter im Schnee. Sie konnten nicht anders.

Es dauerte nur kurze Zeit. Das rote Käppchen wurde kleiner und kleiner und versank wieder im Meer. Nun sah alles noch grauer und dunkler aus als vorher. „Aber morgen kommt sie wieder, die Sonne", flüsterte jemand.

Leben im Dunkeln

Polarnacht heißt die Zeit, in der im Winter die Sonne nicht aufgeht. In Tromsø in Nordnorwegen wird es dann viele Wochen nicht hell.

Die Menschen stehen morgens auf, gehen arbeiten, kommen nach Hause, gehen schlafen—und den ganzen Tag ist es dunkel. Im Dunkeln gehen die Kinder zur Schule, es ist dunkel, wenn sie zu Mittag essen, ihre Hausaufgaben machen oder spielen.

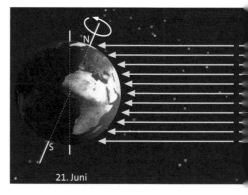

21. Juni

❹ *Beleuchtung der Erde*

Die Sonne geht nicht auf...

Woran liegt das? Tromsø liegt nördlich des **Polarkreises.** Am nördlichen Polarkreis berührt die Sonne am 21. Dezember um Mittag den Horizont gerade eben ohne aufzugehen. Es bleibt den ganzen Tag dunkel. Je weiter man von hier Richtung Norden geht, desto länger dauert die Polarnacht – am Nordpol selbst bleibt es schließlich sogar ein halbes Jahr lang dunkel.

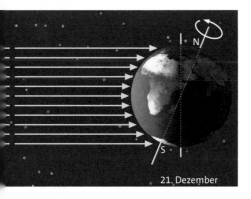

21. Dezember

...oder nicht unter

Im Sommer ist es umgekehrt: Die Sonne geht nicht unter. Sie scheint auch um Mitternacht: die **Mitternachtssonne.** Es ist dann **Polartag.** Er dauert Tage, Wochen oder sogar Monate – je nachdem, wie weit man nach Norden geht. Am Nordpol dauert der Polartag wieder am längsten: ein halbes Jahr.

1 a) Beschreibe den Tageslauf der Sonne am Nordkap (Fotoreihe 3).
   b) Zu welcher Jahreszeit wurde die Fotoreihe aufgenommen?
2 Arbeite mit dem Atlas:
   a) Auf welchem Breitengrad liegen die Polarkreise?
   b) In welchen Ländern Europas kannst du den Polartag erleben?
3 Welche Auswirkungen haben Polartag und Polarnacht auf das Leben der Menschen?
4 Erkläre, wie Polartag und Polarnacht entstehen (Grafik 4).

Nordkap

ist ein Felsvorsprung im Norden Norwegens.

① Mitternacht

1 *Mitternacht und trotzdem hell (Foto 1). Erkläre.*

2 Richtig oder falsch?
Verbessere die falschen Aussagen und schreibe sie richtig auf.
- *Die Arktis und die Antarktis sind Kontinente.*
- *Eine Polarnacht am Nordpol dauert ein halbes Jahr.*
- *Scott und Amundsen lieferten sich ein Wettrennen in der Antarktis.*
- *Den Polartag kann man auch am Äquator erleben.*
- *Inuit leben auf der Nordhalbkugel.*
- *Der Südpol wurde vor dem Nordpol von Forschern erreicht.*

3 Bilderrätsel
Löse die Bilderrätsel und erkläre die gesuchten Begriffe.

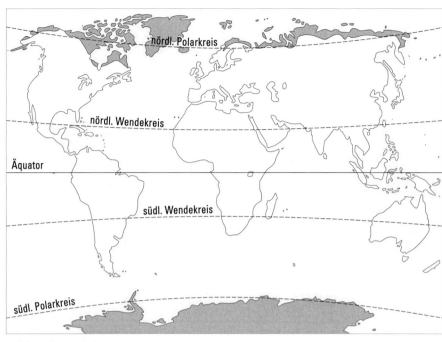

Teste dich selbst

mit den Aufgaben 3a und 6

❷ *Arktis und Antarktis*

4 Ein Lückentext zur Arktis

Schreibe den Lückentext ab und setze folgende Wörter richtig ein:
Inuit – jagen – Polartag – Arktis – nördlichen Polarkreis – Polarnacht – fischen – Iglus – Großteil – Regionen – Temperaturen – Antarktis

Das Gebiet um den Nordpol heißt … . Es wird etwa durch den … abgegrenzt. Das Polargebiet um den Südpol ist die … . In den arktischen … leben die … . Sie haben sich in ihrer Lebensweise an die niedrigen … und an den Wechsel zwischen … und … angepasst. Manche Inuit gehen noch wie früher … und … . Dann sind sie wochenlang unterwegs und bauen sich …, um sich vor der Kälte zu schützen. Der … der Inuit lebt heute jedoch dauerhaft in Dörfern und Städten.

5 Wer kennt sich aus?

Bearbeite Karte 2 mithilfe des Atlas: Welche Staaten haben Anteil an den Kältegebieten der Erde?

6 Findest du die Begriffe?

- Zeit, in der die Sonne nicht untergeht.
- Name der nordamerikanischen Arktis-Bewohner.
- Hütten aus Schneeblöcken.
- Eine Lebensweise, bei der alles, was man zum Leben braucht, selbst gejagt, angebaut oder hergestellt wird.

Training

Im Tropischen Rege

Leben im Tropischen
Regenwald – kannst
du dir das vorstellen?
Wie sieht es dort aus?
Regnet es ständig?
Was gibt es zu essen?

vald

14

Was für ein Wald!

Herr Grün geht auf Forschungsreise, das Ziel ist der **Tropische Regenwald**. Er ist Biologe und hofft, dort neue Pflanzenarten zu entdecken. Denn nirgendwo auf der Erde ist die Pflanzenwelt so üppig und unerforscht wie in diesen Wäldern. Hier gibt es noch viel zu untersuchen!

Stockwerkbau

Zunächst fallen die Baumriesen auf. Sie sind bis zu 70 m hoch und überragen das geschlossene Blätterdach der anderen Bäume, die nur 24–35 m hoch sind. Eine dritte untere Baumschicht erhält nur wenig Licht. Hier wachsen junge Bäume, kleine Palmen und große Farne, die 8–20 m hoch werden. Der Waldboden schließlich ist zu dunkel für Pflanzen. Ihn durchziehen lange verzweigte Baumwurzeln, die nicht weit in die Tiefe reichen.

Nährstoffkreislauf

Das viele Laub, absterbende Stämme, abfallende Früchte und Äste bilden auf dem Boden eine dicke Schicht. Hitze, Feuchtigkeit sowie Pilze auf den Baumwurzeln zersetzen sehr schnell die abgestorbenen Pflanzenteile und setzen dabei Nährstoffe frei, die Pflanzen zum Wachsen benötigen. Diese Nährstoffe werden von den flachen Wurzeln in der oberen dünnen Bodenschicht sofort wieder aufgenommen, bevor der Regen sie fortwaschen kann. So entsteht ein **Nährstoffkreislauf** zwischen lebenden und vermodernden Pflanzen. ❶

30 cm

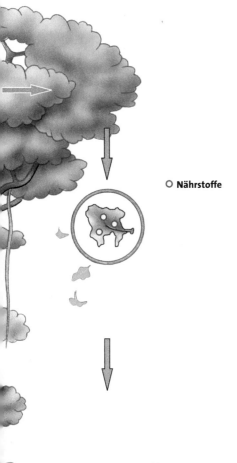

O **Nährstoffe**

Artenvielfalt

Auch Lianen haben am Boden ihre Wurzeln. Von hier klettern sie entlang der Baumstämme nach oben zum Licht, wo sie ihre Blüten entfalten. Dagegen sitzen Orchideen zu Tausenden in verschiedenen Höhen auf den Ästen der Bäume und lassen ihre Wurzeln in die Luft hängen: Sie gehören zu den Aufsitzerpflanzen. Knospen, reife Früchte, Blüten, gelbe und grüne Blätter – im **immergrünen Regenwald** kann man das alles das ganze Jahr nebeneinander beobachten. Auf der Fläche eines Fußballfeldes wachsen hier bis zu 100 unterschiedliche Baumarten. In unseren Mischwäldern finden wir auf einer solchen Fläche höchstens 10 Arten.

Doch nicht nur die Pflanzenwelt ist einzigartig. Auch die Artenvielfalt der Tiere im Tropischen Regenwald ist einmalig. Riesenschlangen, Affen, Kolibris, Insekten, …: Mehr als eineinhalb Millionen unterschiedliche Tierarten sind hier zu Hause. Genau richtig also für die Forschungsreise von Herrn Grün!

❷ *Orchidee*

❸ *Pfeilgiftfrosch*

1 Nenne mithilfe des Atlas Länder mit Anteil am Tropischen Regenwald.
2 Arbeite mit der Zeichnung 1:
   a) Ordne den Buchstaben A–D Pflanzen des Regenwaldes zu und beschreibe ihr Aussehen.
   b) Beschreibe den Nährstoffkreislauf des Tropischen Regenwaldes.
   c) Warum spricht man vom Stockwerkbau des Tropischen Regenwaldes?
3 Vergleiche den Tropischen Regenwald mit unserem Wald.

Heiß und feucht

Peter und Katrin streiten sich: „Natürlich können im Winter bei uns keine Orchideen blühen", meint Peter. „Na, dann komm mal mit in den Palmengarten in Frankfurt, du wirst staunen!", erwidert Katrin. Sie führt Peter in ein „Haus", dessen Wände und Dach aus Glas bestehen. Schon beim Eintreten fangen die beiden an zu schwitzen. Unter dem Glas staut sich die Wärme und vermischt sich mit viel Feuchtigkeit zu einem „Treibhausklima". Hier wachsen die fremdesten und farbenprächtigsten Pflanzen. Katrin bleibt vor einer blühenden Orchidee stehen: „Siehst du, ich habe doch Recht!" „Das ist ungerecht", sagt Peter. Aber kannst du mir die Blumen im Winter auch im Freien zeigen?"

Das kann Katrin natürlich nicht, dafür müssten sie weit reisen: in den Tropischen Regenwald. Dort ist das Jahr nicht wie bei uns durch Jahreszeiten unterteilt. Den Wechsel zwischen Sommer und Winter gibt es nicht. Es ist das ganze Jahr über sehr warm, meist jeden Tag über 25 °C. Der Himmel ist oft wolkenverhangen und es regnet häufig. Mehr als 1500 mm Nieder-schlag fallen im Jahr, das ist zweiein-halbmal so viel wie in Frankfurt/Main. Pflanzen können in dieser feuchthei-ßen Luft das ganze Jahr über blühen und wachsen.

Temperatur und Niederschlag messen

An einem Thermometer werden täglich zu drei festen Zeiten (7, 14 und 21 Uhr) die **Temperaturen** abgelesen. Die Abendtemperatur wird zweimal gezählt, die vier Werte werden addiert und dann durch vier geteilt. So erhält man die mittlere Tagestemperatur. Wenn man alle Tagesmittelwerte eines Monats addiert und die Summe durch die Anzahl der Tage des Monats teilt, ergibt sich die mittlere Monatstemperatur.

Die **Niederschläge** werden in Sammel-gefäßen aufgefangen und täglich ge-messen. Die Messgefäße haben eine Millimetereinteilung. Steht das Wasser 2 mm hoch, so sagt man, es hat 2 mm an diesem Tag geregnet. Addiert man alle Tagesergebnisse, so erhält man die Monatsniederschlagsmenge.

In den Diagrammen (Bsp. Manaus) wer-den auch die Jahrestemperatur (27 °C) und der Jahresniederschlag (2272 mm) angegeben.

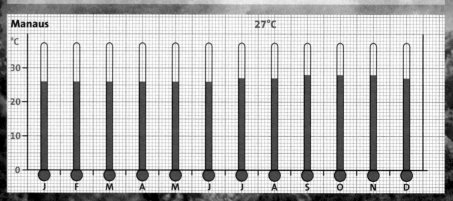

① *Temperaturdiagramm von Manaus (Brasilien) im Tropischen Regenwald*

1 Beschreibe das Temperaturdiagramm 1 und das Niederschlagsdiagramm 2 von Manaus.

2 Wieso wachsen bei uns im Freien keine tropischen Orchideen? Welche Ansprüche stellen tropische Pflanzen?

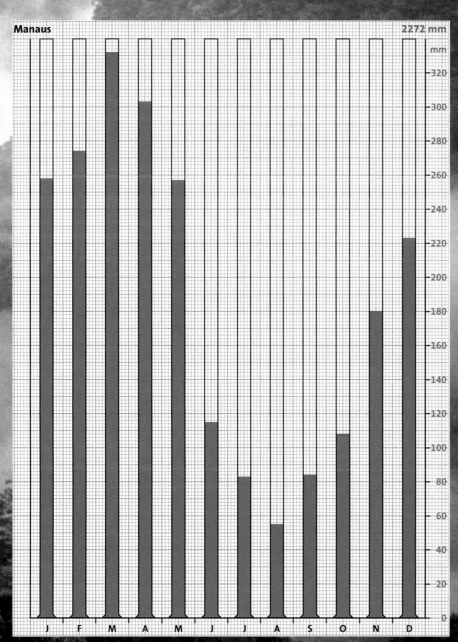

Manaus 2272 mm

❷ *Niederschlagsdiagramm von Manaus*

221

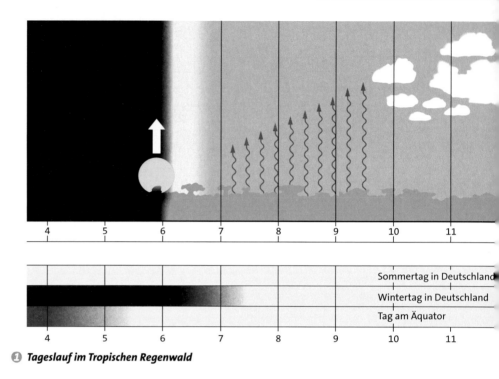

1 *Tageslauf im Tropischen Regenwald*

Tageslauf im Tropischen Regenwald

2 „Bei Sonnenaufgang fuhren wir los, um die kühle Morgenzeit zu nutzen. Nach zwei Stunden war es schon sehr heiß. In kurzer Zeit waren wir schweißüberströmt. Kein Luftzug regte sich. Wir fühlten uns erschöpft und müde.

Später bildeten sich am Himmel einzelne kleine Wolken. Im Laufe der nächsten Stunde wurden sie immer größer und verdeckten die Sonne.

Es wurde so dunkel, dass wir mit Licht fahren mussten. Der Wind frischte auf und fegte Zweige über die Straße. Krachender Donner ließ uns zusammenzucken. Nach wenigen Sekunden goss und schüttete es herab. Die Straße wurde vom Regenwasser überflutet. Wir stellten den Wagen mitten auf der Straße ab. Wir fürchteten, dass das Auto vom Weg gespült werden könnte. Schließlich trommelten noch Hagelkörner gegen die Windschutzscheiben. Wir richteten uns auf eine Wartezeit von etwa zwei Stunden ein. Danach würden wir uns sehr beeilen müssen, um unser Tagesziel noch vor Einbruch der Dunkelheit zu erreichen."

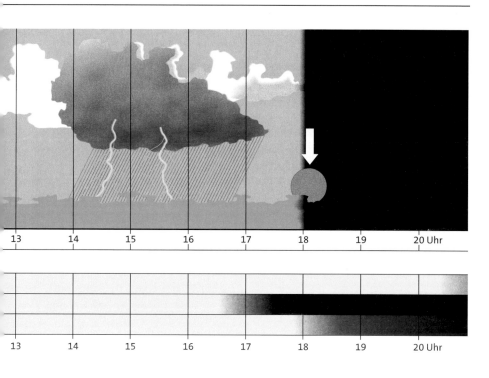

| 13 | 14 | 15 | 16 | 17 | 18 | 19 | 20 Uhr |

| 13 | 14 | 15 | 16 | 17 | 18 | 19 | 20 Uhr |

❸ *Am frühen Morgen im Tropischen Regenwald*

1 *Schildere nach der Zeichnung 1 und dem Bericht 2 den Tageslauf im Tropischen Regenwald.*

2 *Wie unterscheiden sich die Tageslängen im Sommer und im Winter bei uns von denen im Tropischen Regenwald?*

Im Tropischen Regenwald (über)leben

❶ *Neusiedler im Tropischen Regenwald*

❷ Herr Nachez erzählt:

„Vor neun Jahren bin ich mit meiner Familie in den Regenwald gezogen. Für uns gab es nur diese Chance, überhaupt überleben zu können. Der Regenwald bot viel Platz, der kostenlos zu haben war. Holzfäller hatten bereits Straßen und Schneisen in den Regenwald geschlagen. Ihnen folgten wir und bauten uns an einer Stelle eine kleine Hütte. Wir rodeten Bäume und legten ein Feld an, damit wir uns selbst versorgen konnten. Doch schon nach drei Jahren sanken die Erträge, sodass wir kaum davon leben konnten. Wir beschlossen, eine neue Ackerfläche tiefer im Urwald zu roden. Aber auch hier reichten schon nach ein paar Jahren die Erträge nicht mehr aus. Wieder zogen wir weiter. Nun bringt auch dieses Feld kaum noch etwas. Wir wissen nicht, was wir morgen essen werden und wie es weitergehen soll! Wahrscheinlich verlassen wir wieder den Regenwald."

So wie Herrn Nachez erging es zahlreichen Neusiedlern im Tropischen Regenwald. Mit viel Hoffnung gestartet, leben sie heute in völliger Armut und haben kaum das Nötigste zum Überleben. Wie konnten dann die Naturvölker der Regenwälder jahrhundertelang hier überleben?

Yanomami und der Regenwald ...

Eines der letzten Naturvölker sind die Yanomami in den Tropischen Regenwäldern Südamerikas. Sie sammeln Kleintiere und Früchte, gehen auf die Jagd und legen Felder z. B. mit Bananen, Süßkartoffeln oder Mais an.

Für ihre Felder fällen sie zunächst die Bäume auf einer Fläche in der Nähe ihres Dorfes. Nach einigen Monaten sind die Bäume trocken und werden verbrannt. Die Asche, die dabei entsteht, ist sehr nähstoffreich. So wird der Boden gedüngt und bringt gute Erträge. Wenn nach einigen Jahren die Nähr-

❸ *Yanomami auf der Jagd*

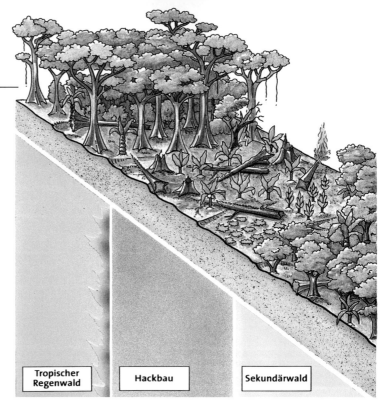

Tropischer Regenwald | Hackbau | Sekundärwald

❹ *Brandrodung*

stoffe verbraucht sind, verlassen die Yanomami das Feld und roden eine neue Fläche. Wenn keine Flächen mehr in der Nähe des Dorfes vorhanden sind, zieht das ganze Dorf weiter: Sie betreiben **Brandrodungs-** und **Wanderfeldbau.** Die verlassenen Felder können sich erholen. Erst nach 25 Jahren werden sie wieder genutzt.

... in Gefahr?

Die behutsame Waldnutzung ist heute auch bei den Yanomami nicht mehr möglich. Ihr Lebensraum wird immer weiter eingeengt, durch die Neusiedler und durch die Rodungen großer Waldflächen. Doch je mehr Regenwald abgeholzt wird, desto mehr wird das Gleichgewicht zwischen Nutzung und Erholung des Tropischen Regenwaldes gestört. Der Wald hat kaum noch eine Chance nachzuwachsen. Schon stellt sich nicht nur die Frage nach der Zukunft der Yanomami, sondern auch nach der Zukunft dieses einmaligen Waldes.

1 Erkläre die Begriffe Brandrodung und Wanderfeldbau.

2 a) Vergleiche die Feldnutzung der Yanomami mit der von Herrn Nachez.

b) Warum wird er den Regenwald wieder verlassen?

3 Warum ist das Leben der Yanomami heute bedroht?

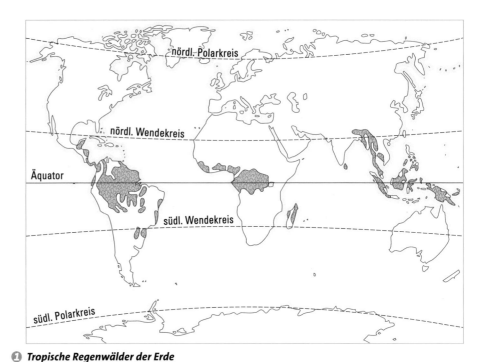

① *Tropische Regenwälder der Erde*

1 Wer kennt sich aus?

Bearbeite Karte 1 mithilfe des Atlas:
Welche Staaten haben Anteil an den Tropischen Regenwäldern der Erde?

2 Welche Begriffe wurden hier verdreht?

a) AABDDEEFLNRUW

b) AÄEFFFHIKLNORRSSTU

c) ABDDGNNORRU

d) ABECKKORSTUW

3 Bilderrätsel

Löse das Bilderrätsel und erkläre den gesuchten Begriff.

4 Richtig oder falsch?

Verbessere die falschen Aussagen und
schreibe sie richtig auf.

– Der Tropische Regenwald kommt nur
in Afrika vor.

– Im Tropischen Regenwald gibt es zu
keiner Zeit kahle Bäume.

– Im Tropischen Regenwald gibt es viel
mehr Pflanzen als bei uns.

– Die Yanomani haben sich den Lebens-
bedingungen im Tropischen Regenwald angepasst.

– Der Tropische Regenwald ist nicht in
Gefahr.

5 Naturforscher gesucht

Stellt den Tropischen Regenwald auf einer Tapetenbahn dar. Zeichnet dazu die
Bäume auf Pappe, malt sie an, schneidet
sie aus und klebt sie auf.

Sammelt Bilder von Tieren und Pflanzen
des Tropischen Regenwaldes und klebt
sie dazu.

Wichtige Begriffe

Brandrodungsfeldbau

Immergrüner Regen-
wald

Nährstoffkreislauf

Niederschlag

Stockwerkbau

Temperatur

Tropischer Regenwald

Wanderfeldbau

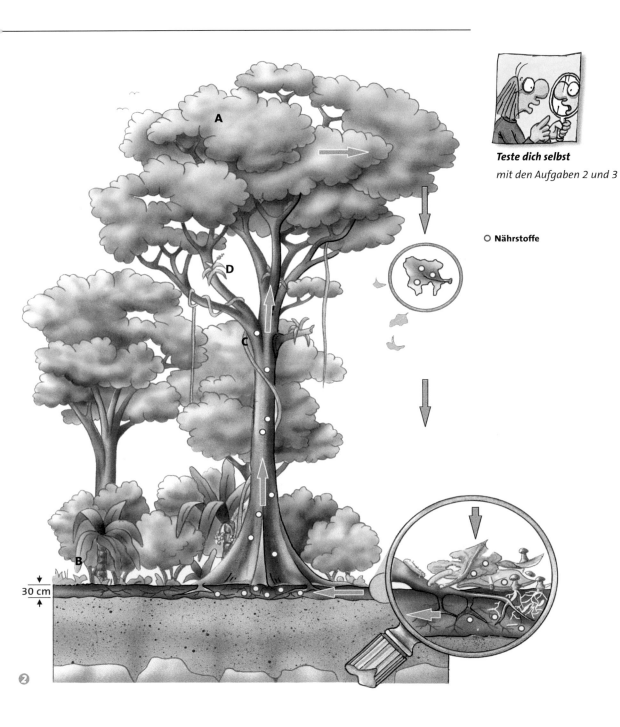

○ **Nährstoffe**

A

D

C

B

30 cm

❷

Training

6 Schreibe zu jedem Buchstaben in Zeichnung 2 einen Satz, sodass sich der Nährstoffkreislauf im Tropischen Regenwald
ergibt.

Leben in der Wüste

Wenn du an eine Wüste denkst, stellst du dir bestimmt ein unendliches „Sandmeer" vor. Aber es gibt auch Wüsten, die aus Fels und Kies bestehen.

Auch in dieser scheinbar lebensfeindlichen Landschaft leben Menschen, die sich den schwierigen Naturbedingungen angepasst haben.

Wie leben sie dort?

15

Verwitterung   Ausblasung

Die vielen Gesichter der Wüste

Sechs Geländewagen sind beladen mit Benzin- und Wasserkanistern, Konserven, Obst und Gemüse für die ersten Tage, mit dem Gepäck der Touristen, Schlafsäcken und Isomatten. Zwei heiße und trockene Wochen erwarten sie! Die Reiseroute führt von Tripolis über Ghadamis nach Ghat, dem südlichsten Punkt der Fahrt. Dann geht es Richtung Nordosten nach Murzuq und Sabha. Von dort fliegen die Besucher schließlich über die Insel Djerba zurück nach Frankfurt/Main.

Bereits der erste Tag auf den Pistenstraßen ist eine Tortur für die Reifen. In Ghadamis geht es dann aber erst so richtig los: Hier beginnt die alte Karawanenstraße. Die kantigen Steine der **Serir**, der Kieswüste, beanspruchen stundenlang das Gummi der Reifen. Anschließend geht es hoch ins Gebirge. Hier erschwert das Geröll der **Hamada**, der Felswüste, die Fahrt und sorgt für die erste Reifenpanne. Endlich geht es wieder herunter. Ein Stopp wird eingelegt um Luft aus den Reifen abzulassen. So werden sie hoffentlich im Sand der **Erg**, der Sandwüste, mehr Halt finden.

Ablagerung

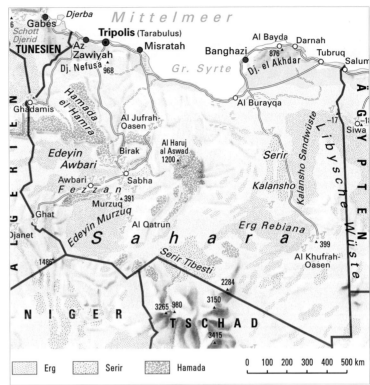

⑤ *Libyen*

Jetzt kann die Fahrt weitergehen: über die westlichen Ausläufer der Dünen des Sandmeeres Edeyin Awbari. Hier bleiben doch noch zwei Wagen stecken. Nach zehn Stunden Fahrt ist Ghat erreicht. Die Touristen erholen sich, die Reifen werden geflickt oder ausgewechselt. Sie könnten sicher einiges über die Wüste aus ihrer Sicht berichten.

1 a) *Beschreibe die Fotos 1, 3 und 4.*

b) *Ordne die Fotos den Wüstenformen zu.*

2 *Erläutere mithilfe der Zeichnung 2, wie die Wüstenformen entstanden sind.*

3 *Arbeite mit Karte 5:*

a) *Zeichne eine Kartenskizze von Libyen. Achte darauf, dass deine Skizze auch die Wüstenformen enthält.*

b) *Welche Wüstenform nimmt die größte Fläche ein?*

→ *Wenn du nicht mehr weißt, wie du eine Kartenskizze erstellst, schau auf den Seiten 48/49 nach.*

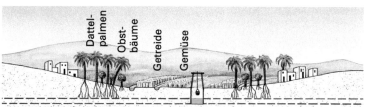

① *Grundwasseroase mit Brunnen*

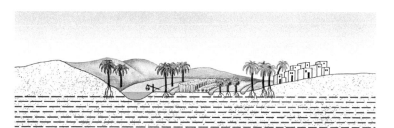

② *Flussoase*

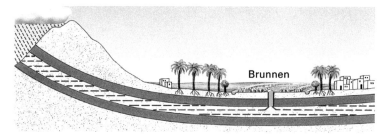

③ *Oase mit artesischem Brunnen*

④ *In Ghadamis*

Ohne Wasser läuft nichts

Bis vor 100 Jahren war Ghadamis eine bedeutende Stadt – eine **Oase** mitten in der Wüste. 4000 Menschen haben hier gelebt. Das Wasser, das sie zum Leben brauchten, schöpften die Einwohner aus der „Stutenquelle". Sie verdankt ihren Namen einer alten Sage: Danach hat ein Pferd diese Quelle entdeckt.

Doch woher kam das Wasser? Es ist vor langer Zeit versickert und steigt aus 900 m Tiefe unter hohem Druck auf, wenn ein Brunnen gebohrt wird. Solche Brunnen nennt man **artesische Brunnen**.

⑤

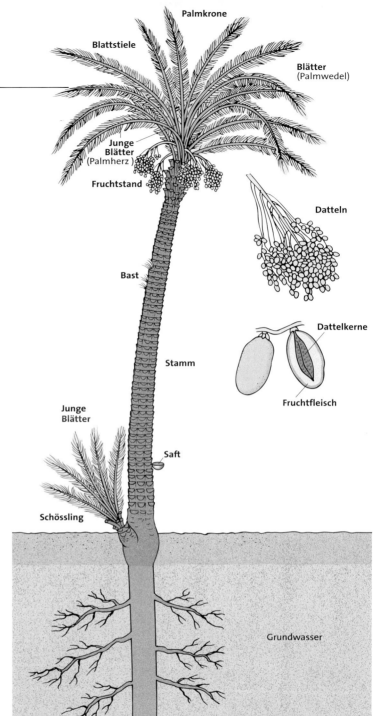

Palmkrone

Blattstiele

Blätter
(Palmwedel)

Junge
Blätter
(Palmherz)

Fruchtstand

Datteln

Bast

Dattelkerne

Stamm

Fruchtfleisch

Junge
Blätter

Saft

Schössling

Grundwasser

⑥ Im Oasengarten

Leben in der Oase

Jeder Oasenbauer besitzt Wasserrechte, er darf Wasser aus dem Brunnen für seine Felder nehmen. Damit das wertvolle Wasser gerecht verteilt wird, gibt es einen Wasserwächter. Auf den Feldern der Oasen werden Weizen, Gerste und Hirse angebaut. In den Oasengärten wachsen neben Dattelpalmen auch Tomaten, Bohnen, Melonen, Zwiebeln und Gewürzpflanzen. Die Pflanzen sind wie in Stockwerken angeordnet. So kann das Sonnenlicht gut ausgenutzt werden und die Pflanzen am Boden wachsen im Schatten der Palmen. Die Oase wirkt wie ein blühender Garten in der Wüste! Doch in Ghadamis ist das nur noch Geschichte. Seit 1982 ist die alte Stadt unbewohnt und wird als Freilichtmuseum erhalten, eine neue moderne Siedlung ist am Stadtrand entstanden. Die schönen Gärten verfallen.

⑦ Dattelpalme: *Reife Datteln werden frisch gegessen oder zu „Dattelbrot" gepresst. Saft aus dem Stamm oder aus den „Palmherzen" ist ein Erfrischungsgetränk. Holz liefert der Stamm der Palme, aus den getrockneten Blättern werden Matten und Körbe hergestellt.*

1 *Beschreibe den Anbau in der Oase.*

2 *Erkläre mithilfe der Zeichnungen 1 – 3 die verschiedenen Oasenformen.*

3 *Erläutere die besondere Bedeutung der Dattelpalme (Text, Zeichnung 7).*

❶

Wanderleben

❷ *Traditionelles Tuareg-Zelt*

❸ *Moderne Wohnhäuser*

Die **Karawane** der Tuareg besteht aus 130 Kamelen. Von Bilma nach Agadez sind es fast 700 km, sechs Wochen sind sie unterwegs um Salz und Datteln zu transportieren. Jede Nacht gibt es höchstens vier Stunden Schlaf, zwei Stunden dauert es die Waren auf- und abzuladen. In der übrigen Zeit des Tages zieht die Karawane gemächlich und ohne Halt weiter. Hektik oder Ländergrenzen, die die Karawane kreuzt, scheinen unbekannt. Die Tuareg leben vom Karawanenhandel und der Viehzucht, wobei sie mit ihren Herden von Weideplatz zu Weideplatz ziehen. Sie sind **Nomaden**.

Doch es gibt immer weniger Kamelkarawanen. Mehr und mehr versorgen Lastwagen die Menschen in den Siedlungen. Inzwischen bestimmen Autokarawanen mit Waren, aber auch mit Touristen, das Bild. Tankstellen und kleine Geschäfte sind zu sehen, am Rande der Siedlungen auch viel Plastikmüll.
Damit ändert sich auch die Lebensweise vieler Tuareg: Sie sind gezwungen ihr Wanderleben aufzugeben und sesshaft zu werden, da auch die Viehherden z. B. durch häufige Dürren gefährdet werden.

6 *Eine Tuareg-Familie, die in der Oase lebt*

Jetzt wohnen sie in Häusern und erlernen Berufe. Sie sehen fern und informieren sich im Internet. Die Kinder können nun regelmäßig in die Schule gehen. Doch nicht alle sind über diesen Wandel glücklich. Gerade für die Älteren hat sich zu viel zu schnell verändert.

1 Arbeite mit dem Atlas: Beschreibe den Weg der Karawane von Bilma nach Agadez. Welche Wüstenformen durchquert sie?

2 Wie hat sich das Leben der Tuareg verändert? Erstelle eine Tabelle.

	früher	heute
Wohnen	...	...
Kleidung	...	...
...	...	...

3 Möchtest du als Tuareg in der Wüste leben? Was wäre dir wichtig, worauf könntest du verzichten?

4 Was bietet eine moderne Oasen-Herberge? Arbeite mit dem Hinweisschild 7.

5 Sammelt Informationen über das Kamel. Was kann es für die Menschen in der Wüste leisten?

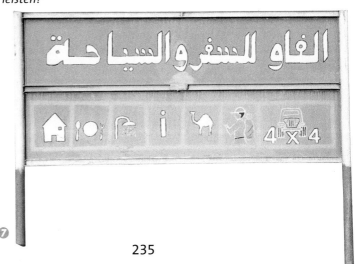

❶ *Oasenstadt Gardaia*

Oasen heute

In vielen Oasen und in großen Teilen der Wüste sieht es heute ganz anders aus als noch vor 40 Jahren.

Neue Anbauflächen

Nordwestlich von Murzuq in Libyen: Wie eine Fata Morgana liegt eine riesige grüne Anbaufläche mitten in der Wüste. 90 Bewässerungsarme mit einer Länge von 350 m drehen sich wie auf einem Karussell und beregnen 1 000 ha Wüstenland im Dauereinsatz. Mehr als die Hälfte des Wassers verdunstet in der Hitze, bevor es überhaupt den Boden erreicht. Es werden Mais, Weizen und Gerste angebaut, bis zu zehnmal im Jahr kann geerntet werden. Abnehmer sind nicht nur die nahen Oasen Murzuq und Germa, sondern vor allem die weit entfernt liegenden Küstenstädte.

Und es gibt noch weitere, bis zu 16 000 ha große Anbauflächen in der Wüste, z. B. bei den Al Khufrah-Oasen. Das Wasser fand ein Bohrtrupp 1968 in über 1 000 m Tiefe. Doch was passiert, wenn die Wasservorräte in etwa 50 Jahren aufgebraucht sein werden?

Neue Arbeitsplätze

Nicht nur Wasser hat das Leben in der Wüste verändert. Vor allem in Libyen und Algerien werden seit 40 Jahren immer mehr Erdölfelder in der Wüste erschlossen. Viele Oasenbewohner arbeiten nun außerhalb auf diesen Ölfeldern.

❷ Leben in der Oasenstadt

الاتحاد الافريقى للمواد الغذائيه

❸ Einkaufsladen

Doch auch in die größeren Städte an der Küste oder als Gastarbeiter nach Europa zieht es immer mehr Oasenbewohner, da sie dort mehr verdienen können.

Neue Straßen

Viele der alten Pisten durch die Wüste wurden zu breiten Straßen ausgebaut. Daher rollen immer mehr Lkw mit Wassertanks und Lebensmitteln in die Oasenstädte und beliefern die Bevölkerung. Kamelkarawanen, traditionellen Tauschhandel und Selbstversorgung gibt es immer weniger.

❹ Beregnungskarussell

1 Arbeite mit dem Atlas:
  a) In welche große Küstenstädte könnten die Bewohner aus den Oasen der algerischen und libyschen Sahara gewandert sein?
  b) Wo liegen die Erdöl-Fördergebiete in der Sahara?
2 Die Lebensverhältnisse der Menschen in den Oasen haben sich sehr verändert. Welche Ursachen werden dafür im Text genannt?

Eine Mindmap erstellen

„Oh je", stöhnt Beata, „wir haben so viel über die Wüste gehört, das kann ich mir auf einmal nie merken: Erg, Tuareg, Karawane, Hamada, Oase, Sandwüste ... Murzuq? Alles geht jetzt durcheinander!" Das geht sicherlich allen Schülerinnen und Schülern ähnlich.

Doch nicht jeder Begriff ist gleich wichtig. Zum Beispiel müssen nicht alle Ortsnamen wie Murzuq behalten werden. Außerdem lassen sich viele Begriffe unter einem Oberbegriff zusammenfassen: Zum Beispiel kann man „Hamada", „Serir" und „Erg" dem Oberbegriff „Wüstenformen" zuordnen.

Um einen guten Überblick über das Thema Wüste zu erhalten, erstellen wir eine Gedankenkarte, eine Mindmap.

1. Schritt: Gedanken sammeln
Notiere wichtige Gedanken zum Thema in deinem Heft, so wie sie dir gerade einfallen. Beschränke dich jeweils möglichst auf ein Wort.

2. Schritt: Gedanken ordnen
Suche Oberbegriffe, denen du deine Gedanken als Unterbegriffe zuordnen kannst. Erstelle dazu eine Tabelle.

Leben in der Wüste	Wüstenformen
– Oase	– Erg
– Brunnen	– Serir
– Tuareg	– Hamada
– Karawane	
?	?
?	?
?	?
?	?

❶

Viele Sachverhalte können wir nicht sofort überblicken, weil sie zu kompliziert sind. Dann hilft es eine Gedankenkarte, eine Mindmap, anzulegen. Mit einer solchen Gedankenkarte können wir unsere Gedanken sammeln, sortieren und ordnen.

3. Schritt: Mindmap erstellen

Nimm ein unliniertes Blatt im Querformat, schreibe das Thema in die Mitte des Blattes und kreise es ein. Zeichne von der Mitte Äste nach außen. Beschrifte die Äste mit den Leitbegriffen. Zeichne an die Äste dünnere Zweige. Beschrifte diese mit den Unterbegriffen, die zu den Oberbegriffen gehören. Mit Farben und kleinen Zeichnungen kannst du die Übersichtlichkeit der Gedankenkarte verbessern.

1 Übertrage die angefangene Mindmap → Ek/Deu zum Thema „Wüste" in dein Heft und gestalte sie weiter aus.

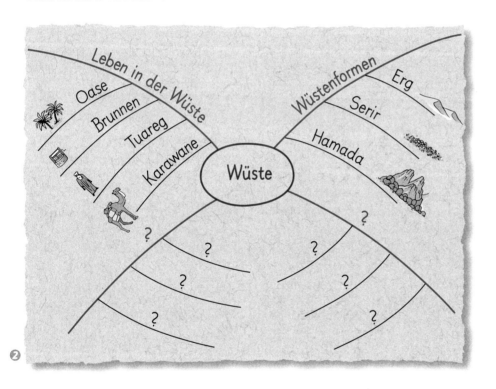

❷

1 Findest du die Begriffe?

– Menschen, die mit ihren Viehherden und Zelten von Weideplatz zu Weideplatz ziehen.

– Stelle, an der die Bewohner in den Orten der Wüste Wasser holen.

– So nennt man einen Ort in der Wüste, an dem Pflanzen wachsen können, weil es dort Wasser gibt.

2 Bilderrätsel

Löse das Bilderrätsel und erkläre den gesuchten Begriff.

3 Füge die Wortteile so zu sinnvollen Begriffen zusammen, dass keine Teile übrig bleiben.

WÜSTE
VIEH   KAMEL
          HANDEL
KARUSSEL
KIES
          ZUCHT
TAUSCH
          KARAWANE
OASEN   STADT

BEREGNUNGS

Wichtige Begriffe

Artesischer Brunnen

Erg (Sandwüste)

Hamada (Felswüste)

Karawane

Nomaden

Oase

Serir (Kieswüste)

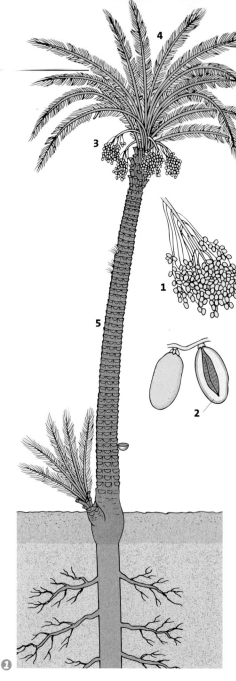

4 Überprüfe dein Wissen über die Dattelpalme: Notiere zu jeder Ziffer in der Zeichnung, wie die Pflanzenteile heißen und wozu sie gebraucht werden. Diese Wörter benötigst du dafür:

Blätter, Datteln, Stamm, Palmherz, Fruchtfleisch, Holz, Matten, Körbe, Dattelbrot, Saft

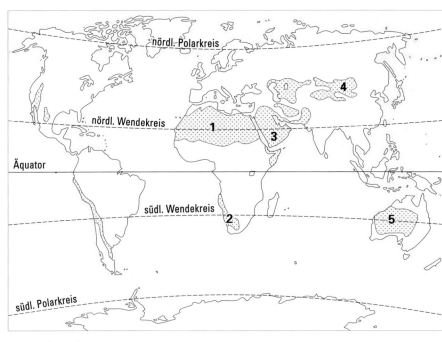

Teste dich selbst
mit den Aufgaben 1 und 6a

❷ *Wüsten der Erde*

5 *Das Foto 3 zeigt eine Wüstenform.*
  a) Nenne den arabischen und den deutschen Namen für diese Wüstenform.
  b) Nenne den arabischen und den deutschen Namen der zwei anderen Wüstenformen, die du kennen gelernt hast.
  c) Wie sind diese Wüstenformen entstanden?

6 Wer kennt sich aus?
  Bearbeite Karte 2 mithilfe des Atlas:
  a) Wie heißen die eingetragenen größten Wüsten?
  b) Welche Staaten haben Anteil an Wüsten?
  c) Ordne die Wüsten nach Kontinenten.

7 Überlebenskünstler gesucht
  Ein Lebewesen, das in 10 Minuten 100 Liter Wasser trinken kann und damit bis zu vier Wochen auskommt.

❸

Hessen in Zahlen

Das Wappen des Landes Hessen:

Hessens Wappentier ist der Löwe. Das Landeswappen zeigt im blauen Schild einen neunmal silbern und rot geteilten, steigenden Löwen mit goldenen Krallen.

Fläche: 21 114 km²
Bevölkerung: 6 068 000 Einwohner
Bevölkerungsdichte: 287 Einw. je km²
Gegründet: 1948

Regierungsbezirke/Einwohner:
Darmstadt/3 737 600
Kassel/1 267 000
Gießen/1 063 500

Verwaltungsgliederung:
21 Landkreise
Bergstraße
Darmstadt-Dieburg
Fulda
Gießen
Groß-Gerau
Hersfeld-Rotenburg
Hochtaunuskreis
Kassel
Lahn-Dill-Kreis
Limburg-Weilburg
Main-Kinzig-Kreis
Main-Taunus-Kreis
Marburg-Biedenkopf
Odenwaldkreis
Offenbach
Rheingau-Taunus-Kreis
Schwalm-Eder-Kreis
Vogelsbergkreis
Waldeck-Frankenberg
Werra-Meißner-Kreis
Wetteraukreis

5 kreisfreie Städte und Landkreise
Darmstadt
Frankfurt/Main
Kassel
Offenbach
Wiesbaden (Landeshauptstadt)

Landkreise:
Der flächengrößte Landkreis:
Waldeck-Frankenberg mit 1 849 km²
Der bevölkerungsreichste Landkreis:
Frankfurt/Main mit 646 000 Einwohnern
Der flächenkleinste Landkreis (auch Deutschlands):
Main-Taunus-Kreis mit 222 km²
Der bevölkerungsärmste Landkreis:
Odenwaldkreis mit 99 297 Einwohnern

Städte mit mehr als 50 000 Einwohnern:

Frankfurt/Main	641 000
Wiesbaden	271 000
Kassel	195 000
Darmstadt	138 500
Offenbach	118 500
Hanau	88 800
Marburg	77 500
Gießen	73 000
Fulda	63 000
Rüsselsheim	59 500
Bad Homburg	53 000
Wetzlar	53 000

Wichtige Flüsse:
Rhein, Main, Werra, Lahn, Fulda

Berge:

Wasserkuppe (Röhn)	950 m
Großer Feldberg (Taunus)	879 m
Taufstein (Vogelsberg)	773 m
Meißner (Hessisches Bergland)	754 m
Knüll (Hessisches Bergland)	636 m
Bielstein (Kaufunger Wald)	642 m

Sämtliche Angaben dieser Doppelseite beziehen sich auf das Jahr 2002.

Bundesrepublik Deutschland in Zahlen

Fläche: 357 021 km²
Bevölkerung: 82 200 000 Einwohner
Bevölkerungsdichte: 230 Einw. je km²
Gegründet: 1949

Zu den 82 200 000 Einwohnern gehören
auch rund 7 300 000 Ausländer, davon:
1 948 000 Türken
628 000 Jugoslawen
616 000 Italiener
363 000 Griechen
310 000 Polen
224 000 Kroaten

Einwohnerzahlen der größten Städte:

Berlin (Hauptstadt)	3 382 000 Einw.
Hamburg	1 715 000 Einw.
München	1 210 000 Einw.
Köln	993 000 Einw.
Frankfurt/Main	647 000 Einw.
Essen	595 000 Einw.
Dortmund	589 000 Einw.
Stuttgart	584 000 Einw.
Düsseldorf	569 000 Einw.
Bremen	539 000 Einw.
Hannover	515 000 Einw.
Duisburg	515 000 Einw.
Leipzig	493 000 Einw.
Nürnberg	488 000 Einw.
Dresden	478 000 Einw.

Die größten Industrieräume:

Rhein-Ruhr	11,1 Mio. Einw.
Berlin	4,0 Mio. Einw.
Rhein-Main	2,8 Mio. Einw.
Stuttgart	2,8 Mio. Einw.
Hamburg	2,1 Mio. Einw.
München	1,9 Mio. Einw.
Rhein-Neckar	1,3 Mio. Einw.
Nürnbg./Fürth/Erlangen	1,1 Mio. Einw.
Chemnitz-Zwickau	1,0 Mio. Einw.

Flächengröße der Länder:

Baden-Württemberg	35 751 km²
Bayern	70 548 km²
Berlin	890 km²
Brandenburg	29 477 km²
Bremen	404 km²
Hamburg	755 km²
Hessen	21 114 km²
Mecklenburg-Vorpommern	23 172 km²
Niedersachsen	47 614 km²
Nordrhein-Westfalen	34 080 km²
Rheinland-Pfalz	19 847 km²
Saarland	2 570 km²
Sachsen	18 413 km²
Sachsen-Anhalt	20 447 km²
Schleswig-Holstein	15 765 km²
Thüringen	16 172 km²

Die längsten Flüsse:

Rhein	865 km	(insgesamt 1 320 km)
Elbe	700 km	(insgesamt 1 165 km)
Donau	647 km	(insgesamt 2 858 km)
Main	524 km	
Weser	440 km	
Ems	371 km	
Neckar	367 km	
Mosel	242 km	(insgesamt 545 km)
Oder	162 km	(insgesamt 866 km)
Inn	130 km	(insgesamt 515 km)

Die größten Seen:

Bodensee	572 km²
Müritz	110 km²
Chiemsee	80 km²

Die größten Inseln:

Rügen	930 km²
Usedom (deutscher Anteil)	354 km²
Fehmarn	185 km²
Sylt	99 km²

16

Europa in Zahlen

Fläche: 10 532 000 km²
Bevölkerung: 715 000 000 Einwohner
(11,7 % der Erdbevölkerung)

Die flächengrößten Staaten:

Russland (einschließlich asiatischer Teil)
17 075 000 km²   145 500 000 Einw.
Ukraine
   604 000 km²   48 700 000 Einw.
Frankreich
   544 000 km²   59 000 000 Einw.
Spanien
   505 000 km²   40 000 000 Einw.
Schweden
   450 000 km²   8 800 000 Einw.
Deutschland
   357 000 km²   83 000 000 Einw.

Die größten Städte:

Moskau	10 000 000 Einw.
London	6 600 000 Einw.
Istanbul	8 300 000 Einw.
Paris	2 100 000 Einw.
St. Petersburg	4 200 000 Einw.
Berlin	3 400 000 Einw.
Mailand	1 300 000 Einw.
Madrid	3 000 000 Einw.
Athen	800 000 Einw.

Legende:

1 ... 40	Staaten
A ... E	Gebirge
A ... H	Ozeane und Meere
a ... q	Flüsse und Seen
1 ... 40	Städte

Senke (Festlandgebiete unter 0 m NN)
Tiefland (0 – 200 m)
Hügelland (200 – 500 m)
Mittelgebirge (500 – 2000 m)
Hochgebirge (über 2000 m)

0   200   400   600   800   1000 km

Die häufigsten Sprachen in Europa:

Russisch	160 Mio. Menschen
Deutsch	94 Mio. Menschen
Französisch	60 Mio. Menschen
Englisch	60 Mio. Menschen
Italienisch	60 Mio. Menschen
Spanisch	42 Mio. Menschen

Die höchsten Berge:

Alpen: Mont Blanc	4 807 m
Ätna	3 323 m
Pyrenäen: Pico de Aneto	3 404 m
Apenninen: Gran Sasso	2 914 m
Karpaten: Gerlsdorfer Spitze	2 655 m
Dinarisches Gebirge: Durmitor	2 522 m
Skandinavisches Gebirge: Galdhøpiggen	2 489 m
Ural: Norodnaja	1 894 m

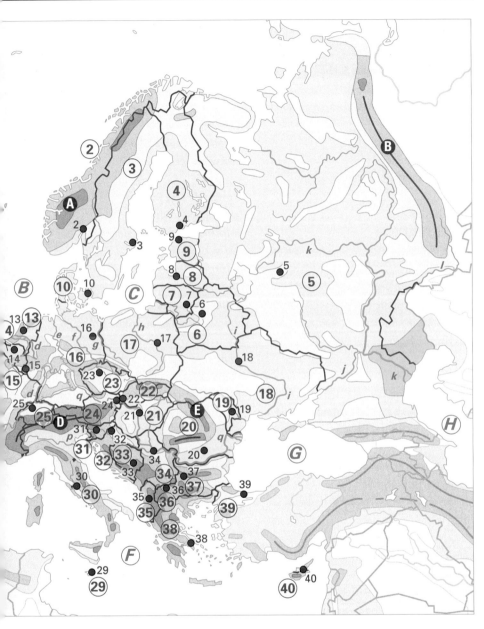

Die längsten Flüsse:

Wolga	3 531 km
Donau	2 858 km
Ural	2 428 km
Dnipro/Dnjepr	2 201 km

Die größten Seen:

Ladogasee (Russland)	17 703 km²
Onegasee (Russland)	9 720 km²
Vänersee (Schweden)	5 585 km²

Die größten Inseln:

Großbritannien	228 300 km²
Island	103 000 km²
Irland	84 500 km²
Spitzbergen (Norwegen)	39 000 km²
Sizilien (Italien)	25 400 km²
Sardinien (Italien)	23 300 km²
Zypern	9 300 km²
Korsika (Frankreich)	8 700 km²
Kreta (Griechenland)	8 300 km²

Wichtige Internetadressen

Erdkunde – dein neues Fach
www.geo-im-netz.de
Adressen und Beiträge rund um die Erdkunde

Unser Planet Erde
www.astrolink.de
Wissenswertes über alle Planeten

Orientieren
www.keil-2000.de
Orientieren im Gelände und mit Karten

Leben auf dem Land
www.ima-agrar.de
Homepage der Informationsgemeinschaft für Meinungspflege und Aufklärung

Leben in der Stadt
www.hessen.de
Informationen zu vielen Bereichen des Landes Hessen

Deutschland im Überblick
www.deutschland.de
Verweise auf Informationsangebote im Internet zu Deutschland

Leben an der Küste
www.bsh.de
Entstehung der Gezeiten und Gezeitenvorausberechnungen

Die Alpen
www.alpen-in-not.de
Informationen zur Gefährdung der Alpen

Informationen zu allen Staaten Europas
www.asg-erlangen.de

Rohstoffe und Energie
www.steinkohle.de
Informationen zur Steinkohle
www.braunkohle.de
Informationen zur Braunkohle

Leben in Schnee und Eis
www.hh.schule.de/arktis-online/
Arktische Informationen für Schülerinnen und Schüler
www.antarktis.ch
Informationen über Lage, Landschaften, Tierwelt und Forschung in der Antarktis

Im Tropischen Regenwald
www.faszination-regenwald.de
Wissenswertes, Bilder und Links zu einer faszinierenden Pflanzen- und Tierwelt im Tropischen Regenwald

Leben in der Wüste
www.sahara-info.ch
Informationen rund um die größte Wüste der Erde

Testlösungen

Seiten 30/31

1) A = Breitenkreise, B = Meridiane/ Längenhalbkreise, C = Gradnetz, D = Äquator, E = Nullmeridian, F = Nordpol, G = Südpol, H = Erdachse

6) Längenhalbkreis: Die vom Nordpol zum Südpol verlaufenden Linien nennt man Längenhalbkreise oder Meridiane (es sind 360).

Seiten 50/51

4) Stadtplan; Norden, Osten, Süden, Westen; Höhenlinien, Kompass, Maßstab

5) Berg 2

Seiten 70/71

3) Mähdrescher

4) Mastvieh: Aufzucht (z.B. Ferkel) und Mast von Tieren, bis das Schlachtgewicht erreicht ist. Die Tiere (z.B. Schweine) werden danach von den Landwirten an Schlachthöfe verkauft.

Seiten 84/85

1) Altstadt, Pendler, Erholungsgebiet, Industriegebiet, Stadtplaner

3 c) Umland: Durch Bewegungen von Pendlern gekennzeichnete Umgebung einer Stadt.

6 a) Früher Morgen (Schulbeginn, Arbeitsbeginn).

Seiten 94/95

1) Landeshauptstadt, Großlandschaften

3 a) Helgoland, b) Harz, c) Rügen, d) Halle

Seiten 110/111

2) Watt, Flut, Ebbe, Gezeiten, Nationalpark

5) 2: Das Wattenmeer ist eine sehr flache Landschaft an der Nordseeküste.
3: Eine Küstenform an der Ostseeküste ist die Steilküste.

Seiten 132/133

1 a) 1: Waldstufe, 2: Mattenstufe, 3: Talstufe, 4: Schnee- und Felsstufe

2) Lawine, Mattenstufe, Massentourismus

Seiten 150/151

3) am nördlichsten: Helsinki; am westlichsten: Lissabon; am südlichsten: Athen; am östlichsten: Moskau

4) 1: Dänemark/Kopenhagen, 2: Polen/Warschau, 3: Österreich/Wien, 4: Niederlande/Amsterdam, 5: Frankreich/Paris, 6: Schweiz/Bern

Seiten 166/167

3) Tropfbewässerung, Bewässerungsfeldbau, Fischmast

4) Bodenbeleuchtung, Computer, Erdgasheizung, Folie, Nährstoffe, Schlupfwespen, Schädlingsbekämpfung, Steinwolle, Temperatur

Seiten 188/189

2) 1: Abraum, 2: Kies- und Sandschicht, 3: Förderbrücke, 4: Schaufelradbagger, 5: Kohlekraftwerk, 6: Braunkohlenflöz,

3) Druck, Luftabschluss, Moor, Sumpfwald, Wärme

Seiten 202/203

1) Import, Standortfaktoren, Strukturwandel, Export, Zulieferer

3) Standortfaktor

Seiten 214/215

3 a) Antarktis: Ein mit Schnee und Eis bedeckter Kontinent auf der Südhalbkugel, der den Südpol und die angrenzenden Meeresteile umschließt.

6) Polartag, Inuit, Iglu, Selbstversorgung

Seiten 226/227

2 a) Wanderfeldbau, b) Nährstoffkreislauf, c) Brandrodung, d) Stockwerkbau

3) Stockwerkbau: Die Pflanzen wachsen im Tropischen Regenwald in verschiedenen Höhen, den so genannten Stockwerken (Baum- und Strauchschicht 8 – 20 m Höhe, Baumschicht 20 – 35 m Höhe, Baumriesen bis etwa 70 m Höhe).

Seiten 240/241

1) Nomaden, artesischer Brunnen, Oase

6 a) 1: Sahara, 2: Namib, 3: Große Arabische Wüste, 4: Gobi, 5: Große Sandwüste/Große Victoriawüste

TERRA**Lexikon**

Die mit einem Pfeil gekennzeichneten Begriffe sind ebenfalls im TERRALexikon erklärt.

Altstadt: Es ist der erhalten gebliebene älteste Teil einer Stadt. Typisch sind eine dichte Bebauung mit alten Häusern und engen Straßen.

Ausgleichsküste: Eine fast geradlinig verlaufende Küste. Ehemalige Vorsprünge und Einbuchtungen wurden durch das Meer (Abtragung und Ablagerung) begradigt. Es entstehen Nehrungen, deren Außenrand schließlich eine ausgeglichene Küstenlinie bewirkt. Eine Voraussetzung ist ein gezeitenarmes Meer.

Bewässerungsfeldbau: Form der landwirtschaftlichen Nutzung in Gebieten, die für den Anbau von Nutzpflanzen zu wenig Niederschlag erhalten. Das in niederschlagsarmen Monaten fehlende Wasser wird Flüssen oder dem Grundwasser entnommen und mithilfe von Bewässerungsanlagen auf die Felder geleitet. Beispiele: Oasen in Nordafrika, Huertas in Spanien.

Boddenküste: Küstenform mit flachen Meeresbuchten, die nur einen schmalen Zugang zum offenen Meer hat.

Braunkohle: Braunkohle ist aus abgestorbenen Pflanzen unter Luftabschluss und Druck in Millionen von Jahren (später als die → Steinkohle) entstanden. Braunkohle ist ein → Rohstoff, aus dem vor allem Strom gewonnen wird.

Deich: Künstlich aufgeschütteter Damm entlang von Meeresküsten oder Flussufern, die dem Schutz vor Überschwemmungen dienen. Ohne Deiche würde bei einer → Sturmflut die → Marsch überflutet.

Energieträger: Alle → Rohstoffe (Erdöl, Erdgas, Kohle usw. sowie andere, fließendes Wasser, Wind, Biomasse, Sonnenstrahlung, Erdwärme u.a.), aus denen Energie gewonnen werden kann, nennt man Energieträger.

Erdachse: Gedachte Linie, die durch die beiden Pole verläuft und um die sich die Erde dreht.

Erdgas: Brennbares Gasgemisch, das bei der Erdölbildung entsteht und gemeinsam mit Erdöl in dessen Lagerstätten vorkommt. Es wird zur Strom- und Wärmeerzeugung eingesetzt.

Erdöl: Ein dunkles, dickflüssiges öliges Gemisch, das aus winzigen Wassertieren und Wasserpflanzen, dem Plankton, entstanden ist. Unter der Einwirkung von Druck, Wärme und Bakterien wurde das abgestorbene Plankton im Laufe der Zeit in Erdöl umgewandelt.

Erg (Sandwüste): Wüstenform, in der vom Wind das feine Material zusammengetragen und zu Dünen geformt wird.

Fördenküste: Küstenabschnitt, an dem Förden auftreten. Förden sind schmale, langgestreckte Meeresbuchten, die tief ins Land reichen.

Fruchtfolge: Anbau von Feldfrüchten im jährlichen Wechsel. Im ersten Jahr wird eine Blattfrucht (z.B. Klee) angebaut, im zweiten Jahr Wintergetreide (z.B. Winterweizen, der schon im Herbst ausgesät wird) und im dritten Jahr Sommergetreide (z.B. Gerste, die erst im Frühjahr ausgesät wird). Im vierten Jahr beginnt die Fruchtfolge wieder von vorn, wobei jetzt als Blattfrucht Rüben oder Kartoffeln gepflanzt werden können. Durch die Fruchtfolge werden die Nährstoffe im Boden besser genutzt. Auch bedeutet der Wechsel der Früchte eine umweltfreundliche Bekämpfung von Schädlingen.

Gezeiten (Tiden): So nennt man die regelmäßigen Schwankungen des Meeresspiegels durch Ebbe und Flut. Solange das Wasser ansteigt, sprechen wir von Flut. Dieser Vorgang dauert etwa 6 Stunden und 12 Minuten. Dann steht das Wasser am höchsten (Hochwasser). Danach fällt der Wasserspiegel ebenso lange während der Ebbe, bis das Wasser am niedrigsten steht (Niedrigwasser). Der Unterschied zwischen Hochwasser und Niedrigwasser wird als Tidenhub bezeichnet.

Gletscher: Eisstrom, der durch Anhäufung von Schnee und durch Druck entsteht und talabwärts fließt.
Gletscher bilden sich in den Polargebieten und → Hochgebirgen oberhalb der Schneegrenze (in den Alpen oberhalb etwa 3 000 m). Hier fallen die Niederschläge fast immer als Schnee. Aus den großen Schneemengen bildet sich zunächst der Firn. Unter dem hohen Druck der Schneemassen wird aus dem Firn das Eis des Gletschers. Auf seinem langsamen Weg ins Tal (etwa 50 m pro Jahr) führt der mächtige Eisstrom eine Menge Gestein mit sich. Am Rand des Eises bleiben mitgeführte Gesteinstrümmer liegen. Wälle aus Gesteinstrümmern werden aufgeschüttet, das sind die Moränen.

Gradnetz: Orientierungsnetz der Erde, das aus Linien besteht. Die vom → Nordpol zum → Südpol verlaufenden Linien nennt man Meridiane oder Längenhalbkreise (es sind 360). Die parallel zum Äquator verlaufenden Linien heißen Breitenkreise (es sind 180). Das Gradnetz dient zur genauen Ortsbestimmung.

Großlandschaft: Deutschland kann in vier Großlandschaften eingeteilt werden: Norddeutsches Tiefland, Mittelgebirgsland, Alpenvorland, Alpen.

Halligen: Marsch-Inseln ohne → Deich vor der Westküste Schleswig-Holsteins. Halligen sind aus der Zerstörung großer Marschgebiete durch das Meer entstanden. Bei → Sturmflut sind die Halligen etwa zehnmal im Jahr überflutet. Dann ragen nur noch die auf der Warft (Erdhügel) stehenden Häuser aus dem Wasser heraus.

Hamada (Felswüste): Wüstenform, die hauptsächlich groben eckigen Felsschutt aufweist.

Hartlaubgewächse: Immergrüne Pflanzen, die sich mit lederartigen, harten und oft kleinen Blättern an die sommerliche Trockenheit, z. B. im Mittelmeerraum, angepasst haben.

Hochgebirge: Ein Gebirge, das eine Höhe von über 2 000 m erreicht. Die Gipfel sind steil und schroff. In den am höchsten gelegenen Gebieten sind häufig → Gletscher anzutreffen.
Der höchste Berg von Deutschland, die Zugspitze mit 2 963 m, und der höchste Berg von Europa, der Montblanc mit 4 807 m, liegen beide in den Alpen.

Höhenlinie: Eine Höhenlinie verbindet auf einer → Karte alle Punkte, die in gleicher Höhe über dem Meeresspiegel (ü. NN = über Normalnull) liegen. Mit Höhenlinien lassen sich die Oberflächenformen einer Landschaft (wie Berge, Täler) darstellen. Je enger die Höhenlinien beieinander liegen, desto steiler ist das Gelände. Werden die Flächen zwischen den Höhenlinien farbig ausgemalt, erhält man → Höhenschichten.

Höhenschicht: Als Höhenschicht bezeichnet man die Fläche zwischen zwei → Höhenlinien in einer Karte. Durch Ausmalen entsteht eine Höhenschichten-Karte, wobei meist grüne Farben für tieferes Gelände und gelbe bis braune Farben für höher gelegenes Gelände gebraucht werden.

Höhenstufen: Ist die Abfolge unterschiedlicher Vegetation (Pflanzenwelt) mit zunehmender Höhe. Ursachen für die Ausbildung der Höhenstufen sind die mit der Höhe sinkenden Temperaturen und zunehmenden Niederschläge.

Industriegebiet: Sammelbegriff für die Bereiche der Stadt, die für Industrie und Gewerbe (z. B. Handwerk) reserviert werden. Dabei sind in den Industriegebieten eher Betriebe anzutreffen, deren Produktion mit stärkerer Verschmutzung oder Lärmbelästigung verbunden ist.

Karte: Verkleinertes, verebnetes und vereinfachtes Abbild der Erdoberfläche oder eines Teiles davon.

Der Maßstab einer Karte gibt den Grad der Verkleinerung an. Karten können bestimmte Themen (thematische Karte) zum Inhalt haben, z. B. die Oberflächengestalt oder die Bevölkerungsdichte. Dazu werden Signaturen (Zeichen und Farben) verwendet, die in einer Legende erklärt werden.

Die Karte ist das beste Hilfsmittel zur Orientierung. Es gibt verschiedene Karten: z. B. Stadtpläne, Wanderkarten, Straßenkarten, Autokarten oder Atlaskarten.

Kolonie: Meist überseeischer Besitz eines Staates. Das „Mutterland" (Kolonialmacht) besitzt die Gebietshoheit, vertritt die Kolonie gegenüber anderen Staaten und nutzt deren Wirtschaftspotenzial in der Regel für eigene Zwecke.

Kontinente: So werden die sieben Erdteile genannt; nach ihrer Größe geordnet: Asien 44 Mio. km², Afrika 30 Mio. km², Nordamerika 2,4 Mio. km², Südamerika 1,8 Mio. km², Antarktis 1,4 Mio. km², Europa 1 Mio. km², Australien 0,9 Mio. km².

Küstenschutz: Maßnahmen, um das tief gelegene Küstenland gegen Zerstörung durch das Meer (Brandung, → Sturmflut) zu schützen. Dies geschieht hauptsächlich durch → Deiche, aber auch durch Buhnen (Pfahlreihen), Steinwälle, Mauern, Sträucher sowie durch aufgespülte Sandbänke. Auch Maßnahmen der → Landgewinnung dienen dem Küstenschutz.

Landgewinnung: Gewinnung von neuen Bodenflächen aus dem Meer. Dabei macht sich der Mensch den natürlichen Vorgang der Schlickablagerung im Gezeitenbereich der Küsten zu Nutze. Mit einem möglichst breiten Deichvorland können die Wellen einer → Sturmflut gebremst werden.

Landwirtschaft: Das Land, d. h. der Boden, wird bewirtschaftet und Viehzucht betrieben. Der Landwirt erzeugt pflanzliche und tierische Nahrungsmittel. Zur Landwirtschaft gehören Ackerbau und Viehwirtschaft, aber auch Gartenbau, Gemüsebau, Obstbau und Weinbau.

Marsch: Wo sich heute die Marsch ausdehnt, waren früher einmal Wattflächen. Die Marsch entstand also durch Ablagerungen des Meeres im flachen Küstenbereich. Dieser Vorgang ist über Jahrtausende auf natürliche Weise abgelaufen. In jüngerer Zeit haben ihn die Menschen künstlich beschleunigt (→ Landgewinnung). Die Landwirte nutzen die Marsch als Weide- und Ackerland. Im Lauf der Jahrhunderte gab es durch → Sturmfluten große Landverluste an der Marschenküste.

Massentierhaltung: Eine Form der Tierhaltung in sehr großen Stückzahlen auf engem Raum: z. B. Betriebe, die Schweinemast betreiben. Mit der Massentierhaltung sind Probleme bei der Gesundheit der Tiere und der Güllebeseitigung verbunden.

Massentourismus: Form des Fremdenverkehrs, an dem eine große Anzahl von Touristen teilnimmt, z. B. Badeferien am Mittelmeer oder Wintersporturlaub in den Alpen.

Durch den Massentourismus sind große Umweltprobleme entstanden. Die Landschaft wird mehr und mehr zugebaut. Auf immer mehr und besseren Straßen nimmt der Verkehr ständig zu. Das bedeutet wachsenden Lärm und eine höhere Luftverunreinigung. Waldstücke weichen Skipisten, auf denen dann der Boden zerstört wird. Der zunehmende Tourismus bringt wachsende Müll- und Abwasserprobleme mit sich.

Mischviertel: Meist am Rand der Innenstadt gelegen, zum Teil auch in der → Altstadt. Die Gebäude in Mischvierteln dienen nicht vorwiegend einer Nutzung (z. B. nur Wohnen oder nur Gewerbe); stattdessen findet man hier eine Mischung: Mietshäuser, dazwischen Geschäfte, Bürohäuser, kleine Fabriken und Handwerksbetriebe.

Nährstoffkreislauf: Abgestorbene Pflanzenteile zersetzen sich und geben Nährstoffe frei, die im Boden gespeichert und schließlich wieder durch die Wurzeln aufgenommen werden. Im → Tropischen Regenwald läuft dieser Kreislauf sehr rasch ab. Die Zersetzung geschieht schnell, da es sehr warm und feucht ist. Die üppige Pflanzenwelt nimmt die Nährstoffe rasch wieder auf.

Nationalpark: Großräumig abgegrenzte und in der Regel über 10 km² große Naturschutzgebiete, die besonders schöne oder seltene Naturlandschaften umfassen. In ihnen gelten strenge Schutzbestimmungen, um den Charakter der Landschaft zu bewahren, Tiere und Pflanzen in ihrem natürlichen Lebensraum zu erhalten und menschliche Eingriffe zu verhindern.

Nomaden (Wanderhirten): Hirtenstämme, die mit ihren Herden verschiedene Weideplätze und Brunnen nacheinander aufsuchen. Die Tuareg, Nomaden in der Sahara, ziehen von → Oase zu Oase und betreiben mit den Oasenbewohnern Tauschhandel.

Nordpol: Der nördlichste Punkt der → Erdachse. Neben diesem geographischen Nordpol gibt es noch den magnetischen Nordpol, der etwas neben dem geographischen liegt.

Oase: Gebiete mit künstlicher Bewässerung innerhalb von Trockenräumen (z. B. Wüsten), die sich durch reicheren Pflanzenwuchs gegenüber der Umgebung auszeichnen. Ursache dafür sind entsprechende Wasservorkommen, denen Wasser zur Bewässerung z. B. aus einem Fluss entnommen (Flussoase) oder mittels Brunnen aus dem Grundwasser gefördert (Grundwasseroase) wird.

Ökologischer Landbau: Anbau nach strengen Richtlinien, u. a. ohne mineralischen Dünger, ohne chemische Unkraut- oder Schädlingsmittel, artgerechte Tierhaltung, schonende Behandlung der Nahrungsmittel u. a.

Ozeane: Dies sind die drei Weltmeere der Erde: Pazifischer Ozean 180 Mio. km², Atlantischer Ozean 106 Mio. km² und Indischer Ozean 75 Mio. m². Man nennt sie auch kürzer Pazifik, Atlantik und Indik. Die Ozeane machen fast drei Viertel der Erdoberfläche aus, die → Kontinente dagegen nur etwas über ein Viertel.

Pendler: Personen, die regelmäßig eine größere Entfernung zurücklegen müssen, um von ihrem Wohnort zu ihrem

Arbeitsplatz, ihrer Schule oder einem Einkaufsort zu gelangen.

Planet: Himmelskörper, der sich auf einer Bahn um die Sonne bewegt und von ihr beschienen wird. Neun Planeten kreisen um die Sonne. Die Planeten haben Monde, die diese umkreisen.

Polarnacht und Polartag: Erscheinungen in den Polargebieten, die durch die Schrägstellung der Erdachse gegenüber der Erdbahn entstehen. In der Zeit der Polarnacht bleibt die Sonne ständig unter dem Horizont, in der Zeit des Polartages über dem Horizont.

Regenerative Energiequellen: Energiequellen, die sich unter den heutigen Bedingungen erneuern: z.B. Energie aus Sonne, Wasserkraft, Biomasse und Wind.

Rekultivierung: Wiederherstellung von Landschaftsteilen, die durch den Menschen verändert oder zerstört wurden. So werden zum Beispiel Bergbaulandschaften nach erfolgtem Braunkohlentagebau oder Kiesabbau wieder in nutzbares Land zurückverwandelt.

Rohstoffe: Stoffe, die in der Natur vorkommen und die vom Menschen verwendet werden, um Gebrauchsgegenstände herzustellen oder Energie zu gewinnen. Nach ihrer Herkunft bzw. Entstehung unterscheidet man mineralische (bergbauliche), pflanzliche und tierische Rohstoffe.

Rotation: Die von West nach Ost verlaufende Drehung der Erde um ihre eigene Achse. Eine Umdrehung dauert 24 Stunden und bewirkt den Wechsel von → Tag und Nacht.

Schlick: Am Boden von Gewässern bildet sich oft Schlick. Das ist ein Schlamm, in dem sich eine Menge organischer Stoffe (abgestorbene Tier- und Pflanzenreste) befinden.

Serir (Kieswüste): Wüstenform, die vor allem gerundetes kleineres Gesteinsmaterial aufweist.

Sonderkultur: Anbau von Pflanzen, die eine besonders intensive Pflege benötigen (z.B. viele Arbeitsgänge mit der Hand). Sonderkulturen sind also mit einem hohen Arbeits- und Kostenaufwand verbunden. Zudem stellen die Pflanzen besondere Anforderungen an Boden und Klima. Zu den Sonderkulturen gehören z.B. der Anbau von Obst und Wein, Hopfen, Spargel, Tabak sowie Feldgemüse.

Sonnensystem: Die Gesamtheit aller Himmelskörper, die von der Sonne angezogen werden und sich um sie bewegen. Unser Sonnensystem besteht aus der Sonne, neun → Planeten, die sich um die Sonne bewegen, und zahlreichen Monden, die wiederum die → Planeten umkreisen.

Stadtviertel: Teilgebiete einer Stadt, die sich durch Nutzung und Aussehen unterscheiden. So gibt es → Wohnviertel, Geschäftsviertel, → Industrie-, Erholungsgebiete und → Mischviertel.

Standortfaktor: Standortfaktoren sind die Gründe, die dazu führen, dass sich ein Betrieb an einem bestimmten Standort ansiedelt. Wichtige Standortfaktoren sind z.B. vorhandene → Rohstoffe, qualifizierte Arbeitskräfte, die Nähe der Verbraucher bzw. Kunden sowie ein guter Verkehrsanschluss.

Steinkohle: Eine Kohle, die älter und fester ist als die → Braunkohle. Die Steinkohle ist aus abgestorbenen Pflanzen unter Luftabschluss und hohem Druck in Millionen von Jahren entstanden. Sowohl aus Steinkohle als auch aus → Braunkohle wird in Kraftwerken Strom erzeugt.

Stockwerkbau des Tropischen Regenwaldes: Das Ringen um das kostbare Licht bestimmt das Leben der Pflanzen. Sträucher und Bäume wachsen unterschiedlich hoch. Man sagt deshalb, dass der → Tropische Regenwald wie ein Haus in Stockwerken aufgebaut ist.

Strukturwandel: In Regionen wie dem Ruhrgebiet arbeiteten früher viele Menschen u. a. im Bergbau. Heute lohnt es sich kaum noch, die schwer zugänglichen → Rohstoffe abzubauen und weiterzuverarbeiten. Da immer weniger Arbeitsplätze hier zur Verfügung stehen, müssen neue in anderen Bereichen geschaffen werden. Dies wird vor allem im Bereich der Dienstleistungen versucht. Eine solche lang dauernde Veränderung in der Wirtschaft nennt man Strukturwandel.

Sturmflut: Außergewöhnlich hoher Wasserstand bei Flut. Dieser entsteht hauptsächlich dadurch, dass zur Flutzeit ein starker, orkanartiger Wind in Richtung Küste weht. Flachküsten wie die Nordseeküste sind besonders gefährdet. Hier steigt der Wasserstand dann 5 bis 6 m über die normale Höhe.

Bei den schweren Sturmfluten der letzten Jahrhunderte sind Tausende von Menschen und Tieren ums Leben gekommen. Ganze Landabschnitte gingen verloren. Durch den verbesserten → Küstenschutz sind die Folgen der Flutkatastrophen geringer.

Südpol: Der südlichste Punkt der → Erdachse.

Tag und Nacht: Der Wechsel von Tag und Nacht entsteht durch die Drehung der Erde. Wegen dieser Drehung wird immer nur eine Hälfte der Erde beleuchtet, auf der dann Tag ist. Gleichzeitig ist es auf der anderen Seite dunkel: Nacht.

Tagebau: Bodenschätze, die nicht tief in der Erde lagern, können im Tagebau gewonnen werden (z. B. → Braunkohle).

Tropischer Regenwald: Waldtyp mit sehr hohem (über 2 000 mm) Niederschlag pro Jahr, gleichmäßigen Temperaturen von 25 – 28 °C; Artenreichtum (etwa 3 000 immergrüne Baumarten, Schling- und Kletterpflanzen), üppiges Wachstum mit Baumriesen; ausgeprägter Aufbau der Pflanzen in Stockwerken.

Umland: Allgemeine Bezeichnung für die Umgebung einer Stadt, aus der die Menschen zur Arbeit, zum Einkaufen, zur Schule und zur Unterhaltung (Kino, Konzerte, Theater, Sportveranstaltungen) in die Stadt fahren. Stadt und Umland ergänzen sich gegenseitig und sind voneinander abhängig.

Untertagebau: Bodenschätze, die tief in der Erde lagern, werden im Untertagebau gewonnen (z. B. → Steinkohle).

Watt: Gebiet an einer flachen Küste mit → Gezeiten, das täglich zweimal überflutet wird und zweimal wieder trockenfällt. Bei Ebbe strömt das Wasser durch tiefe Rinnen in die offene See hinaus. Jede Flut bringt viel → Schlick mit sich. Dieser sinkt an ruhigen Stellen zu Boden. So wächst das Watt jährlich drei bis vier Zentimeter in die Höhe.

Wattenmeer: Derjenige Bereich einer flachen Gezeitenküste, der bei Ebbe trockenfällt und bei Flut vom Meerwasser bedeckt ist. Den bei Niedrigwasser freigelegten Meeresboden bezeichnet man als → Watt. Das Wattenmeer ist für viele Tiere ein geeigneter Lebensraum.

Wohnviertel: Stadtgebiet, das den Menschen vorwiegend zum Wohnen dient. Ältere Wohnviertel gibt es in der Innenstadt. Am Rand der Stadt liegen neue Wohnviertel mit Hochhäusern, Reihenhäusern und Einfamilienhäusern.

Sachverzeichnis

Bildnachweis

Hahn, Stuttgart: 6 (o. li.), 148.1;
HB-Verlag, Hamburg: 144.7;
Heers, Oldenburg: 106.1;
Hüttenwerk Krupp Mannesmann, Duisburg: 190.1 u. 2;
Kalla, Spenge: 56.1, 57.3 – 6, 58.1, 110.1 – 6;
Keystone, Hamburg: 207.2;
Kristensen, San Piero A Sieve: 204.1;
Lehnig, Dresden: 174.1;
Leicht, Mutlangen: 133.5 u. 6, 173.5;
Look, München: 210.1 – 4 (Raach);
Mauritius, Mittenwald: 7 (o. re.), 75.2 (Elsen), 75.2 (Otto), 75.2 (Elsen), 120.2, 128.1 (Mallaun), 138.2 (Stuart Pearce),
235.6 (Paysan);
MEV-Verlag, Augsburg: 185. 3A u. B;
Mühr, Karlsruhe: 114.3;
Nationalpark-Verwaltung, Neukirchen/Österreich: 114.2;
Obermann, Ettlingen: 233.6;
Öger Tours, Hamburg: 142.1;
Ohagen, Köln: 163.4, 199.1;
Okapia, Frankfurt/Main: 219.3 (Lange);
Patmos Verlagshaus, Düsseldorf: 20.1;
Paul, Asperg: 33.1;
Petro-Canada, Essen: 182.2;
Photodisc: 144.4 u. 6, 148.3, 220.1;
Picture Press, Hamburg: 22.1 (Corbis/Ressmeyer), 22.2 (Corbis), 200.2 (Corbis/Bethmann), 216.1 (Corbis/Kähler), 224.1 (Corbis/Maze);
Pilick, Frankfurt/Main: 162.1;
Pyritz, Schloß Holte-Stukenbrock: 16.1, 17.2;
Quedens, Norddorf/Amrum: 96.1, 97.2;
Rausch, Linsenhofen: 19.3, 148.4;
Richter, Villingen-Schwenningen: 130.1;
Rother, Schwäbisch Gmünd: 9.4, 137.4, 144.5, 230.3;
Ruhrkohle AG: 172.2;
Schmidt, Dossenheim: 61.2 – 7, 98.1;
Schöning & Co + Gebrüder Schmidt, Lübeck: 108.1;
Schulz, Schwäbisch Gmünd: 214.1;
Seeger, Stuttgart: 65.3;
Six, Karlsruhe: 233.1 u. 4, 237.4;
SKN Druck und Verlag, Norden: 185.3C;
Skoda, Mlada Boleslav: 196.1;
Stern, Hamburg: 157.4 (Anders);
Storto, Leonberg: 132.2, 132.4;
Studio X, Limours: 236.1 (Girard);
Tourist-Information, Wetzlar: 76.1;
Transglobe, Hamburg: 8.2 (Select);
Tweddel: 26.2;
Ullstein Bilderdienst: 28.1;
United Parcel Service, Neuss: 165. 4 u. 5;
van Geesthacht: 96.2;
VEAG, Berlin: 185.3D;
Verkehrsverein Gerlos: 132.1;
Wernicke, Dagebüll: 100.1;
White Star, Hamburg: 20.2 (Reichelt);
Wilhelmi, Mainz: 28.1 – 5, 98.2, 230.1, 232.4 u. 5, 234.1 u. 3, 4 u. 5, 237.3, 241.3 u. 7;
Wrage, Hamburg: 237.2

Kartengrundlagen

Amt für Vermessung und Geoinformation, Kassel: 35/2
Topografische Karte 1:50 000 (TK 50) mit Genehmigung des Hessischen Landesvermessungsamtes vervielfältigt, Vervielfältigungsnummer 2003-1-27: 40/1
Mairs Geographischer Verlag, Ostfildern: 40/2

Quellennachweis

Plemper, M.: Tausche Harpune gegen Videokamera! Eskimos zwischen gestern und heute. Praxis Geographie, 11/1991, S. 40 – 44: 210/211
Rutgers, Ann: Flucht aus der Polarnacht. Oetinger Verlag, Hamburg: 212/2

Deutschland

Nordsee

Ostsee

DÄNEMARK

NIEDER-

LANDE

POLEN

Norddeutsches Tiefland

Stettin

Oder

Berlin

Potsdam

Cottbus

Dresden

Chemnitz

Elbe

Magdeburg

Leipzig

Halle

Saale

Gera

Braunschweig

Erfurt

Hannover

Mittellandkanal

Rostock

Schwerin

Lübeck

Hamburg

Elbe

Kiel

Bremerhaven

Bremen

Weser

Mittellandkanal

Osnabrück

Bielefeld

Hofgeismar

Kassel

Marburg

Ems

Münster

Hamm

Dortmund

Essen

Wuppertal

Duisburg

Düsseldorf

Mönchen-
gladbach

Köln

Bonn

Aachen

Rhein

Arnheim

Groningen